U0855131

高校辅导员
工作分析及实效提升

杜　江　袁东升　著

西北工业大学出版社
西　安

【内容简介】 本书全面、系统的介绍了高校辅导员工作及实效提升策略。主全书共 13 章，1~5 章介绍了高校辅导员发挥的作用和辅导员具体的工作 ；6~7 章对高校辅导员的自身建设进行了探索，并提出了高校辅导员工作创新的具体策略，8~11 章介绍了高校大学生思想政治教育工作 ；12~13 章介绍了高校艺术类专业学生管理工作及高校毕业生就业指导工作，希望为高校辅导员工作和队伍建设提供一条新的思路，从而有益于高校辅导员工作实效的提升。

本书可作为高校辅导员及相关专业人员的参考书。

图书在版编目（CIP）数据

高校辅导员工作分析及实效提升 / 杜江, 袁东升著
. -- 西安 : 西北工业大学出版社, 2020.8
ISBN 978-7-5612-7278-7

I. ①高… II. ①杜… ②袁… III. ①高等学校一辅导员一工作一研究 IV. ①G645.1

中国版本图书馆 CIP 数据核字(2020)第 166701 号

GAOXIAO FUDAOYUAN GONGZUO FENXI JI SHIXIAO TISHENG

高 校 辅 导 员 工 作 分 析 及 实 效 提 升

责任编辑：付高明　章雨琦　　**策划编辑：**李　萌
责任校对：张　潼　　**装帧设计：**吴志宇
出版发行：西北工业大学出版社
通信地址：西安市友谊西路 127 号　　**邮编：**710072
电　　话：（029）88493844 ，88491757
网　　址：www.nwpup.com
印 刷 者：北京市兴怀印刷厂
开　　本：710 mm×1 000 mm　　1/16
印　　张：14.5
字　　数：268 千字
版　　次：2021 年 1 月第 1 版　　2021 年 1 月第 1 次印刷
定　　价：78.00 元

前　　言

辅导员是高校大学生思想教育工作的骨干力量，是大学生思想上的引路人、生活中的体贴人、学习上的指导者、心理上的疏导者。辅导员素质的高低，直接影响着大学生思想教育的效果和受教育者的思想面貌，关系着整个学校学生的思想道德水平。

大学生是国家重点培养的知识人才，是国家的希望。近年来随着高校教育的不断变化，高校辅导员所承担的责任也愈发突出，为了更好地发挥高校辅导员在学生管理和培养中的重要作用，如何进一步提升高校辅导员的职业能力变得至关重要。因此，辅导员要做好充分的思想准备，认清形势，从实际情况出发，扎扎实实地从点滴做起，开创新时期德育工作的新局面。

辅导员工作是一项光荣的事业。我们更加深切地体会到要以科学发展观为统领，坚持以人为本、全面协调可持续地发展，不断加强辅导员队伍专业化建设，为党和国家的教育事业、为青年大学生的成长成才做出我们应有的贡献。

由于水平有限，书中难免出现不足之处，希望各位读者能不吝赐教，提出宝贵的意见。

著　者

目　录

第一章　高校辅导员工作概述

第一节　高校辅导员制度的产生及发展

一、高校辅导员制度的历史回顾

（一）继承与建构

1952—1966 年是高校辅导员制度的初创期。1949 年新中国成立以后，国家采取了多种措施，使政治权力向教育领域渗透，包括对旧大学的改造和建立高校辅导员制度等。首先是调整政府与高校之间的领导关系，从根本上保障了高校辅导员制度的实施。1951 年，教育部和政务院出台了《中央人民政府教育部关于全国工学院调整方案的报告》的文件，提出了“试行政治辅导员制度”。1952 年教育部发出了《关于在高等学校有重点地试行政治工作制度的指示》，在高校设立了政治辅导处并规定了其职能和目标。1953 年清华大学率先创立专职的政治辅导员制度。1961 年《教育部直属高等学校暂行工作条例（草案）》和 1965 年《关于政治高校辅导员工作条例》的制定，标志着高校辅导员的机构设置、工作制度初步形成，提出了配备高校辅导员的具体要求。

总之，当时的高校辅导员的制度依附性还很强，体现了“教育工作要为政治服务”的说明本质，还没有从政治工作中分化出来，其职业化、专业化并不明显，当时的制度建设并不是常态化的，而是应急性、工具性的。

（二）规范与整合

1977—2000 年是高校辅导员制度的恢复和发展期。20 世纪 70 年代后，恢复和加强高校辅导员制度迫在眉睫，从制度格局和制度层次上都有进一步的规范和整合。1978 年《全国普通高等学校暂行工作条例》提出恢复“在一、二年级设立政治高校辅导员”的决定。1980 年《关于加强高等学校学生思想政治工作的意见》和1981年《高等学校学生思想政治工作暂行规定（征求意见稿）》，对高校辅导员的领导与管理、组织机构等的设立作了明确要求。1986年《关于选配品学兼优的应届毕业生充实高等学校思想政治教育工作队伍的通知》《关于加强高等学校思想政治工作的决定》和1987年《中共中央关于改进和加强高等学校思想政治工作的决定》等一系列文件的出台，标志着高校辅导员的队伍建设工作全面展开，对高校辅导员的领导、管理、组织、选聘、培训、考核等具体情况做了进一步明确要求。同时各高校也根据自身的实际情况，对此制度进行了不断加强和改进，形成了包括岗位责任制等在内的制度化模式。

这一时期，在改革开放发展的过程中也存在着制度执行的困境。社会环境和社会转型对人们的思想带来冲击，个人主义、拜金主义、自由主义等思潮泛滥，造成了部分大学生价值观念和理想信念的迷失，也使得高校辅导员制度的发展面临挑战。在这一时期，一些影响辅导员制度发展的根本性问题没有得到解决，同时辅导员自身的思想认识也不到位，不能保持高度的政治责任感。辅导员制度运行不合理、制度的不均衡再次出现，这时就需要新的合理的制度供求关系。

（三）转型与创新

2000年至今，是高校辅导员制度科学化发展时期。2000年《关于进一步加强高等学校学生思想政治教育队伍建设的若干意见》、2004年《关于进一步加强和改进大学生思想政治教育的意见》、2005年《关于加强和改进高等学校高校辅导员、班主任队伍建设的意见》、2006年《普通高等学校辅导员队伍建设规定》等一系列文件的出台，使得高校辅导员队伍制度化水平跃上一个新台阶。“双重身份”和“双重管理”使辅导员在专业化和职业化道路上获得了长足发展。2014年《高等学校辅导员职业能力标准（暂行）》出台，标志着高校辅导员有了自身发展的纲领性文件，高校辅导员队伍建设制度和工作制度的细节逐步完善，从而形成新的辅导员制度运行新路径和趋势。

2017年2月27日，中共中央、国务院印发了《关于加强和改进新形势下高校思想政治工作的意见》，进一步强调要推动高校思想政治工作制度化。随着社会发展现代化进程的不断深入，如何整合高校辅导员制度的功能已成为摆在我们面前的难题。只有将政治权力中心的制度整合和高校辅导员的基层生活经验相融合，才能创新高校辅导员制度的形式和内容，使其获得长足发展。

二、辩证理解高校辅导员制度变迁的动因

制度变迁的类型大致有供给主导型与需求主导型两种。制度供给与需求的张力是高校辅导员制度创新与发展的动力。

（一）从制度供给侧来看，会出现强制性制度变迁与诱致性制度变迁

强制性制度变迁是一种自上而下强行引入并推行的制度变迁，这种机制来源于政治影响与合法性。强制性制度变迁使高校辅导员制度具有一定的同形性与同构性。强制性制度变迁的好处是解决制度发展中的根本问题和主要矛盾，如《普通高等学校辅导员队伍建设规定》指出，高校辅导员要“实行学校和院（系）双重领导”，“省、自治区、直辖市教育行政部门应当建立辅导员培训和研修基地”等规定，为高校辅导员领导体制等提供了依据。

诱致性变迁则是自发组织和实施的自主性制度变迁。当前，社会环境变化、辅导员个体行为、大学生价值观、社会思潮等无疑引发了对高校辅导员制度的演化，为辅导员制度的诱致性制度变迁提供了时机和空间。辅导员除了可以通过直接的设计政治教育的形式来实现其政治功能外，还可以通过影响社会发展和文化发展的方式，间接地实现其政治功能。随着国家和高等教育事业的发展，虽然高校辅导员的政治性本质没有变，但辅导员制度的指导思想中有了“育人为本”“德育为先”“贴近学生”“立德树人”这样的字眼。辅导员制度在具备政治化功能的同时，也兼顾向事务性、职业性、服务性等方面发展。高校辅导员的角色经历了“政治指导员”“高校政治辅导员”“思想政治辅导员”和“高校辅导员”的演进历程。从最初的“教育要为政治服务”的方针看，辅导员制度的政治功能是第一位的。从当前高校辅导员在大学生、学校、社会等领域内的表现来看，进一步开展制度创新，要考虑到辅导员制度变迁的差异性，优化制度良性导向。

（二）从制度需求侧来看，高校辅导员价值实现的条件产生于现实的制度需求

从人们对高校辅导员制度的具体要求来看，加强高校辅导员制度建设，是大学管理的需求，关系着人才培养的质量与和谐校园的创建。具体来讲，辅导员是思想政治教育引导者、日常事务管理者和发展规划咨询服务者。高校辅导员要“贴近实际、贴近生活、贴近学生”，建立沟通渠道和对话平台，正确对待“原子化社会”，解决国家缺陷、组织关怀缺陷的深层次问题。推进思想政治教育的长效机制建设，是高校辅导员制度建设的现实需要。

（三）供给主导型与需求主导型是两种不同的权力支配关系

高校辅导员制度供给与需求的矛盾并非是不可调和的，这种矛盾不是结构性矛盾，而是对立统一的关系。高校辅导员作为意识形态建设和学生事务管理双重责任主体，在推进高校思想政治工作改革创新、引领社会主义核心价值观、巩固马克思主义为指导的意识形态地位等方面，承担的任务多、责任重。由于高校辅导员的重要地位，高校必须进行合理的制度供给才能满足这种需求，同时制度的合理供给也是高校辅导员制度健康发展的需要。加强高校辅导员队伍建设，建设专业化的高校辅导员队伍，提升学生事务管理的水平，全面提高辅导员队伍素质，其重要性和迫切性不容忽视。

三、我国高校辅导员制度的现状分析

（一）制度缺陷

1. 在选聘机制上

目前，在辅导员的选拔任用上，存在着严重的缺陷：首先，大多数高校选择学生干部中的佼佼者留校作辅导员；其次，缺乏统一的选拔标准，透明性差、竞争性不足。

2. 在管理机制上

高校辅导员由校党委委派到各学院并接受所在学院党政领导，一方面，他们要服从学校各级部门领导的管理；另一方面，由于辅导员人事上划归院系管理，他们要必须承担众多的院系内的教学秩序管理和行政工作事务。

3. 在培养机制上

首先，培养目标不明确，前途不确定，致使辅导员岗位往往成为跳槽的踏板；其次，培养内容、方式单一。政治辅导员培训一般由学生处、团委牵头，单纯依托高校进行，高校一般都热衷于岗前培训、社会实践、挂职锻炼等培训形式，对于辅导员工作的科学化、系统化、规范化涉及较少。

4. 在激励、考核机制上

首先，辅导员工作辛苦，无形劳动量多，且大量工作在课外，具有工作实绩隐性强的特点，在考核时往往被忽视，晋升职称难，出路窄；其次，责任大，但工资待遇、岗位补贴很少，与教师、行政人员的实际收入差距不小；再者，地位低，处在一种被多重管理的状态以及学校管理的最底层。

（二）产生的问题

1. 定位不明确，接受多头领导

高校辅导员的工作性质、发展定位不明确，从而导致辅导员工作任务繁杂、工作强度大，投入很多精力却难见成效，体验不到工作满足感和事业成就感，职业的社会声望较低。且由于职责过多，对于辅导员的管理归属又不明确，造成了严重的多头领导现象。

2. 辅导员队伍思想不稳定、流动性大

由于辅导员工作职责不明确，职业地位、工作待遇偏低，再加上长期从事辅导员工作并向职业化、专业化方向发展却又没看具体的保障措施，所以他们担心从事政治辅导员工作影响自己以后的发展，有后顾之忧，致使辅导员队伍呈现出思想不稳定，流动性大，常年处于“新手上路”阶段的特点。

3. 工作缺乏创新性

由于在辅导员的选拔任用上，大多数都是本校的学生干部，虽然对本校学生事务比较熟悉，但往往都是从自己以前的辅导员或师兄师姐那里继承原有的工作思路和方式，容易造成工作僵化，缺乏创新性。

4. 工作难度加大

这表现在：首先，高校学生工作的范围进一步扩展，涵盖教育、管理、指导、服务等各领域；其次，从生源上来说，目前大学生群体成分复杂，其中绝大多数又来源于独生子女家庭，生活自理能力差，心理承受能力普遍较低；再者，高校扩招后，学生人数大幅度增加，一般高校的辅导员数量严重不足，他们的工作难度变得更大。

四、我国高校辅导员制度的未来发展趋势

（一）准确定位，明确工作职责

辅导员的工作职责归纳起来，主要有两个方面：其一，辅导员的工作职责是深入大学生的实际学习生活，做好思想政治教育工作。包括有针对性地开展相应的课堂教育、指导和组织开展各种专题教育等思想政治教育工作。其二，结合大学生实际，做好事务管理和服务工作。包括要组织开展好帮困助学、就业指导、心理健康教育等工作，以及参与处理好涉及学校和社会安全稳定的事件。

（二）辅导员角色的转变

1. 心理咨询师

随着高等教育由精英教育向大众化教育的转变，大学生群体出现了特困生群体、独生子女群体、高消费学生群体等，再加上大学生就业制度的改革，学习压力、就业压力、社会压力、经济压力使大学生心理疾患频发。广大辅导员必须通过心理测试、心理咨询等方式，通过组织各种有益活动，有目的地帮助大学生融入集体生活、社会生活当中，帮助他们塑造健康心理，努力使自己成为大学生的心理咨询师。

2. 学习生涯设计师

大学生进入高校之初，面临着学习方式、学习环境的巨大转变，很容易产生新奇感、迷茫感；在随后的一个阶段，由于逐渐适应，在学习上很可能会放松，产生松弛感；然而进入大三以后，由于考研、就业等现实问题摆在眼前，他们不得不重新审视自己的学习状况；进入大四，面临学业与就业的双重选择，又顾此失彼，他们很有必要对自己的学习生涯进行合理规划。所以，作为与大学生学习、生活联系最为密切的师者，高校辅导员要承担起大学生学习生涯设计的指导工作，成为他们的学习生涯设计师。

3. 职业生涯规划师

辅导员应能帮助大学生充分认识自己，客观分析环境，科学树立目标，并根据大学生的兴趣、特长、性格、学识、技能、组织管理等能力，设计好适合于大学生锻炼提高的系列方案，引导广大学生确立正确的价值观，帮助同学们尽早进行职业生涯规划。因此，广大高校辅导员要不断地加强学习，提高自身素质，努力使自己成为大学生职业生涯的规划师。

（三）职业化机制的构建

在辅导员职业化机制的构建中，就要从集中研究辅导员的“如何转行”，转变为着力研究如何增强辅导员岗位的职业吸引力，如何增强辅导员工作的事业感、成就感，如何构建辅导员职业的人生价值实现模式上来，逐步引导、完善、激励辅导员“岗位成才”“岗位发展”，建立起辅导员考核、奖惩、晋升一系列长效机制，强化学生思想政治工作的职业性，并最终构建起辅导员职业化机制，使之成为光荣的终身职业，以吸引一大批优秀人才成长为学生思想政治工作专家。

五、高校辅导员制度优化发展的路径

高校辅导员发展依赖于制度的引导和支撑。制度优化是今后高校辅导员建设的方向和发展的趋势。那么如何完善优化制度建设？可以说，这个困难既是理论的，又是实践的，既有历史的因素，也是现实制度“重构”方面的问题。

（一）要加强和改善对高校辅导员的管理与培养，完善辅导员工作制度

近年来，高校辅导员制度建设内容、形式不断进步。《高等学校辅导员职业能力标准（暂行）》《普通高等学校辅导员培训规划（2013—2017年）》等文件指出，建立高校辅导员职业化、专业化的管理与培养制度，是高校辅导员队伍建设的重要内容。目前高校辅导员职业化、专业化的许多条件尚不完备，这就要求高校完善选聘机制、管理机制、考核机制和培训机制，努力从制度上为辅导员的职业化、专业化建设提供保障。

2016年12月16日经教育部2016年第49次部长办公会议修订通过的《普通高等学校学生管理规定》（教育部令第41号）要求，高校要健全和完善管理制度，规范管理行为，将管理与育人相结合。高校辅导员工作的目标之一是使管理工作和思想政治教育工作变得更加规范，有效地嵌入大学教育之中。因此，建立体系化的工作制度可以提高辅导员的工作效率，扩充辅导员的工作网络，完善辅导员的工作结构，是辅导员工作规范、人性、合理、持久、科学的标志。

（二）重视并加强高校辅导员制度系统建设

孙立平先生曾提出，制度是如何失败的？他指出，“有的时候，许多制度的失败，往往不是制度本身的问题，而是制度运行的基础秩序出了问题”。制度是否具有科学性，从一定意义上讲，取决于能否科学管理。这说明，在强调高校辅导员制度建设时，要从制度的基本类型与层次出发，保证制度建设的有序化、结构化和无缝化，提高制度的流畅性、紧密性和连贯性。第一，要重视顶层设计、整合制度资源；第二，要为制度建设提供一套标准参数、设计方案、方式方法等具体规范规则；第三，要建立一套包括相应的执行主体、组织形式、配套政策、实施保障等在内的制度执行机制，保证制度的合理运行与有效执行；第四，要从制度主体的素质能力建设出发，增强制度主体的制度意识；第五，要建立监督机制和评价机制，随时解决新问题并纠正偏差。

（三）树立制度优化意识，不断提高制度科学化

制度的发展是一个不断更新规则的过程，是思想政治教育主体不断反思规则合理性的过程。我们现在提出的高校辅导员专业化专家化建设，就是对

原有辅导员队伍建设规则的改变。这个合理化的改变，是对辅导员制度的反思。然而创立了规则并不意味着完成了任务，还要确保制度规则执行的可行性和有效性。为此，制度优化只有通过提高制度科学化、增强制度严肃性、促进制度人性化，不断调整制度系统内部的联结方式，改进制度整体的运行模式，才能永保制度的活力并延长制度的生命周期。具体应把握以下三点：第一，高校辅导员制度优化是一个系统工程，包括对制度的建设和执行的优化；第二，制度优化是一个科学化、现代化、文明化的过程，它反映了人们对高校辅导员的良好期盼与预期；第三，思想政治教育制度优化是一个动态过程，它根据环境的变化、时代的发展而不断地健全和完善。

总之，随着现代化进程的不断深入，高校辅导员制度面临着比以往更加复杂的社会环境与国际环境。当前的高校辅导员，不仅要满足其政治功能和政治责任的实现，也被赋予了更多的社会责任和社会功能。只有回应挑战，根据社会环境和工作对象的变化来进行制度的变革、创新和发展，才能不断提高大学生思想政治教育成效，推动辅导员工作创新发展。

第二节 高校辅导员制度的发展

一、高校辅导员制度的历史回顾

（一）继承与建构

1952 年至 1966 年，高校辅导员制度的初创期。1949 年新中国成立以后，国家采取了多种措施，使政治权力向教育领域渗透，包括对旧大学的改造和建立高校辅导员制度等。首先是调整政府与高校的领导关系，从根本上保障了高校辅导员制度的实施。1951 年，教育部和政务院先后出台了《关于加强对学校政治思想教育的领导的指示》和《关于全国工学院调整方案的报告》的文件，提出了“试行政治辅导员制度”。1952 年教育部发出了《关于在高等学校有重点地试行政治工作制度的指示》，在高校设立了政治辅导处并规定了其职能和目标。1953 年清华大学率先创立专职的政治辅导员制度。1961 年《教育部直属高等学校暂行工作条例（草案）》和 1965 年《关于政治高校辅导员工作条例》的制定，标志着高校辅导员的机构设置、工作制度初步形成，提出了配备高校辅导员的具体要求。

总之，当时的高校辅导员的制度依附性还很强，体现了“教育工作要为政治服务”的政治性本质，还没有从政治工作中分化出来，其职业化、专业化并不明显，当时的制度建设并不是常态化的，而是应急性、工具性的。

（二）规范与整合

1977 年至 2000 年，高校辅导员制度的恢复和发展期。20 世纪 70 年代后，恢复和加强高校辅导员制度迫在眉睫，从制度格局和制度层次上都有进一步的规范和整合。1978 年《全国普通高等学校暂行工作条例》提出恢复“在一、二年级设立政治高校辅导员”的决定。1980 年《关于加强高等学校学生思想政治工作的意见》和 1981 年《高等学校学生思想政治工作暂行规定（征求意见稿）》，对高校辅导员的领导与管理、组织机构等的设立作了明确要求。1986 年《关于选配品学兼优的应届毕业生充实高等学校思想政治教育工作队伍的通知》《关于加强高等学校思想政治工作的决定》和 1987 年《中共中央关于改进和加强高等学校思想政治工作的决定》等一系列文件，开始着手高校辅导员的队伍建设工唯，对高校辅导员的领导、管理、组织、选聘、培训、考核等具体情况进一步明确要求。同时各高校也根据自身的实际情况，对此制度进行了不断加强和改进，形成了包括岗位责任制等在内的制度化模式。

这一时期，在改革开放发展的过程中也存在着制度执行的困境。社会环境和社会转型对人们的思想带来冲击，个人主义、拜金主义、自由主义等思潮泛滥，造成了部分大学生价值观念和理想信念的迷失，也使得高校辅导员制度的发展面临挑战。在这一时期，一些影响辅导员制度发展的根本性问题没有得到解决，同时辅导员自身的思想认识也不到位，不能保持高度的政治责任感。辅导员制度运行不合理、制度的不均衡再次出现，需要新的合理的制度供求关系。

（三）转型与创新

2000 年至今，高校辅导员制度科学化发展时期。2000 年《关于进一步加强高等学校学生思想政治教育队伍建设的若干意见》、2004 年《关于进一步加强和改进大学生思想政治教育的意见》、2005 年《关于加强和改进高等学校高校辅导员、班主任队伍建设的意见》、2006 年《普通高等学校辅导员队伍建设规定》一系列文件的出台，使得高校辅导员队伍制度化水平跃上一个新台阶。“双重身份”和“双重管理”使辅导员在专业化和职业化道路上获得了长足发展。2014 年《高等学校辅导员职业能力标准（暂行）》出台，标志着高校辅导员有了自身发展的纲领性文件，高校辅导员队伍建设制度和工作制度的细节逐步完善，从而形成新的辅导员制度运行新路径和趋势。

2017 年 2 月 27 日，中共中央、国务院印发了《关于加强和改进新形势下高校思想政治工作的意见》，进一步强调要推动高校思想政治工作制度化。随着社会发展现代化进程的不断深入，如何整合高校辅导员制度的功能已成为摆在我们面前的难题。只有将政治权力中心的制度整合和高校辅导员的基层生活经验相融合，才能创新高校辅导员制度形式和内容，使其获得长足发展。

二、辩证理解高校辅导员制度变迁的动因

制度变迁的类型大致有供给主导型与需求主导型两种。制度供给与需求的张力是高校辅导员制度创新与发展的动力。

（一）从制度供给侧来看，会出现强制性制度变迁与诱致性制度变迁

强制性制度变迁是一种自上而下强行引入并推行的制度变迁，这种机制来源于政治影响与合法性。强制性制度变迁使高校辅导员制度具有一定的同形性与同构性。强制性制度变迁的好处是解决制度发展中的根本问题和主要矛盾，如《普通高等学校辅导员队伍建设规定》指出，高校辅导员要“实行学校和院（系）双重领导”，“省、自治区、直辖市教育行政部门应当建立辅导员培训和研修基地”等规定，为高校辅导员领导体制等提供了依据。

诱致性变迁则是自发组织和实施的自主性制度变迁。当前，社会环境变化、辅导员个体行为、大学生价值观、社会思潮等无疑引发了对高校辅导员制度的演化与选择，为辅导员制度的诱致性制度变迁提供了时机和空间。辅导员除了可以通过直接的政治教育的形式来实现其政治功能外，还可以通过影响经济发展、社会发展和文化发展的方式，间接地实现其政治功能。随着国家和高等教育事业的发展，虽然高校辅导员的政治性本质没有变，但辅导员制度的指导思想有了新的内容，辅导员制度设计的指导思想中有了“育人为本”“德育为先”“贴近学生”“立德树人”这样的字眼。辅导员制度在具备政治化功能的同时，也兼顾向事务型、职业性、服务性等发展。高校辅导员角色经历了“政治指导员”“高校政治辅导员”“思想政治辅导员”和“高校辅导员”的演进历程。从最初的“教育要为政治服务”的方针看，辅导员制度的政治功能是第一位的。从当前高校辅导员在大学生、学校、社会等领域内的表现来看，进一步开展制度创新，要考虑到辅导员制度变迁的差异性，优化制度良性导向。

（二）从制度需求侧来看，高校辅导员价值实现的条件产生于现实的制度需求

张旭昆教授认为，对制度需求的分析要从两个层次展开：“一是人们对一般意义上的制度的需求，二是人们对各种具体制度的需求。”高校设立辅导员制度是一项贯彻党和国家教育方针的需求、坚持马克思主义思想路线和政治

方向的重要举措。高校辅导员制度根本上的作用是调整大学生与党和国家的关系，建立“国家—高校大学生”的有序模式，实现国家教育方针与学校教育实践的有机结合。

从人们对高校辅导员制度的具体要求来看，加强高校辅导员制度建设，是大学管理的需求，关系着人才培养的质量与和谐校园的创建。具体来讲，辅导员是思想政治教育引导者、日常事务管理者和发展规划咨询服务者。高校辅导员要“贴近实际、贴近生活、贴近学生”，建立沟通渠道和对话平台，正确对待“原子化社会”，解决国家缺场、组织关怀缺场的深层次问题。推进思想政治教育长效机制建设，是高校辅导员制度建设的现实需要。

（三）供给主导型与需求主导型是两种不同的权力支配关系

高校辅导员制度供给与需求的矛盾并非是不可调和的，这种矛盾不是结构性矛盾，而是对立统一的关系。高校辅导员作为意识形态建设和学生事务管理双重责任主体，在推进高校思想政治工作改革创新、引领社会主义核心价值观、巩固马克思主义为指导的意识形态地位等方面，承担的任务多、责任重。由于高校辅导员的重要地位，必须进行合理的制度供给才能满足这种需求，同时制度的合理供给也是高校辅导员制度健康发展的需要。加强高校辅导员队伍建设，建设专业化的高校辅导员队伍，提升学生事务管理的水平，全面提高辅导员队伍素质，其重要性和迫切性不容忽视。

三、我国高校辅导员制度的现状分析

（一）制度缺陷

1. 在选聘机制上

目前，在辅导员的选拔任用上，存在着严重的缺陷：首先，近亲繁殖现象严重，大多数高校将学生干部中的佼佼者留校作辅导员；其次，缺乏统一的选拔标准，透明性差、竞争性不足。

2. 在管理机制上

高校辅导员由校党委委派到各学院并接受所在学院党政领导，一方面，他们要服从学校各级部门的领导：另一方面，由于辅导员人事上划归院系管理，他们要必须承担众多的院系基于工作需要的教学秩序管理和行政工作事务。

3. 在培养机制上

首先，培养目标不明确，前途不确定，致使辅导员岗位往往成为跳槽的踏板：其次，培养内容、方式单一。政治辅导员培训一般由学生处、团委牵头，单纯依托高校进行，热衷于岗前培训、社会实践、挂职锻炼等培训形式，对于辅导员工作的科学化、系统化、规范化涉及较少。

4. 在激励、考核机制上

首先，辅导员工作辛苦，无形劳动量多，且大量工作在课外，具有工作实绩隐性强的特点，在考核时往往被忽视，晋升职称难，出路窄；其次，责任大，但工资待遇、岗位补贴很少，与教师、行政人员的实际收入差距不小；再者，地位低，处在一种被多重管理的状态和学校管理的最底层。

（二）产生的问题

1. 定位不明确，接受多头领导

高校辅导员的工作性质、发展定位不明确，从而导致辅导员工作任务繁杂、工作强度大，投入很多精力却难见成效，体验不到工作满足感和事业成就感，职业的社会声望较低。且由于职责过多，对于辅导员的管理归属又不明确，造成了严重的多头领导现象。

2. 辅导员队伍思想不稳定、流动性大

由于辅导员工作职责不明确，职业地位、工作待遇偏低，再加上长期从事辅导员工作并朝职业化、专业化方向发展又没具体保障措施，所以他们担心从事政治辅导员工作影响自己以后的发展，有后顾之忧，致使辅导员队伍呈现出思想不稳定，流动性大，常年处于“新手上路”阶段的特点。

3. 工作缺乏创新性

由于在辅导员的选拔任用上，存在着严重的近亲繁殖现象，大多数留校工作的辅导员，虽然对本校学生事务比较熟悉，但往往从自己以前的辅导员或师兄师姐那里继承原有的工作思路和工作方式，容易造成工作僵化，缺乏创新性。

4. 工作难度加大

这表现在：首先，高校学生工作的范围进一步扩展，涵盖教育、管理、指导、服务各领域：其次，从生源上来说，目前大学生群体成分复杂，其中绝大多数又来源于独生子女家庭，生活自理能力差，心理承受能力普遍较低：再者，高校扩招后，学生人数大幅度增加，一般高校的辅导员数量严重不足，他们的工作难度无疑加大。

四、我国高校辅导员制度的未来发展趋势

（一）准确定位，明确工作职责

对于辅导员的工作职责归纳起来，主要有两个方面：其一，辅导员的工

作职责是深入大学生实际，做好思想政治教育工作。包括有针对性地开展相应的课堂教育、指导和组织开展各种专题教育等思想政治教育工作。其二，结合大学生实际，做好事务管理和服务工作。包括要组织开展好帮困助学、就业指导、心理健康教育等工作，以及参与处理好涉及学校和社会安全稳定的事件。

（二）辅导员角色的转变

1. 心理咨询师

随着高等教育由精英教育向大众化教育的转变，大学生群体出现了特困生群体、独生子女群体、高消费学生群体等，再加上大学生就业制度的改革，结果学习压力、就业压力、社会压力、经济压力使大学生心理疾患频发。广大辅导员必须通过心理测试、心理咨询等手段，通过组织各种有益活动，有目的地帮助大学生融入集体生活、社会生活当中，帮助他们塑造健康心理，努力使自己成为大学生的心理咨询师。

2. 学习生涯设计师

大学生进入高校之初，面临着学习方式、学习环境的巨大转变，很容易产生新奇感、迷茫感；在随后的一个阶段，由于逐渐适应，在学习上很可能会放松，产生松弛感：然而进入大三以后，由于考研、就业等现实问题开始摆在眼前，他们不得不重新审视自己的学习状况：进入大四，面临学习与就业的双重选择，却又顾此失彼，他们很有必要对自己的学习生涯进行规划。所以，作为与大学生学习、生活联系最为密切的师者，高校辅导员要承担起大学生学习生涯设计的指导工作，成为学习生涯设计师。

3. 职业生涯规划师

辅导员应能帮助大学生充分认识自己，客观分析环境，科学地树立目标，并根据大学生的兴趣、特长、性格、学识、技能、组织管理等能力，设计好适合于大学生锻炼提高的系列方案，引导广大学生确立正确的价值观，帮助同学们尽早进行职业生涯规划。因此，广大高校辅导员要不断地加强学习，不断地提高自身素质，努力使自己成为大学生职业生涯的规划师。

（三）职业化机制的构建

在辅导员职业化机制的构建中，就要从集中研究辅导员的“如何转行”，转变为着力研究如何增强辅导员岗位的职业吸引力，如何增强辅导员工作的事业感、成就感，如何构建辅导员职业的人生价值实现模式上来，逐步引导、完善、激励辅导员“岗位成才”、“岗位发展”，建立起辅导员考核、奖惩、晋升一系列长效机制，强化学生思想政治工作的职业性，并最终构建起辅导员职业化机制，使之成为光荣的终身职业，以吸引一大批优秀人才成长为学生思想政治工作专家。

五、高校辅导员制度优化发展的路径

高校辅导员发展有赖于制度的导引和支撑。制度优化是今后高校辅导员建设的方向，是高校辅导员发展的趋势。那么制度建设如何可能？可以说，这个困难既是理论的，又是实践的，既有历史的因素，也是现实制度“重构”方面的问题。

（一）要加强和改善对高校辅导员的管理与培养，完善辅导员工作制度

近年来，高校辅导员制度建设内容、形式不断进步。《高等学校辅导员职业能力标准（暂行）》《普通高等学校辅导员培训规划（2013—2017年）》等文件指出，建立高校辅导员职业化、专业化的管理与培养制度，是高校辅导员队伍建设的重要内容。目前高校辅导员职业化、专业化的许多条件尚不完备，这就要求完善选聘机制、管理机制、考核机制和培训机制，努力从制度上为辅导员的职业化、专业化建设提供保障。

2016年12月16日通过的《普通高等学校学生管理规定》（教育部令第41号）要求，高校要健全和完善管理制度，规范管理行为，将管理与育人相结合。高校辅导员工作的目标之一是使管理工作和思想政治教育工作变成规范的手段，更加有效地嵌入大学教育之中。因此，建立体系化的工作制度可以提高辅导员工作效率，扩充辅导员工作网络，完善辅导员工作结构，是辅导员工作规范、人性、合理、持久、科学的标志。

（二）重视并加强高校辅导员制度系统建设

孙立平先生曾提出，制度是如何失败的？他指出，“有的时候，许多制度的失败，往往不是制度本身的问题，而是制度运行的基础秩序出了问题”。制度是否具有科学性，从一定意义上讲，取决于能否科学管理。这说明，在强调高校辅导员制度建设时，要从制度的基本类型与层次出发，保证制度建设的有序化、结构化和无缝化，提高制度的流畅性、紧密性和连贯性。第一，要重视顶层设计、整合制度资源；第二，要为制度建设提供一套标准参数、设计方案、手段方法等具体规范规则；第三，要建立一套包括相应的执行主体、组织形式、配套政策、实施保障等在内的制度执行机制，保证制度的合理运行与有效执行；第四，要从制度主体的素质能力建设出发，增强制度主体的制度意识；第五，要建立监督机制和评价机制，随时解决出现的新问题，

及时纠正出现的偏差。

（三）树立制度优化意识，不断提高制度科学化

制度的发展是一个不断更新规则的过程，是思想政治教育主体不断反思规则合理性的过程。我们现在提出的高校辅导员专业化专家化建设，就是对原有辅导员队伍建设规则的改变。这个合理化的改变，是对辅导员制度的反思。然而创立了规则并不意味着完成了任务，还要确保制度规则执行的可行性和有效性。为此，制度优化只有通过提高制度科学化、增强制度严肃性、促进制度人本化，才能不断调整制度系统内部的联结方式，改进制度整体的运行模式，才能永保制度的活力并延长制度的生命周期。应把握以下三点：第一，高校辅导员制度优化是一个系统工程，包括对制度的建设和执行的优化；第二，制度优化是一个科学化、现代化、文明化的过程，它反映了人们对高校辅导员的良好期盼与预期；第三，思想政治教育制度优化是一个动态过程，它根据环境的变化、时代的发展而不断地健全和完善。

总之，随着现代化进程的不断深入，高校辅导员制度面临着比以往更加复杂的社会环境与国际环境。当前的高校辅导员，不仅要满足其政治功能和政治责任的实现，也被赋予了更多的社会责任和社会功能。只有回应挑战，根据社会环境和工作对象的变化来进行制度的变革、创新和发展，才能不断提高大学生思想政治教育成效，推动辅导员工作创新发展。

第三节 高校辅导员的素质要求

一、高校辅导员的政治素质

（一）坚定的政治立场

作为社会主义国家高等学校重要的思想政治工作制度，辅导员制度具有明确的政治属性；作为开展大学生思想政治教育的骨干力量，辅导员具有明确的政治立场；作为高校德育教师的一部分，辅导员具有明确的政治任务；作为大学生健康成长的指导者和引路人，辅导员具有明确的政治方向。具体到辅导员的职业素质，要求辅导员在认真学习党的理论、路线、方针、政策的基础上，认同中国特色社会主义道路的合理性、合法性和优越性，认同中国共产党的领导地位和执政地位的必要性和重要性，认同党对高等教育的领导，形成坚定的政治立场，与党中央保持一致，贯彻落实各项政策，完成各

项具体任务，服务国家和高校和人才培养的大局。

（二）较强的政治原则性

政治上的坚定来自理论上的清醒和成熟，政治立场的坚定来自较强的政治原则性。在坚定的政治立场之上，辅导员要认真学习社会主义的有关知识，深入学习党的各项路线方针政策，尤其是要深入学习党在高等教育的路线和政策，深入认识高等教育体制和模式的政治属性，深入把握政治立场的规范、规律，在此基础上，形成较强的政治原则性。辅导员应学会用政治原则来武装自己的头脑，并用来认识、分析和解决具体问题，还能根据实际情况的不同准确把握政治原则之间的区别与联系，做到心中有数。具体来说，辅导员要顾全大局，顾全党和国家的大局，顾全学校的大局，顾全学生成长成才的大局，及时抵制影响学生的不良思潮和认识，及时化解大学生对党和国家的不良情绪，有效引导大学生对党和国家积极正面良性的认识，有效引导大学生将个人命运和国家发展有机结合起来，做到个人发展和国家进步相得益彰。

（三）较高的政治觉悟

较强的政治原则性来源于较高的政治觉悟。当代大学生复杂的思想特点、各种不良思潮的冲击，要求辅导员主动、积极地去学习有关理论和思想，全面、准确的政治立场和政治原则，理论联系实际，在国际大势、国内局势、政策态势中准确把握政治的脉络，在理论和实践的联系区别中准确把握政治的实况，在历史与现实的联系和区别中准确把握政治的走向，着力提高自身的政治觉悟，提升自己的理论水平，拓展自己的思想深度，升华自己的政策水平，提高政治敏锐性，不为各种思潮所迷惑，不为复杂的实际问题所困惑，不为具体的利益所诱惑，始终保持政治上的清醒和冷静，形成较高的政治觉悟。在解决自己思想问题的同时，有效解决大学生的思想症结和理论困惑；在提高自己政治觉悟的同时，有效提升大学生的政治觉悟，引导学生树立正确的理想信念。

（四）适宜的灵活性

国际国内局势的变迁，当代大学生思想特点的变化，要求辅导员在坚定的政治立场和政治原则上，依凭较高的政治觉悟，因地制宜，因材施教，与时俱进，提高自身的灵活性。在实际工作中，辅导员把握好场合、尺度，将理论、政策的精神融入具体的工作实践中，融入学生思想政治教育工作的全局、全过程、全方位，透彻灵活地把握政治、政策、路线的精神和实质，不为形式所拘，不为细节所束，不为条条框框所限制，结合当代大学生的思想特点、身边典型、社会特点、兴趣特点、心理特点、生活实际、现代意识、发展实际，采用灵活的方式、方法、路径和技术组合，淡化灌输，强化理性渗透，正确引导树立大学生的世界观、人生观和价值观。同时，避免教条主义、本本主义，将思想政治教育与大学生成长、学习相契合，与学院和学校发展相融合，与时代发展和社会进步相结合，拓展思想政治教育的深度和广度，充实大学生思想政治教育的内容和内涵，增强思想政治教育的针对性和有效性，提升思想政治教育的吸引力和感染力，引导大学生树立正确的世界观、人生观和价值观，增强大学生对中国特色社会主义道路的认同程度，成长为社会主义事业的合格建设者和接班人。

在理性和思辨的教育过程中，科学开展大学生思想政治教育，不断创新理念、机制、内容、方式、方法，适宜大学生的身心特点和认知规律，增强思想政治教育的知识厚度和文化浓度，整合日常思想政治教育，创新大学生教育管理，用党的力量凝聚大学生，在贴近实际、生活和贴近学生中，激发大学生的主体意识，充分发挥大学生的主体作用，着力提高思想政治教育的效果；做好困难扶助和心理健康教育，开展榜样示范教育，加强就业创业指导，在教育、管理和服务中，激活大学生的主角意识，着力提高思想政治教育的效率；深入开展大学生社会实践，积极发展丰富多彩的校园文化，大力推进思想政治教育网络化建设，在学生自我教育、自我管理、自我服务中，激励大学生的主动意识，提高思想政治教育的效能，实现“化于心，见于行”，促使学生从“要我学”转化为“我要学”，从“我要学”升华为“要学好”，熔铸和谐的思想政治教育。

二、高校辅导员的业务素质

（一）文化修养

作为高等学校教师队伍的重要组成部分，辅导员队伍需要具有相当程度的知识水平，党和国家方针政策在高等学校的落实也要求辅导员具有相当程度的认知能力和文化修养，大学生的健康成长成才也要求辅导员具备相当程度的科学文化素质。具体来说，辅导员要能有效地指导不同学科、不同年级、不同情况的大学生，必须具备基本的科学素质和人文素质，既能赢得学生的尊重，也能有效地开展思想政治教育工作。辅导员以“文化”倡导“文化”，以“修养”砥砺“修养”，通过言行，潜移默化地影响大学生的身心，渗透性地激发他们的志气，砥砺他们的品行，规范他们的行为，矫正他们的习惯，悉心指导大学生的校园文化活动、社会实践，在此基础上，引导学生求真、向善、臻美。实际工作中，文科院系的辅导员宜掌握基本的科学知识，具备一定的科学修养，弥补并引导文科大学生健康成长、全面成长；理工科的辅导员宜掌握基本的人文知识，具备一定的人文修养，弥补并引导理工科学生协调、可持续发展，实现人文素质和科学素质的相辅相成，引导大学生树立科学的成才观。

（二）学习能力

随着改革开放的深入，中国工业化、城镇化、国际化、信息化进程加快，社会进一步转型，体制进一步转轨，环境进一步转变，世情、国情和社情也发生了广泛而又深刻的变化，新思潮、新知识、新技术层出不穷，知识的更新速度大大增强，带有时代烙印的大学生群体出现了新的思想特点，国家政策态势不断变化。高校自身的改革和发展继续推进，辅导员制度也在改进，辅导员的角色定位、岗位职责日益明确丰富，工作领域不断在拓展，这些变迁、变化、变革要求辅导员主动、积极地去学习国家的政策、学校的政策，优化自身的知识结构和认识能力，适应新形势，完成新任务，党的十七大提出了“建设全民学习、终身学习的学习型社会”，这种形势和挑战要求辅导员审时度势，树立学习意识，养成学习习惯，学习相关知识、技能，既提升自身的文化修养，又学习与所在学院、专业相关的基础知识。及时更新观念，与时俱进，把握新形势和当代大学生的思想特点，提升自身的教育能力、管理能力和服务能力。

（三）教育能力

作为高校教师队伍的重要组成部分，大学生思想政治教育的骨干力量，大学生健康成长的指导者和引路人，辅导员具有明显的教育功能。辅导员要因材施教，因势利导，指导大学生的思想，引导大学生的学习，疏导大学生的心理，解答大学生的疑惑，倡导积极向上勤奋好学的学风。辅导员要教育学生正确认识和处理国家、社会、个人之间的关系，正确认识和处理自己不同角色之间的关系，树立正确的世界观、人生观、价值观和成才观。在实际工作中，辅导员要建立与学生间的信任关系，营造民主平等的氛围，建议而不决策，引导而不领导，到位而不越位，在学生学习、生活、社会活动中循循善诱，潜移默化。具体来讲，开展好新生入学教育，促使学生尽快了解、适应大学氛围，顺利完成角色转变；开展好形势政策教育，引导学生了解国际大势、国内局势和政策态势，明确国家和社会对人才的需求变迁；开展好毕业教育，引导学生树立正确的就业观、择业观和创业观，处理好学业、职业、事业和人生的关系。此外，辅导员要善于把握机会，利用重大节日、活动，开展深入浅出、活泼生动的爱国、爱校教育等适宜的思想政治教育，将教育渗透到大学生成长成才的全过程。

（四）管理能力

在思想政治教育的职责之外，辅导员还承担学生事务管理职责。辅导员要提高自己的辨别能力、沟通能力、决策能力和创新能力，增强管理工作的准确性、有效性和创新性。辅导员要做好学生行为、学生活动和学生组织的管理，因地制宜，既做好个别学生、个别班级、个别学生组织的管理，又要以点带面，化繁为简，做好学生的学习管理、行为管理和生活管理，还要织线成面，执简取繁，做好学生的全过程和全局管理，提高工作的效率和效果。在实际工作中，辅导员要具备组织的凝聚力、协调的亲和力、沟通的渗透力，这就需要辅导员能总揽全局，既能管理好学生，又能管理好学生事务，也能管理好学生组织，还能管理好自己的工作、学习和生活，同时，在管理过程中，辅导员要以人为本，增强管理的柔性、弹性，减少命令和指挥，多引导，多鼓励，结合学生的实际情况，综合运用多种方法、方式，解决学生的思想问题和实际问题，在坚持原则的前提下发挥自己和学生的主动性和积极性，结合班级和学生特点开展工作，创新载体和活动形式，贴近学生、贴近生活、贴近实际，做好计划、策划、规划和考核，增强管理的科学性和实效性。

（五）服务能力

高等学校的核心任务是培养有理想、有道德、有文化、有纪律的社会主义合格的建设者和可靠接班人，这决定了辅导员工作应该以学生为本，服务大学生的成长成才，为大学生的成才需求提供满意周到的服务。在实际工作中，辅导员要树立服务的意识，做到认识到位、行动到位，提高自身服务能力和技巧，因人而异地提供相应的服务，在基础、琐碎、复杂的学生事务工作、思想政治教育中贯彻服务的理念，主动关心学生，设身处地地了解、理解学生，替他们出谋划策，为他们排忧解难，帮助大学生集中精力学习和心无旁骛地成才。在新的形势下，辅导员除了做好基础的服务工作外，还需要创新思路，搭建平台，营造氛围，为大学生理论联系实际服务；为大学生第一课堂和第二课堂的衔接服务；为大学生的全面成长成才服务；为大学生的自主、自立、自强服务，为大学生的创新、创造、创业服务；充分发挥大学生主体意识，充分发挥学生组织的服务意识和能力，引导大学生做好自我教育、自我管理和自我服务。

工作的复杂性和基础性，要求辅导员兼顾原则性与灵活性，一般性和特殊性，充分认识文化修养、学习意识、教育能力、管理能力、服务能力之间的联系，总揽全局，顾全大局，抓好学生组织和学生骨干，抓好活动载体和平台，拓展空间和效果，提高自己的文化修养，具备基本的科学素质、人文素质和相应的专业素质，引导学生处理好多方面的关系、角色、任务和目标，做到轻重缓急有序，积极学习，提升自身的教育能力、管理能力和服务能力，以教育为方向，以管理为方法，以服务为载体，为大学生科学成才贡献力量，实现教育育人、管理育人和服务育人的融合，达到“润物无声”的效果。

三、高校辅导员的道德素质

（一）爱心

爱心是道德素质的根基，是责任心、使命感和诚信意识的源泉，没有爱，就没有教育，对高校辅导员来说也是如此。角色定位和岗位职责决定了辅导员是一项非常需要爱心和奉献精神的职业，无论是教育职能的履行，还是管理职能的开展，抑或是服务大学生的成长成才，都需要辅导员拥有一颗爱心，爱岗敬业、关爱学生是辅导员完成职责的内在根基。在实际工作中，辅导员要不分民族、性别、地区地爱护学生，真正地关心大学生的成长成才，关注大学生的顾虑和担心，只有这样，辅导员才能全面、深入、准确地把握大学生的实际情况，赢得大学生的信任和尊重。大到爱国、爱社会、爱学校，小到爱家庭、爱他人、爱自己，均需辅导员以身作则，以言倡导，引导大学生树立爱国爱校、爱人爱己的观念，正确认识并处理好爱国、爱校、爱人、爱己的关系，促成和谐宿舍、班级、学院。辅导员要开展相应的活动，让大学生认识到爱心对于人的重要性，引导大学生尊敬师长，爱护同学，关心国家，同情弱者，根据不同年级、不同专业的特点，因地制宜，在重大节日、活动中开展以民族精神为核心的爱国主义教育，升华大学生爱心的境界和层次，并通过实际的活动培养锻炼大学生爱人爱己的能力，最终落脚在激励大学生努力学习、努力成才，报效祖国的行动中。

（二）责任心

爱心落实到工作中去，就是责任心。辅导员要树立责任意识，具有强烈的责任感，清楚地认清岗位所承担的任务、职责，不仅仅只是单纯的事务性管理工作和例行的思想政治教育工作，也不仅仅是烦琐复杂的服务工作，而是承担了党和国家的厚望，社会和高校的寄托以及学生的期望。辅导员的工作关乎人才培养的质量和水平，不仅关乎学生的未来，也关乎高校和社会的未来，还关乎党和国家的未来，所做的工作是“百年大计”。在实际工作中，辅导员要对一切学生负责，对职责内的所有事情负责，不逃避，不推托，“足负其重”，以身示范，引导学生树立责任意识，既承担起自己的未来，又担负起国家的希望，辅导员通过细心的指导，悉心的开导，耐心的疏导，精心的引导，激浊扬清，感动、感化学生，激发学生的责任心，克服自私懒惰的毛病，引导学生树立不畏艰难、勇于承担责任的品质，这份责任感就是使命感。大学生是国家和社会发展的栋梁，是科教兴国战略和人才强国战略的重要支撑，辅导员要用战略性思维和前瞻性眼光，认清当代中国的发展趋势，认清中国特色社会主义道路的优越性，认清国家和社会人才需求的走向，认清辅导员的历史使命感和时代责任感，并将两者结合起来，引导大学生抓住大好时光，努力学习，奋发向上，认清所赴的前途和使命。

（三）诚信意识

人无信不立，辅导员更要讲究诚信。辅导员要诚实、诚恳、真诚地与学生交往，不摆架子，不做样子，不说假话、空话、大话、套话，言必信，行必果，真切地为学生考虑，真诚地为学生服务，实现辅导员和学生之间心与心的交流，在真挚的交流中，用真诚的心打动学生，引导学生信任自己，信任他人，树立诚信观念；同时，开展诚信教育，在学习、考试中讲究诚信，不舞弊，不作假，增强为国家和社会服务的真本领，顾全大局。

（四）和谐能力

社会的进步和个人的发展都离不开良性的竞争和合作。辅导员身负多种责任和使命，要与不同的部门和学生打交道，尤其是大学生的自我意识日渐彰显，世界观、人生观和价值观日益多元化，各种思潮激荡，如何处理好不同的关系、不同的思潮，形成一个和谐的氛围和心理，自然成为辅导员的一项重要能力。辅导员要形成健康的心理素质，和谐的心境，处理好各种关系，疏导学生的顾虑和担心，帮助大学生渡过心理难关，学会与他人和谐相处，全面成才，要想处理好学业、爱情、职业、事业、人生之间的关系，就要做到相辅相成，相得益彰，而非此消彼长。在实际工作中，辅导员要扮演好良师益友的角色，使教育、管理和服务等多种角色职能和谐相处，避免出现角色冲突、角色失调和角色分裂。

辅导员大部分时间是直接与青年学生打交道，面对求知欲旺盛、探索兴趣浓厚的大学生，辅导员要提升自身的政治素质和业务素质，升华自身的道德素质，和谐地融入辅导员这一角色中。同时，辅导员要因地制宜，因材施教，因人而异，顺势而为，不断学习新思想、新知识和新技术，知行相济，德才兼修，实现原则性和灵活性、理论与实践、自身成长与学生成才的和谐，优化工作思路、方式、方法，夯实大学生成长成才的基础，为大学生的成长成才做强化保障。

辅导员既是一个培养人的岗位，也是一个锻炼人的岗位。辅导员岗位需积极学习新知识、新技术，掌握新政策、新情况，具备相当程度的教育、管理和服务能力，也需要有爱心、责任心、使命感、诚信意识、和谐能力，更需要一种角色意识，全面、准确、深入、透彻、灵活地理解辅导员的角色内涵和外延，把握辅导员的权利、义务和职责，培养辅导员岗位所需的政治素质、业务素质和道德素质，切实地服务于高校改革发展大局和大学生成长成才。

第二章 高校辅导员作为引路人的作用

第一节 “引路人”的含义

一、何为学生成才路上的“引路人”

辅导员是学生成才路上的引路人，是指辅导员作为大学生的人生导师、知心朋友，高校学生日常思想政治教育和管理工作的组织者、实施者与指导者，党的教育方针的直接执行者，着眼于培养全面发展的社会主义建设者和接班人，把德育、智育、体育、美育贯穿于教育、管理和服务的全过程，以促进大学生的健康成长和成才。简而言之，就是要把大学生培养成德智体美全面发展的社会主义建设者和接班人。

二、确立这一定位的理论依据

辅导员是学生成才路上的引路人，首先是由辅导员具备的素质决定的。“素质”一词本是生理学概念，指人的先天生理解剖特点，主要指神经系统、脑的特性及感觉器官和运动器官的特点。本文所探讨的素质，是指人的基本品质，是个人在后天环境或教育的影响下形成的，包括人的政治、思想、道德、知识、心理和能力素质等。《普通高等学校辅导员队伍建设规定》对辅导员的素质提出了明确的要求，即“政治强、业务精、纪律严、作风正”“具备较强的组织管理能力、群众工作能力以及语言和文字表达能力”。这些素质是思想政治辅导员应该具备的基本素质，也是评价思想政治辅导员是否合格的根本标准。除此之外，辅导员还要具备高尚的道德情操、渊博的学识、健康的身心、适应时代要求的创新能力，只有具备了这些素质，辅导员才能成为大学生成才路上的引路人。

其次，是由辅导员的岗位职责决定的。关于辅导员的岗位职责，《中共中央国务院关于进一步加强和改进大学生思想政治教育的意见》中是这样定义的："辅导员、班主任是大学生思想政治教育的骨干力量，肩负着在思想、学习和生活等方面指导学生的职责。"2005 年教育部《关于加强高等学校辅导员班主任队伍建设的意见》进一步明确了辅导员的岗位职责，即"辅导员是高校教师队伍的重要组成部分，是高校从事德育工作、开展大学生思想政治教育的骨干力量，是大学生健康成长的指导者和引路人。"这就要求辅导员全面贯彻落实党的教育方针，开展以思想政治教育为主要内容的德育工作，并从以教育为出发点的管理和服务等各个方面指导学生的成长，培养德智体美全面发展的社会主义建设者和接班人。也就是说，辅导员的引导贯穿于大学生的教育、管理和服务之中，以培养建设者和接班人为己任，辅导员理所当然是大学生成才路上的引路人。

三、确立这一定位的意义

确立辅导员是"引路人"这一角色定位具有重要的意义，它在对辅导员传统定位的基础上，进一步丰富和深化了辅导员的角色定位，同时也对辅导员的工作提出了更高的要求。

（一）丰富和深化了辅导员角色定位

改革开放以来，我国的高等教育事业获得了长足的发展，在这一过程中，辅导员始终起着重要的作用，但辅导员制度和定位是一个逐步完善和日益发展的过程。辅导员由"从事学生思想政治教育的专职人员"到"教师队伍的组成部分"，再到"开展大学生思想政治教育的骨干力量，高校学生日常思想政治教育和管理工作的组织者、实施者和指导者。辅导员应当努力成为学生的人生导师和健康成长的知心朋友"。辅导员的角色定位日益科学化，主要有三个方面，即教育、管理和服务，而"引路"贯穿于教育、管理和服务的全过程，包括思想政治引导、学习成长引导、社会实践引导、心理健康引导、职业生涯引导，即引导学生培养出良好的思想政治素质，引导学生学会学习、学会生活、认识自我、适应社会，成为合格的社会主义建设者和接班人。高校的大学生教育，实际上就是大学生的成才教育，如何引导大学生健康成长、成才，是辅导员面临的一个重要课题。因此，引路人的定位不是对辅导员原有定位的简单追加，而是对原有定位的丰富和深化，辅导员必须当好引路人的角色。

（二）对辅导员工作提出了更高的要求

首先，随着全球化、市场化、信息化的深入发展，我国高等教育的环境发生了巨大的变化，辅导员的工作对象和环境也发生了重大变化。当代大学生的道德观和价值观日益多元化，生活方式、学习方式、就业观念、社会认知、价值取向同样也发生了巨大的改变。大学生在成长成才过程中需要哪些方面的“引导”以及如何科学“引路”都值得辅导员仔细研究和思考。在社会环境和教育对象不断发生变化的今天，辅导员必须切实把握当代大学生的特点，创新工作方法和工作载体，才能当好引路人的角色。

其次，由于时代的发展和大学生强烈的成才需求，所以对辅导员也提出了更高的素质要求。当今社会是强调知识与能力并重的时代，要求大学生必须具备独立生活、自主学习、人际交往、动手实践、求职就业、社会适应等方面的综合能力。辅导员要做好大学生思想的引领者，引导他们学习成长、参与社会实践，培养他们健康的身心素质，引导他们做好职业生涯规划，成功地走向职场，最终成为合格的社会主义建设者和接班人。这些都要求辅导员有较高的专业化和职业化水平，尤其是在心理健康、职业辅导等方面，辅导员要不断提升自己，以满足广大学生的需求。

第二节 辅导员作为“引路人”应具备的基本素质

辅导员工作是在大学生思想政治教育的第一线，肩负着思想政治教育和日常管理的工作，是离学生最近的老师，他们与学生交往的时间最多、最久，对学生的影响也最直接、最广泛。可以说，辅导员的一言一行、一举一动都对学生产生潜移默化的影响，辅导员素质的高低将直接影响到学生能否健康的成长成才，也影响着学校培养的目标是否能实现。因此，辅导员要想成为学生成才路上的引路人必须具备以下素质。

一、良好的思想政治素质是辅导员当好大学生成才引路人的首要前提

思想政治教育工作作为我党教育、组织和动员广大群众为实现自身利益而奋斗的强大武器，是为实现党的路线、纲领和目标服务的一种实践活动，具有强烈的政治性。因此，对于从事思想政治教育工作的辅导员来说，良好的思想政治素质是当好学生成才路上的“引路人”的首要前提。

理论素质是领导干部思想政治素质的灵魂，作为思想政治教育工作者和学生成才的引路人，首先，辅导员必须具有较高的政治理论水平和正确的思想观点。作为思想政治辅导员，必须不断加强马克思主义理论学习，掌握马克思主义的立场、观点、方法，并以此来分析问题、解决问题，不断提高自己辨别是非的能力；学习贯彻中国特色社会主义理论体系，着力用马克思主

义最新成果武装自己，不断提高自己的思想理论水平；认真领会和贯彻落实党的路线、方针、政策，提高自己的政策水平。其次，辅导员要自觉地为社会主义事业，为人民群众的根本利益而奋斗。辅导员还要有高度的责任感和使命感。辅导员的工作关系着人才培养的质量和水平，他们不仅关系到学生的未来，也关系到高校和社会的未来，关系到党和国家的长久发展。辅导员应站在战略性的高度看待思想政治教育工作，为党和国家培养优秀的社会主义建设者和接班人。

二、高尚的道德素质是辅导员当好大学生成才“引路人”的思想基础和内在动力

良好的道德素质不仅是人才的基本构成条件，而且是人才成功的内在动力。道德力量是国家发展、社会和谐、人民幸福的重要因素。高校思想政治教育的根本目的，就是要通过各种形式的教育活动，提高学生的思想道德素质、道德认识和道德行为的能力，帮助学生养成良好的道德品质。因此，良好的道德素质是辅导员是否合格必不可少的前提条件

辅导员是大学生情感、意志、信念的塑造者，是大学生道德规范的示范者。精神需要精神的感染，道德需要道德的儒化，辅导员的道德修养对大学生有着潜移默化的影响，这种影响是深远的、难以估量的。辅导员的道德素质应包括科学的道德认知、高尚的道德信念、优秀的道德品质。辅导员要按照社会主义的道德要求和规范来提高自己的道德修养水平，树立为人民服务道德观、集体主义利益观和社会主义荣辱观，诚实守信，自觉践行社会主义公民基本道德规范，大力弘扬社会公德、家庭美德和职业道德；在实际工作中辅导员要做到热爱学生、爱岗敬业、乐于奉献、忠诚于党的教育事业。

只有具备良好的道德素质，辅导员才能把自己肩负的责任和使命内化为自己的信念，把工作的压力转化为日常工作的强大动力，以饱满的热情、无私的爱心和高度的责任心承担起大学生成才引路人的使命。

三、渊博的学识是辅导员当好大学生成才引路人的基石

辅导员是教育方针具体的贯彻落实者，又是大学生健康成长成才的引路人，这就要求辅导员必须具备相当程度的科学文化素质，深入了解自己肩负的责任和使命，熟悉思想政治教育的规律和特点，熟练掌握相应的专业知识和专业技能，当好大学生学习的榜样。

思想政治教育是一门综合性、实践性很强的学科，这也要求辅导员要有多元的知识结构和良好的知识储备。辅导员具备渊博的学识也是为了给学生

树立榜样。当代大学生思想活跃，有自己独立的判断，而且获取知识的手段和途径多元化，只有辅导员具备了良好的知识素养，以自身的魅力感染学生，赢得学生的尊重，为学生树立榜样，才能对学生进行有效的引导，正所谓“亲其师，信其道”。

四、健康的身心素质是辅导员当好大学生成才引路人的保证

高校辅导员从事教育、管理和服务工作，面对百余名学生，工作任务繁杂、琐碎，加之还要处理许多突发事件，既是脑力劳动者，又是体力劳动者，因此，辅导员必须具有健康的体魄和良好的心理素质。

首先，健康的体魄是事业成功的基础和关键。身体素质是人的素质结构中最基本的，它使人的其他素质得以建立的基础，决定着其他素质的质量。只有身体健康、精力充沛，才能从事紧张、艰苦的创造性劳动，从而攀登事业的高峰。健康的体魄还是促进智力发展的重要因素。健康的体魄能够使人心情愉悦，头脑冷静，思维活跃，灵感迸现。

其次，健康的心理素质是健康人格素质的必要组成部分，是人格中一个不可忽视的内容。辅导员具备健康的心理素质，既是顺利实现素质教育的要求，也是实现大学生人格健康的保证。由于辅导员工作烦琐，任务重、压力大、周期长，容易产生紧张、焦虑和沮丧，甚至抑郁等不良情绪，也很容易出现职业倦怠。这就要求辅导员必须具备良好的心理调适能力。因此，坚忍的意志品格、开放稳重的性格特征、良好的心境和广泛的兴趣爱好是辅导员当好大学生成才“引路人”的必备条件。

再次，健康的身心素质有利于辅导员开展各项教育活动，培养身心健康的社会主义建设者和接班人。辅导员的根本任务是引导学生成才，因此辅导员就应该从德、智、体、美各方面关心学生，引导学生，不仅要重视工作的数量，更要重视质量和效果。辅导员开展的各项活动都需要自身的积极参与，需要辅导员发挥自身的示范性和带动性，只有这样才能增强辅导员的向心力和凝聚力，才能更好更深入地影响和感染学生，才能使大学生身心健康的成长和成才，而这一切都需要辅导员自身具备健康的身心素质。

五、创新素质是辅导员当好大学生成才引路人的必备条件

高校辅导员要成为学生成才的引路人还必须具备创新能力。

首先，培养创新型人才是时代发展对高校提出的迫切要求。改革创新是当代中国最鲜明的时代特征，是时代精神的核心。“创新是一个民族进步的灵魂，是一个国家兴旺发达的不竭动力。”创新还决定着一个国家和民族的综合

实力和竞争力。建设创新型国家的关键是人才，全面推进大学生创新素质教育，努力培养一大批具有创新意识、创新精神、创新能力的高素质专业人才，已经成为高校的重中之重。高校承担着培养和造就创新人才的重任，不仅要在教学科研中创新，而且要在思想政治工作上创新，这就对高校辅导员的创新能力提出了明确要求。

其次，是新形势下做好思想政治教育工作的需要。思想政治教育的生命力在于创新，辅导员工作同样需要与时俱进，不断探索适应时代发展需要的工作方式和方法。当前，随着我国社会主义市场经济的逐步完善，对外开放的纵深发展，信息技术尤其是互联网等现代传媒的迅速普及，高等教育改革的不断深化等，大学生的思想观念、道德标准、价值取向和行为方式都在发生着变化，高校的思想政治教育面临着新的环境和新的挑战。因此在新时期，面对市场经济带来的负面效应，面对社会大环境中的腐败和不良风气，面对信息化带来的消极影响问题，如何引导学生冲出重重迷雾，抵挡种种诱惑，树立主流的价值观念，健康地成长成才，是辅导员必须认真思索和慎重对待的。面对新形势、新挑战，辅导员只有不断地创新工作方法和工作载体，开创学生工作的新局面，才能引导学生走上成才之路。

第三节 辅导员如何发挥学生成才路上“引路人”的作用

一、德育——辅导员要做好大学生思想道德的“引路人”，着力培养社会主义接班人

“德育的核心是帮助学生树立正确的人生观、价值观，确立崇高的人生目标，使学生有高尚的道德情操，成为有责任心、有正义感、有奉献精神的人。”德才兼备是社会主义接班人的重要标准之一，这里的德就是指思想道德素质，是大学生应具有的重要素质。大学生思想道德教育是为培养和提高大学生的思想素质、政治素质和道德素质而进行的教育，其目的是教会大学生如何做人。当代大学生的思想道德教育直接关系到大学生的成才。大学生的思想道德教育是大学生成才教育的起点和落脚点，贯穿于大学生成才的全过程。大学生是国家宝贵的人才资源，是民族的希望、祖国的未来。要使大学生成长为中国特色社会主义事业的合格建设者和可靠接班人，不仅要大力提高他们的科学文化素质，更要大力提高他们的思想政治素质。高校培养的人才是否合格，首要标准是看思想政治素质是否合格。因此，在大学生各种素质中，思想道德素质是最重要的素质，是灵魂，居于各种素质的重要位置，要想把

大学生培养成为“有理想、有道德、有文化、有纪律”的社会主义现代化事业的建设者和接班人，就必须加强大学生思想道德建设。

首先，辅导员是高校大学生思想道德教育的实施者。高校的思想政治理论教育和日常思想政治教育活动是对大学生进行思想道德教育的“主渠道”和“主阵地”。辅导员要利用好“主阵地”，积极配合“主渠道”，深入开展马克思主义理论教育，引导大学生树立中国特色社会主义共同理想，弘扬以爱国主义为核心的民族精神和以改革创新为核心的时代精神，自觉践行社会主义荣辱观。引导学生用中国特色社会主义理论体系武装自己，帮助学生树立正确的政治方向、坚定的政治立场、鲜明的政治观点，培养学生良好的政治素质。

其次，辅导员是思想道德教育环境的营造者。加强大学生思想道德教育，光靠理论上的说教还是不够的，还必须营造良好的道德教育的环境。而校园文化是学生接受道德教育及艺术教育的第二课堂，属于学习潜在课程的范畴内，是一种影响人、塑造人的综合教育力量。校园文化能够有效地引导大学生接受爱国主义精神和民族传统美德的熏陶，帮助大学生树立科学的世界观、人生观、价值观。因此要“大力建设校园文化”，“开展丰富多彩、积极向上的学术、科技、体育、艺术和娱乐活动，把德育与智育、体育、美育有机结合起来，寓教育于文化活动之中”。辅导员是校园文化活动的组织者、实施者、指导者，要有意识地将思想道德教育融入校园文化活动之中。辅导员要加强对学生的组织和社团的引导，同他们一起精心组织校园文化活动，要善于结合传统节庆日、重大事件和开学典礼、毕业典礼等，开展特色鲜明、吸引力强的主题教育活动，唱响爱国主义、集体主义、社会主义主旋律；开展“创先争优”活动，通过创建文明班级、文明宿舍等，把思想道德教育融入大学生日常学习生活点滴之中，培养他们良好的道德情操；同时要积极开拓校园文化建设的新载体，主动占领网络思想政治教育新阵地，积极开展健康向上、丰富多彩的网络文化活动。通过一系列特色鲜明的校园文化活动，使大学生在活动中受到潜移默化的影响，思想感情得到熏陶，精神生活得到充实，道德境界得到升华。

再次，辅导员是思想道德教育的践行者。辅导员作为高等院校的教育工作者，既是思想道德理论的传道者，又是思想道德实践的践行者。由于青年学生的心理特点具有向师性和模仿性，教师的态度、立场、观点、言行举止会给青年带来深远的影响，所以辅导员本身必须具有高尚的道德情操。辅导员要有科学的道德认知，按照社会主义、共产主义的道德要求和道德规范提高自己的道德修养水平；要树立社会主义、共产主义道德信念，树立为人民服务的道德观、集体主义的利益观和社会主义荣辱观，诚实守信，自觉践行社会主义公民基本道德规范，大力弘扬社会公德、家庭美德和职业道德；在实际工作中辅导员要增强自身的使命感、责任感和奉献精神，把个人的理想、奋斗融入学校、国家的发展中，做到热爱学生、爱岗敬业、乐于奉献、忠诚于党的教育事业。只有辅导员率先垂范，用行动来影响和教育学生，才能对学生产生感染力，使学生的思想道德境界得以升华。也只有这样，辅导员才能做好大学生思想道德教育的“引路人”。

二、智育——辅导员要做好大学生专业素质发展的“引路人”，着力培养社会主义建设者

智育不是简单地灌输知识，而是点燃人心智的火焰，把受教育者内在的潜质开发出来，让学生积极主动地去追求新知，即把大学生培养成具有专业知识和专业技能的社会主义建设者，这也是大学教育的基本使命之一。大学生的专业素养直接关系到大学生未来的就业和职业发展。辅导员不是专业老师，但对学生的专业学习给予宏观的引导，是辅导员的职责之一，也是辅导员当好引路人的题中应有之义。

（一）学习的引导者——辅导员要了解学生学习成才的需求，引导学生学会学习

随着社会对人才的要求越来越高，大学生对自身的发展和未来的前途也越来越关注。把大学生培养成具有较强专业素质、符合社会发展需要的高素质人才，是大学的基本使命之一。辅导员作为专业课教师之外的教育群体，肩负着引导大学生进行自主学习、培养大学生良好的学习心理、调适大学生学习困扰的重任。

在知识社会里学校面临最大的挑战，就是如何教会学生去学习。特别是大学新生入学后是学习的适应期，也是学习思维、理念的冲突期，更是学习上感到困惑和茫然的高发期。大学的学习比中学更复杂更高级，同时也更自觉和自主。许多学生入学后，就面临着种种学习问题，主要有学习不适应问题、学习动机不明确、动力不足、学习焦虑、疲劳、考试焦虑等。这些问题如果得不到科学的引导，往往会导致一部分大学生茫然不知所措，耽误时间和学业，最终必定会影响学生的健康成长。因此，辅导员应加强学业指导，开展学习教育，引导学生明确学习目标、端正学习态度、挖掘学习动力、调节学习情绪，同时引导学生学习方法、优化学习氛围，为学生创造良好的学习环境，使学生学会学习、乐于学习、善于学习。

（二）学习的监督者——辅导员要引导学生制订个性化的学习计划，并监督其实施

“凡事预则立，不预则废”，被动、无目的、无计划的学习是不会取得好效果的。只有明确了学习方向和学习目的，才会有学习动力。所以，辅导员要密切配合专业教师，在分析学生的个性特点、掌握学生学习情况和学习能力的基础上，为每个学生打造一份个性化的专业学习计划，并且随着学生学习情况的不断变化而及时调整，这样才可以增强学生学习的主动性和针对性。有了个性化的学习计划，辅导员还要监督学生的执行情况，树立典型、奖优惩劣，不断解决学生的学习动力问题

时间是学习的保证，如何科学规划和有效利用可以支配的时间，是大学生完成学业、实现人生目标的重要保证。但是大学生普遍存在对时间管理的计划性和监控性比较差、时间管理的效率不高、浪费时间严重等现象。而不良的时间管理往往会使时间白白浪费，从而导致学业成绩不理想，产生心理压力等消极的情绪体验。所以，时间管理对于大学生来说就显得格外重要，辅导员要引导他们科学有效地进行时间管理；引导学生意识到时间的宝贵，改变对时间的态度，提高做事的效率；引导学生树立明确的目标，制定大学生涯规划，从整体上做好大学生涯的时间管理；在保证大学生有效学习时间的前提下，合理分配业余时间。

（三）第二课堂的开拓者——辅导员要积极开展第二课堂，使大学生从单纯的理论知识学习向能力素质培养转变

辅导员不是专业教师，辅导员对学生专业素质的培养，主要是通过第二课堂来开展的。辅导员是学生活动的组织者、实施者和指导者，开展丰富多彩的与专业相关的课外教育活动，是辅导员引导学生专业素质发展的重要手段。辅导员要充分发挥学生组织和社团的作用，引导学生成立自己的科研组织，为学生营造良好的专业学习氛围；同时积极开展各种科创活动，激发学生投入科研创新活动的积极性和热情，通过丰富多彩的课外实践活动，促使学生实现从理论学习向实践应用的转化，从而进一步培养学生的科研能力。

三、体育——辅导员要做好学生身体素质教育的引路人，着力培养身心健康的社会主义建设者和接班人

我国教育的目标是要培养德智体美全面发展的社会主义建设者和接班人，体育作为教育的重要组成部分，在促进人的全面发展的过程中有着不可替代的作用。因此，德智体美是相互促进，共同发展的，而健康的身体、良好的

意志品格，也是学习生活不可缺少的载体。因此辅导员必须重视体育教育，充分发挥体育的作用和价值。

（一）辅导员要做学生体育教育的引导者

体育作为教育的重要组成部分，其重要性不言而喻。然而，在当前高校中普遍存在着重视德育智育而轻视体育的问题，体育往往被认为是可有可无的，处于被边缘化的位置，从而导致在资金投入、条件建设、师资配备、课程指导等方面严重滞后。学校对体育重要性认识的不到位，往往会对学生形成误导，认为体育就是玩，就是娱乐，对体育积极性不高。因此辅导员就要引导学生充分认识体育的重要性，培养学生的体育兴趣。学校体育的目的就是使学生掌握体育运动的基础知识、基本技能和良好习惯，增强体质，进而培养学生的优良品格。被“体育校长”“中国奥运第一人”的张伯苓甚至把体育提到关系民族素质和国家富强的高度，认为振兴体育就是振兴国家和民族，“强国必先强种，强种必先强身”，“强我种族，体育为先”。因此，辅导员可以通过各种形式的讲解、教育，有目的地举办体育知识讲座，使学生了解体育的功能和目的，充分认识体育对强身健体、陶冶情操、启迪智慧、壮美人生，培养团结、合作、坚强、献身和友爱精神和弘扬民族精神的积极作用，以及体育在人才成长发展和自我完善中的重要性和必要性。“兴趣是最好的老师”，只有在深入了解体育知识之后，学生才能树立起对体育锻炼的兴趣。而兴趣有着神奇的内驱动作用，能充分调动学生对体育运动的主动性、积极性和创造性，自觉养成体育锻炼的好习惯。

（二）辅导员要做体育活动的积极组织者和推动者

学校体育工作是教育工作的大事，也是体育工作的大事。从事教育工作，必须重视体育；从事体育工作，必须重视学校体育。校长要亲自动员和号召学生参加课外体育活动，中小学班主任、高校辅导员、体育教师及学生会要做体育活动的积极组织者和推动者，形成人人参与、个个争先、生龙活虎、生机勃勃的校园体育氛围。因此，辅导员是高校体育教育活动的积极组织者和推动者。首先，辅导员要改变传统的对体育的看法，贯彻党的教育方针，切实重视体育教育。其次，辅导员要通过开展丰富多彩的课外体育活动来推动体育教育的发展。高校体育教育主要是通过开设体育课的途径来实现的，但体育课课时有限，授课内容往往比交单一，其课程评价方式也限制了学生的主动性、积极性和创造性的发挥。而课外活动则灵活多样，不受限制。辅导员可以通过开展丰富多彩的体育文化活动，如各类球类比赛、田径运动会、棋牌类智力运动会等，既培养了学生的体育运动兴趣，提高了学生的体育技能和身体素质，又可以把思想政治教育融入其中，充分发挥体育在培养学生思想品德和人格方面的作用。

四、美育——辅导员要做好审美教育的“引路人”，着力培养情趣高雅的社会主义建设者和接班人

美育，即审美教育，是贯彻德智体美全面发展教育方针的重要方面，是深化教育改革、全面推进素质教育的重要组成部分。《中国教育改革和发展纲要》中指出：“美育对于培养学生健康的审美观念和审美能力，陶冶高尚的道德情操，培养全面发展的人才，具有重要作用。要提高认识，发挥美育在教育教学中的作用。根据各级各类学校的不同情况，开展形式多样的美育活动”。《中共中央国务院关于深化教育改革全面推进素质教育的决定》中指出：“美育不仅能陶冶情操，提高素养，而且有助于开发智力，对于促进学生全面发展具有不可替代的作用，要尽快改变学校美育工作薄弱的状况，将美育融入学校教育全过程。”高校辅导员是素质教育的推动者和具体实施者，应该深刻认识到美育的基础性作用，积极开展审美教育。

（一）辅导员要把美育与思想政治教育相结合，引导学生树立正确的审美观

所谓审美观，就是指一个人用什么样的审美观点、抱什么样的审美态度和运用什么样的审美方法对自然景观、社会生活、文学艺术和人生进行审美活动的总称。审美观对人的一切审美活动都具有指导意义。只有树立了正确的审美观，人们才能确立科学的审美标准，养成健康的审美情趣，具有崇高的审美理想，自觉地按照美的规律去改造主观世界和客观世界。因此，树立正确的审美观，是大学生审美素质教育的首要任务。因此，辅导员要把美育与思想政治教育结合起来，引导学生自觉学习美学知识，了解美的各种形态，学会从本质上去了解美；要引导学生以善为美、以真为美，追求自然美、心灵美；辅导员还要加强大学生的马克思主义教育、理想信念教育、民族精神教育、公民道德教育，树立正确的世界观、人生观、价值观，进而引导学生正确区分和对待社会以及校园内的美丑现象，从而使学生树立正确审美观的目的。

（二）辅导员要把美育与校园文化建设相结合，培养学生发现美、鉴赏美和创造美的能力

法国雕塑艺术家奥古斯特·罗丹（Auguste Rodin）说：“生活中从不缺少

美，而是缺少发现美的眼睛。”中国伟大的教育家蔡元培先生在《美育实施的方法》一文中明确指出：“凡是学校所有的课程，都没有与美育无关的。”由此可见，生活中处处都有美的存在。辅导员就是要培养大学生发现美、鉴赏美和创造美的能力。首先，通过加强校园文化建设、开展校园文化活动来引导学生的审美意识。开展校园文化活动是辅导员加强大学生美育的重要方式，寓教于乐是美育的重要特点。辅导员要把高雅的艺术活动引入校园，通过开展内容丰富、形式新颖、吸引力强的校园文化活动，把美育渗透其中，运用鲜活的艺术形象培养学生健康的审美情感和形象思维能力，从而建立起艺术美、生活美和社会美的观念。其次，校园环境的美化和建设对大学生的美育起着不可替代的推动作用。校园环境是一种影响人、塑造人的综合教育力量，优美的校园环境，能给人以美的熏陶、心灵的洗涤，潜移默化地陶冶和影响学生的审美能力和审美情趣。辅导员要尽力为学生创造优美的校园和生活环境，在美的环境中接受美的教育，这无疑能起到事半功倍的效果。

（三）辅导员要把美育与自身的素质建设相结合，做美的引领者

审美教育是双边的活动，教师自身也具有倾向性的引导作用。教师渊博的学识，无私奉献的精神，高雅的情趣情操，优美的语言、教态、风度、气质都会给学生带来美的感受。辅导员是离大学生最近的老师，因而辅导员要不断提高自身的素质，注意自身的语言美、行为美、形象美、气质美，给学生美的感染和美的熏陶，提高学生的审美能力。

“德育、智育、体育、美育是一个有机整体。德育的核心是帮助学生树立正确的人生观、价值观，确立崇高的人生目标，使学生有高尚的道德情操，成为有责任心、有正义感、有奉献精神的人。智育不是简单灌输知识，而是点燃人心智的火焰，把受教育者内在的潜质开发、启蒙出来，让学生积极主动地去追求新知。体育不仅可以强身健体，而且可以培养人的坚毅勇敢、吃苦耐劳和团结协作精神。美育陶冶人的情操，提高人的审美情趣，激发人对真善美的追求和对美好未来的向往。多年来我们所强调的素质教育，实质上就是强调学生的全面发展，促进德育、智育、体育、美育的有机结合。”辅导员只有引导学生德智体美全面发展，才能引导学生走上成才的道路，才能为我们的社会主义国家培养合格的建设者和接班人。

第三章 高校辅导员教与学的桥梁和纽带作用

第一节 学校教与学的桥梁和纽带的含义

教与学是学校各种关系中最基本也是最重要的，能否处理好教与学的关系，使教与学处于相互促进的良性互动关系之中，直接关系到学校教育的成效。影响教与学关系的因素很多，其中，教与学之间的沟通是否顺畅、信息反馈是否有效、矛盾处理是否及时，都是衡量教与学关系是否和谐的重要标准。

一、何为学校教与学的关系

教与学的关系是学校教育理论中的一个基本问题。对这两者关系的研究论述很多，并衍生出不同的教育理论派别。综合来看，学者对教与学关系的解读基本界定为在教学活动中教师和学生之间具有的矛盾统一关系。然而，这种对于教与学关系的理解过于狭隘，作为教与学双方中“教”的一方，不仅仅指承担教学工作的教师，而应该是指在学校中从事教育、管理和服务工作的所有教职工，教与学的关系就是学校在开展教育、管理和服务工作中与学生之间产生的相互影响、相互作用的状态。

各高校要切实担负起加强和改进大学生思想政治教育工作的责任，建立健全全体教职工全员育人、全方位育人、全过程育人的工作机制。其中全员育人是指教书育人、管理育人、服务育人三位一体的育人格局。从教学到管理再到服务，凡是与学生学习生活有关的人都会对学生的成长产生影响，不能把育人的责任仅仅归于上课的教师。学校作为组织实施教育活动的重要主体，学校的教职工分别承担着教学科研、行政管理、后勤服务三类职责，他们都在工作中以自己的方式发挥着育人的重要作用。

教师与学生之间是矛盾统一的关系。一方面，教师是教育的主导、矛盾的外因。教师对学生具有教育和引导作用。教书育人是教师的天职，也是教师的基本使命和主要工作。教师之所以被称为人类灵魂的工程师，是因为教师在传授专业知识的同时，还向学生传播着学习的方法和不断研究探索的科学精神。教师的道德行为和魅力以言传身教的方式，潜移默化地影响着学生。另一方面，学生是教育的主体，是矛盾的内因。学生的学习态度、学习效果的反馈情况又反过来影响着教师。教师的教育要通过学生的内因才能对学生产生作用，学生对学习的渴求和愿望，持久不断地学习积极性，自学勤奋的学习精神以及认知规律和心理特征正是学生学习内因的具体表现。从这两者的关系来看，外因要通过内因起作用，两者之间相辅相成。教师要尊重和适应学生的认知规律和心理特征，激发学生学习的愿望和兴趣，以自己的学识魅力和人格魅力引导教育学生。

在加强和改进大学生思想政治教育工作中，要坚持教育与管理相结合，坚持解决思想问题与解决实际问题相结合的基本原则。这体现了行政管理人员和后勤服务人员在育人中的重要作用。一方面，行政管理和后勤服务工作是对教学科研工作的组织、调控、服务和支持。另一方面，学校作为育人的场所，其行政管理和后勤服务工作实际也发挥着育人的功能，两者之间的工作息息相关。在管理中要坚持育人的导向，把思想政治教育融于学校管理之中，建立长效工作机制，使自律与他律、激励与约束有效地结合起来，使其引导大学生的思想和行为；在后勤服务中要切实为学生办实事、办好事，解决学生的实际问题，为学生学习生活创造更好的学习条件、学习环境和学习氛围。行政管理人员和后勤服务人员的工作态度、敬业精神、业务水平和精神风貌也对学生具有感染和教育意义，是为人师表的重要体现。

从新形势下高校的人才培养来看，德才兼备的“中国特色社会主义事业的建设者和接班人”是我国高校的人才培养目标，这种复合型、创新型的人才培养需要包括教师、行政管理和后勤服务人员等在内的全体教职工的共同参与。因此，授课教师、辅导员、行政管理人员和后勤服务人员都在育人中发挥着重要作用。

如今，“以学生为本”已经成为我国各高校的办学理念，人才培养是学校各项事业的根本任务，学校的一切工作都是为了学生，学生的切身利益要放在学校改革和发展的首位。在教与学关系的构建中，对“教”一方提出了更高的要求。“教”的职责由原来的单纯注重知识灌输向多元化方向发展，“教”不仅要注重在知识的传授中激发起学生的学习主动性，体现学生的主体地位，更要在管理和服务中从学生的立场、角度出发开展工作，形成全校上下共同关注学生成长的强大合力，在学生的知识、行为、能力、情感等各项领域的发展中发挥积极作用。由此可见，将教与学的关系仅界定为教师与学生之间的关系，是对管理育人和服务育人功能的忽视，会对行政管理人员和后勤服务人员树立育人意识产生不良影响难以形成全员育人的强大合力，甚至会抵消正确的教育效果。因此，对教与学关系的理解不应仅局限于教师和学生之间的关系，而应将其界定为学校与学生之间的关系，它包括了学校在开展教育、管理和服务工作中与学生之间产生的矛盾统一关系。

二、何为学校教与学的桥梁和纽带

协调教与学关系对于学校实现教育目标、促进学生的全面发展具有重要意义。然而，就目前我国高校教与学之间的关系来看，还存在着诸多不和谐的状况：教育理念未能得到有效转变，以学生为本的育人理念还未完全树立；学校提供的教育、管理和服务质量与学生和社会需求之间还存在较大差距；教与学之间的沟通渠道不畅，未能完全形成教与学相互促进的良性互动关系。要协调好两者之间的关系，必然需要教与学双方的共同努力。学校要全面树立以学生为本的育人理念，不断提高教育、管理和服务水平；学生要认识到自己的主体地位，认识到自己是学习的主体，学校所提供的教育教学、管理和服务都是为学生的全面发展服务的，要充分发挥自己的主观能动性，自觉配合“教”对其的教育和引导，实现个体的全面发展，努力成人成才。教与学之间要进行有效的沟通反馈。学生的需求要被学校所了解，学校的管理和要求又要被学生所理解和接受，这两者间的信息传递、反馈和处理能否及时、有效、正确，直接决定了两者之间的关系是否和谐。在教与学的沟通反馈中，桥梁和纽带发挥着重要作用。

桥梁和纽带是一种比喻，是指起联系作用的人或事物，教与学的桥梁和纽带指在教与学之间起联系作用的人或事物，它是联系学校和学生之间的中间体，在学校和学生的沟通和联系中起着重要的作用。具体而言，它包括以下几层含义。

（一）它是学校教与学的信息收集者

搞好信息的收集，是发挥好桥梁和纽带作用的第一步。信息收集者要准确、全面和及时地反映出教与学双方在教育、管理和服务中相互关系的信息，以保证信息收集的质量。信息的准确性，要求信息收集者有可靠和正确的信息来源，能够确保所收集到的信息真实、可靠。信息的全面性，要求所收集到的信息要广泛、全面、完整地反映信息的全貌。信息的时效性，要求信息的收集要及时、迅速，具有高效率。

可见，做好教与学的信息收集者，就需要它与教与学双方均具有密切联系，既要明确学校的教学和管理要求，了解学校提供的教学、管理和服务的条件和水平，又要及时掌握学生的意见和需求，并对教学、管理和服务在学生中的反馈信息有清晰的认识。

（二）它是学校教与学的信息联络者

桥梁和纽带作为中间媒介，它能使相对独立的双方密切接触，增进了解，培养感情。联络功能是桥梁和纽带最基本的功能。

目前，我国扩招后的很多高校学生总人数达数万人，师生比例大幅下降，教师授课任务繁重，还要承担科研等任务，导致很多教师仅满足于完成授课任务，课后与学生之间的沟通、联系很少，师生的感情交流的机会越来越少，关系出现了明显的弱化，这对教师在教书中发挥育人功能是极为不利的。这一方面需要教师增强教书育人的责任感，爱岗敬业，深入了解学生，加强和学生的情感交流，以良好的思想政治素质和道德风范影响和教育学生；另一方面，也需要借助一定的中间体，在教师和学生之间担任起联络员的角色，促进教师与学生的沟通和交流。

面对众多学生，高校的行政管理部门也必须借助一定的中间媒介对学生进行管理，这里所说的中间媒介就是指桥梁和纽带。我国高校对学生采取的是班级、年级、院系的行政管理体制，以学生集体为载体对学生进行思想政治教育和管理。在这种管理体制下，学校的行政管理部门将行政管理要求等通过一定的中间媒介传达给班级、年级、院系等学生集体，从而实现对学生的管理，这一中间媒介也正体现了桥梁和纽带所发挥的信息联络者功能。

（三）它是学校教与学的协调反馈者

桥梁纽带从某种意义上讲是传递某种信息的媒介，因此就有一个信息的发出、接收与反馈的过程。其中信息反馈过程最为重要和关键，信息反馈是否灵敏、正确、及时，直接影响到学校教育和管理的成效。

关注每一个学生的发展是“以学生为本”教育理念的应有之意。每一个学生都是活生生的人，都是区别于其他任何人的独特个体。学校的教育也必须建立在尊重个人差异的基础上，为学生提供成长的最大空间和支持。但同时，学校教育又必须在一定的规则和模式下有序进行，所以教育的共性要求和学生个性需求之间必然会产生矛盾。正视并解决这种矛盾是协调教与学关系的必然要求。教与学之间的桥梁和纽带要将学生的意愿和呼声收集反馈给学校，将学校的教学要求、教学信息、管理制度、后勤服务情况等及时传达给学生，并将解决问题和执行政策的情况进行反馈，促进学校更好地为学生提供优质的教育、管理和服务，学生更好地理解学校的方针政策，实现教与学之间的理解和配合。

第二节 辅导员发挥教与学的桥梁和纽带作用所具有的优势

一、辅导员作为离学生最近的老师具有深入了解学生的优势

辅导员工作是在大学生思想政治教育的第一线，其工作具有基层性。新生进入校门后接触的第一位老师就是辅导员，在学校的学习生活中直接接触最多的也是辅导员，送毕业生离校的还是辅导员。辅导员辛勤工作在学校的第一线，和学生同吃、同住、同生活，是大学生在校期间“任课”时间最长，“课程”最多，与大学生接触最广泛、最具体，最容易与学生思想情感融洽的老师。

（一）辅导员是大学生思想政治教育的骨干力量

相对于思想政治理论课在大学生思想政治教育中的“主渠道”作用，辅导员对学生则是通过潜移默化的形式发挥思想政治教育作用的。这种教育贯穿于学生从入校到毕业的全过程，从学生的日常管理到寝室文化建设；从学风建设到班级党团建设；从社会实践到文体科技等校园文化活动；从贫困生管理到特殊学生心理督导，都是辅导员开展思想政治教育的载体，它融入于学生学习生活中的方方面面。

（二）辅导员是学生事务的管理者

辅导员是学校干部队伍的重要组成部分，承担着对学生的管理职责。辅导员要负责学生的日常事务管理、寝室管理、安全稳定工作和班级建设等工作，同时通过对党团组织和学生会、学生社团等的指导和管理，教育学生进行自我教育、自我管理、自我服务，这些都体现出辅导员是学生直接管理者的身份。辅导员的管理具有教育性，管理是手段，教育是目的。对待大学生，既要教育引导，又要注重规范管理，坚持教育和管理的有效统一，坚持自律和他律的相辅相成。

（三）辅导员是学生成长的服务者

一方面，从某种意义上说，教育和管理都是服务的一种方式。高校是为

学生的成长成才提供服务的。作为一名教师和管理干部，辅导员开展的教育和管理工作同样是为满足学生的成长成才服务的。辅导员正是在深入细致的思想政治教育和日常管理工作中，以为学生服务的精神努力促进着大学生的全面发展，促进大学生按照中国特色社会主义事业的建设者和接班人的方向成人成才。另一方面，辅导员在工作中，还承担着对学生进行心理健康教育与指导、学业指导、职业规划和就业指导、校园文化建设和社会实践指导、人际交往指导等具有明显服务性质的工作内容，是帮助大学生解决学习生活中遇到的实际困难的最直接的责任人。辅导员的工作核心是服务于学生的学习、学生的生活以及学生的全面成才。

通过对辅导员角色定位的分析，我们可以看到，辅导员是学生思想健康成长最直接的引导者，是正常教学秩序的直接维护者，是校园文化建设的直接组织者，是校风学风建设的直接实施者，是学生成人成才的直接培养者，是大学精神的直接营造者和传播者。辅导员承担着学生的思想教育、日常管理、咨询服务等与学生成长成才息息相关的工作，从工作的本质上讲，具有深入性。辅导员工作要面对每一个具体的学生，只有深入人心才能做好。辅导员是与学生联系最紧密，距离学生最近的老师。

二、辅导员作为学校教育和管理政策的执行者具有全面掌握学校政策的优势

所谓政策执行是指政策执行者通过建立组织机构，运用各种政治资源，采取解释、宣传、实验、协调与控制等各种行动，将政策观念的内容转化为实际效果，从而实现既定的政策目标的活动过程，这是一种动态的过程。学校对学生进行教育和管理，从本质上看也是对学校教育和管理政策的执行过程，从而将政策转化为教育管理的实际效果，按照学校人才培养方案的要求来培养出合格的人才。

辅导员是学校教育和管理政策的直接执行者。

（一）辅导员是学校教育和管理政策的宣传者

在对学生进行教育管理的过程中，辅导员必须将学校的教育和管理政策通过各种形式传达给每一位学生，不仅要让学生了解相关的政策规定，更要对学生不太明白和理解的事情，认真做好讲解、分析、引导工作，让学生理解学校的初衷、用意和困难等，努力提高学生的思想政治觉悟，提高他们遵守和执行学校教育以及管理政策的自觉性。

（二）辅导员是学校教育和管理政策的实施者

学校教育和管理政策的制定，其目的是通过实施而转化为最终的实际效果，对人才培养而言，就是通过实施教育管理政策实现人才培养方案所提出的人才培养目标。前面已经谈到，在我国的高校中，学校不是以学生个体作为教育和管理的直接对象，而是将学生以班组、年级、院系的集体形式加以教育和管理。在这种管理模式下，学校的教育和管理政策必然要通过这种集体组织形式而落实到具体工作中去，这种集体组织形式的实际管理者就是辅导员。因此，辅导员是学校各项教育和管理政策的实施者，学校的政策要靠辅导员去贯彻与落实，辅导员是学生事务的直接处理者和学生管理活动的执行者。

（三）辅导员是学校教育和管理政策的协调者

大学生的心理发展水平正处在向成熟迈进的过程中，由于未真正完全成熟而呈现出鲜明的年龄特征，他们对问题的思考能力，对是非的判断能力都还不成熟，自主性与依赖性共存，对学校的管理方式、规章制度不理解甚至排斥，严重的还会聚众闹事。同时由于我国生活水平的逐渐提高和独生子女家庭教育普遍存在的娇养、溺爱等问题，很多大学生在生活上不能吃苦，在学习上意志不够坚定，遇到困难退缩，对生活、学习条件要求高，在学校相关条件不能满足其需求的情况下，很容易滋生不满情绪，进而影响到正常的学习和生活。辅导员要做好学生思想的疏通工作，化解学生心中的不满，对学校不能解决的问题，辅导员要耐心做好解释工作。

三、辅导员作为学校教育、管理和服务效果的反馈者具有上下沟通协调的优势

从高校学生管理体系的组织结构上看，辅导员处于联系上下的学生工作基层，是直接面对学生的教育和管理者，学校提供的教学、管理和服务水平能否满足学生的需求，学校教育、管理和服务效果如何，作为直接组织、实施和指导者的辅导员最有发言权。

当前，我国高等教育正处在观念转变的转型时期，以学生为本的教育理念正取代传统的学生教育管理理念。但由于传统教育观念的影响很深，很多高校仍倾向于把学生看作被教育和被管理的对象，学校扮演的是教育者和管理者的角色，而非服务者的角色，学生处于被动接受教育和管理的地位。在这种教育观念下，学生和学校之间容易产生对立和冲突，突出表现在学生的学习、生活需求与学校提供的教学、管理和服务水平上存在差距。这种差距

的不断缩小，有赖于学校真正树立起以学生为本的教育理念，不断建立健全以学生全面发展为中心的教育、管理和服务体制，尊重学生的主体地位，最大限度地发挥学生的主动性与创造性。在这一过程中，辅导员通过信息反馈，反映学校教育、管理和服务在学生中的执行效果，督促学校不断改进工作方式方法，促进教育、管理和服务水平的不断提高，有利于教与学的和谐发展。

（一）辅导员发挥着增进教与学相互理解的作用

高校由于受到师资条件、科研水平、资金、各种软硬件设施资源等方面的制约，在为学生提供健康成长和全面发展的条件以及能力上存在不足。如在课程设置上，与社会需求还有较大差距；在为学生提供的学习、生活条件上，还不能完全满足学生的合理需求；在学生的管理上，主要是以规章制度为中心的刚性化管理，学生对规章制度的制定没有话语权，与管理者容易产生对立情绪。学校需要了解学生，学生也需要理解学校。任何改变都不是一蹴而就的，学生的需求也存在合不合理的问题，通过辅导员传递信息，让学生了解学校的现实情况和发展动态，让学校把握广大学生的思想情况和实际需求，达到增进了解、相互理解的目的。

（二）辅导员发挥着促进教与学和谐发展的作用

根据唯物辩证法的观点，教与学是对立统一的。首先教与学具有同一性，它们是高校人才培养的矛盾双方，它们相互依存、相互肯定，具有共同的目标，即培养中国特色社会主义事业的建设者和接班人，这种相互统一的关系，使双方能够互相吸取和利用有利于自己的因素而得到发展。同时，教与学又具有斗争性，它们双方相互排斥、相互否定，促进双方不断修正、变化、提高。教与学就是在这样的矛盾对立统一中不断发展的。辅导员的信息反馈，促进了教与学双方的矛盾运动朝着和谐发展的方向前进。

第三节 辅导员如何发挥教与学的桥梁和纽带作用

上有千条线，下有一根针，辅导员作为连接教与学的中间环节，可以说工作多、事情杂、任务重。学校和各级部门的要求要通过辅导员去贯彻与落实，学生的诸多诉求和各种情况要通过辅导员去收集、汇报，辅导员在学校与学生之间架起了一座“上情下达，下情上传”的桥梁，把学校的政策、教师的意见和学生所思、所想、所需紧密结合，将思想政治教育和管理融入学生的学习生活之中，确保各项工作落到实处，使学生教育管理取得实效。要发挥好这种桥梁和纽带的作用，辅导员必须在以下三个方面下功夫。

一、准确全面知“上情”

辅导员作为开展大学生思想政治教育的骨干力量，高校学生日常思想政治教育和管理工作的组织者、实施者和指导者，要将思想政治教育的方针政策和管理规范落实到学生工作中去，了解“上情”是开展工作的基本依据，也是干好工作的根本遵循。这里的“上情”包括了学校在培养教育学生方面所有的与学生全面成才相关的事务等，具体而言，分为学术事务和学生事务。

（一）全面准确把握学生的学术事务管理情况

学术事务是指高校中以学生的学术培养为主线开展的活动，具体包括专业设置、培养计划设定、课程安排、教材选编、制订教学计划和教学大纲、课堂教学、实践教学、考试和测评等事务，它与学校、教师对学生进行相关的学术训练和学术培养直接相关。学习是学生的天职，建设优良学风也是辅导员的重要工作职责，辅导员要对所带学生的学术培养情况有全面和深入的了解。辅导员要和教务部门以及授课教师建立联系制度，定期沟通，系统地交流学生在学术发展和学习上的有关情况，征询授课老师的意见，全面了解学生的学习情况，领会授课老师对学生的要求和期望，共同研究确定指导学生学业发展的具体方案和措施。辅导员在发现学生学业方面的问题时，也应及时与授课老师沟通。在很多高校执行的辅导员听（看）课制度，就是一种很好的沟通方式。辅导员听（看）课，是辅导员了解学生学习状况、学习态度、学习纪律、学习效率和学习效果的最直接、最有效的途径。辅导员在课堂上可以直接观察到学生对文化知识的掌握情况，并就学生的学习表现与授课教师进行直接的交流和沟通，及时发现学生在学业发展上出现的各种问题，为后续开展学风建设工作提供第一手的资料。

（二）全面准确把握学生事务管理情况

高校学生事务管理是指“在高校中通过指导、规范和服务学生的成长过程，促进其全面、协调、可持续发展的非学术性组织活动，其范畴包括人格教育、行政管理、成长辅导、生活服务、素质拓展。”从概念上来看，高校学生事务管理包括了学校管理、服务两大方面的内容。

全面准确地把握学生事务管理情况，要求辅导员要对以下情况做到心中有数。一是深刻理解高校办学的指导思想和工作思路，把握好人才培养的精神实质和内涵，领会学校的工作形势和任务、要求；二是了解学校办学的各方面软硬件条件，包括规章制度、教学设施、生活设施、后勤服务水平等情况；三是对学校的学生事务管理机制、职能和保障有清晰的认识。

二、深入学生明“下情”

所谓“下情”，就是学生的思想状况和动态。了解学生是做好辅导员工作的基础、教育好学生的前提。只有真正了解学生，才能增强教育和管理工作的针对性。所谓了解学生，就是采取多种方式、方法，通过听其言、观其行、深思考、细分析，来准确把握学生的思想状况和内心变化。那么辅导员该如何了解学生呢？

（一）辅导员要树立以学生为本的责任意识和服务意识

辅导员要转变观念，从过去的教育、管理职能转变为教育、管理和服务一体化的育人职责，本着“一切为了学生，为了一切学生，为了学生的一切”的理念，关心学生，爱护学生，积极主动地为学生解决实际困难和问题，从学生角度出发，处处为学生着想。只有真正树立服务意识，以学生为本，才能获得学生的支持与信赖，为深入了解学生和开展思想政治教育工作奠定基础。

（二）辅导员要以细致、耐心的工作态度和工作精神深入学生的学习生活，做学生的知心人

辅导员要对自己的学生有清楚的了解，既要知道其姓名、籍贯、年龄、家庭成员、政治面貌、兴趣爱好、特长、身体状况、个性特点、人际关系、学习经历等基本情况，还要善于见微知著，透过现象看本质，关注学生的思想、言行等变化，真正地了解学生，切实成为学生学习生活中的贴心人。辅导员面对的是来自全国各地的学生，他们的学习情况、生活习惯、性格、脾气、家庭条件等差别很大，要了解掌握学生的情况绝不是一件简单的事情，辅导员必须付出极大的精力和耐心，以严谨和认真负责的工作态度，经常深入到学生的学习生活中去，要进课堂、进班级甚至进公寓，全面了解学生，及时掌握学生的思想动态，通过日常管理工作，在思想上进行有针对性的教育和引导，帮助学生们树立正确的观念。

（三）辅导员要及时收集整理学生的意见和诉求

随着大学生权利意识的日渐增强，学生对高校在办学中提供的教育教学质量、管理水平和学习生活条件等有了更多的要求。辅导员可以通过以下三种方式及时收集学生的意见和诉求。

一是要利用好现代化交流方式。师生进行沟通的方式多种多样，特别是

信息技术日益发达的今天更是如此。传统的交流方式是采用面对面谈话式沟通，这是最直接、最传统的沟通方式，师生之间面对面，真诚而坦率地交谈，能使沟通的效果立竿见影。但由于辅导员要面对众多学生，采用这种沟通方式效率很低，有时难以迅速、及时地反映学生的集体性意见。现代科学技术日新月异，师生交往也要紧跟科技发展的脚步，将现代化的交流方式运用到辅导员工作中去。现代化的交流方式主要指运用网络媒体这个公开的平台来互相交流沟通的方式，它们具有信息传播效率高、范围广、交流深入等特点，青年学生对新鲜的事物具有浓厚的兴趣，是现代化交流方式的积极使用者。如在各种电子平台上，学生可以畅所欲言，各抒己见，学生具有很强的参与意识，师生间交流更为深入、广泛，教师更容易了解到学生中平时不易掌握的情况，全面地掌握学生集中关注的热点问题。

二是要发挥好学生干部、团学组织和学生社团在老师和学生之间的桥梁作用。学生干部来自学生，是学生的代表，最了解学生的情况及感受，能将学生学习、生活、思想等各方面的情况及时反馈给辅导员。各种团学组织和学生社团是学生自我教育、自我管理、自我服务、发展特长和增长实践技能的学生组织，是为学生发展服务的，要本着从同学中来，到同学中去的精神，将广大同学在求学、立志、自我塑造、成功成才等诸方面的需要收集并反馈给辅导员。

三是要将学生个人意见和集体意见综合分析，力争最准确、最全面地反映学生的诉求。在收集的学生意见中，有的反映个别学生的个性需求，有的反映学生群体的集体意见，对这两种意见，辅导员都要重视，认真研究，最大限度地了解学生的真实想法。如在网络平台上发现学生提出集体性需求时，辅导员应在通过网络继续深入了解情况的同时，选取几名在学生中有威信、具代表性的同学，通过一对一交流的方式了解学生的想法，将这两种意见综合进行分析后，辅导员就可以最清楚地把握住学生的诉求，为更好地开展思想政治教育和管理工作打下基础。

三、沟通反馈促和谐

辅导员是“上情下达，下情上传”的桥梁和纽带，然而从辅导员的工作性质分析，辅导员是学生的教育、管理和服务者，因此辅导员绝不是简单的教与学之间的“传话筒”，而是以沟通促和谐，用沟通的方式促进矛盾的解决，将教育渗透其中，在维护好学生正当权益的同时，帮助大学生学会正确认识问题、冷静分析问题、高效解决问题，实现高校的和谐稳定。

桥梁和纽带作用的发挥，需要经过以下几个环节来实现。首先，收集教与学双方的要求、建议和诉求，掌握全面的教与学的信息，并将这些信息进行分析、整理、消化，成为系统的、集中的意见；其次，通过正常的民主渠道将双方的意见分别进行反映；再次，将意见反馈后的处理、落实情况进行反馈；最后，将处理、落实情况的反馈意见再进行反馈。如此循环反映和反馈，每一次的循环，都将和谐教与学的关系推进了一步。因此，辅导员要发挥好教与学之间的桥梁和纽带作用，最关键是要在了解双方信息的基础上，做好沟通反馈工作，既能在学校政策的执行中反馈学生的思想动态，化解不和谐因素，促进学校的平安稳定，又能反映学生的要求和意愿，增加和谐因素，促进学校不断提升教学管理水平。

（一）做好“上情下达”

辅导员要把学校的学术事务管理和学生事务管理情况通过多种途径传达给每一位学生。这种传达不仅仅是一种信息的传递，而是需要辅导员将信息讲清讲透，寓教育于其中，做到入脑入心。辅导员在通过各种宣传形式如网络平台、墙报、宣传栏、通告等让学生知晓的基础上，还要以组织班会、讨论会、文化活动等形式，引导学生领会学校的要求和精神，将规章制度、工作安排等传达和落实到学生中去，让学生实际执行和遵守。

（二）做好“下情上传”

对学生思想状况、各种意见和诉求，辅导员要高度重视，主动向学校有关部门和单位汇报情况。特别在一些重大节假日、重大纪念日、重大活动、国家利益冲突、国内社会矛盾激化、敌对势力煽动破坏等政治敏感时期，辅导员要密切关注学生的思想动态，及时了解学生的动向，并向学校相关部门汇报情况，为学校应急决策统筹安排提供夯实的第一手信息资料。

（三）及时发现并化解教与学之间的矛盾，避免出现学生稳定事件

学生稳定事件是指由高校内部某种因素的诱发，以高校学生为主体，在较短时间内骤然发生并迅速演化为较大规模的，对高校正常秩序乃至社会秩序造成一定影响、冲击或危害的群体性行为。在学生稳定事件中，一方面，学校要保证正常的教育秩序；另一方面，学生以激烈的群体性行为表达诉求。这两者之间的矛盾直接表现为学校与学生之间的激烈碰撞，它对于高校，甚至整个社会的稳定都具有重大的影响。辅导员在处理学生稳定事件中，要充分发挥好信息沟通反馈的桥梁纽带作用，坚持以预防为本，防患于未然，及时发现并控制矛盾的发展，避免出现学生稳定事件；对已经发生的学生稳定事件，要积极疏导，快速化解。辅导员要重点把握好以下要求。

一是要及时发现矛盾。辅导员在工作中要有高度的责任感和政治敏锐性，真正深入到学生中去，畅通信息渠道，密切关注学生的思想状况，采取有效方法及时掌握各种可能诱发学生稳定的因素在学生中的反映。如激烈的国际形势和国际事件引发的国内反映，和学生切身利益密切相关的学校政策、规章制度在执行中容易发生的热点问题，学生的住宿条件、收费、奖助学金评定、学习条件和后勤保障等，都可能成为诱发学生稳定事件的因素。对学生中普遍存在的意见和诉求，辅导员应及时收集、整理，并核实学生提出要求的理由，做到矛盾早发现早解决，避免矛盾激化。

二是要合理化解矛盾。对学生的意见和诉求，辅导员要区别情况，合理处置。对学生符合政策规定的要求和意见，辅导员要积极争取维护学生的正当权益，主动向学校反映学生的诉求，提出合理的解决办法，并督促有关部门及时落实，解决矛盾；对一时难以解决的问题，要向学生做好解释工作，争取使学生对学校理解和支持。如果学生提出不合理的要求，辅导员要以法律、政策规定和学校的现实情况为依据，耐心细致地做好说服教育工作。

辅导员是维系学校和学生间正常联系的桥梁和纽带，是整个高等教育体系中的重要环节。辅导员要充分发挥联系教与学的桥梁和纽带作用，积极协助学校管理学生事务，代表和维护学生的具体利益，关心学生的学习和生活，向学校反映学生的意见和要求，切实为学生服务，保护和促进学生的健康成长，为促进和谐校园建设贡献力量。

第四章　高校辅导员的学生日常管理工作

第一节　学生日常管理概述

要做好学生日常管理工作，必须了解学生日常管理的内涵与外延，认清学生日常管理的重要意义，把握好学生日常管理的基本原则，这样工作才会更具针对性、主动性和科学性，从而增强工作的实效性。

一、学生日常管理的内涵与外延

（一）学生日常管理的内涵

管理是对一定系统的人、财、物、事等进行计划、组织、协调、控制，以实现系统目标的过程。根据 2005 年 9 月起施行的《普通高等学生管理规定》，我们可以提炼出高校学生管理的内涵：高等学校管理者以培养人才为中心，针对大学生校内外的学习和活动，按照国家教育方针，遵循教育规律，在加强管理与教育相结合的基础上，按照依法治校、从严管理、健全和完善管理制度、规范管理行为的教育标准，对大学生有目的、有计划、有组织地进行各种教育，使学生德、智、体、美全面发展，努力成为社会主义合格建设者和可靠接班人的过程。

（二）学生日常管理的外延

学生管理的内容有广义和狭义之分，狭义的“学生管理”主要是指学生的行政管理，即学生行政管理工作的各项计划、条例和规章制度的施行，也包括招生计划、注册编班、分专业，成绩考核与记载，升、留、降级，转、休、复、退学，考勤与纪律，奖励与处分，助学金与奖学金的评定和发放，毕业文凭的发放和就业等方面的管理工作及管理教育等。广义上的“学生管理”除了狭义上的学生行政管理外，还包括大学生思想政治教育管理，其中又包括学生思想品德管理、健康身心管理、课堂学习管理、劳动管理、美育管理、课外活动管理等。同时，近年来，随着我国政治、经济、社会和文化发展等宏观背景发生迅速变化，高等教育内部改革不断深化，高校学生管理的工作范围进一步扩展，如学生心理咨询、学生资助、勤工助学管理、毕业生就业指导、网络管理等都是高校学生管理涉及的新内容。另外，随着中外大学交流的蓬勃发展，西方发达国家高校学生事务管理的先进理念和做法逐步被中国高校所借鉴，学生日常管理的内涵、外延和理念、方法在不断创新发展。辅导员作为大学生健康成长的指导者和引路人，应该站在广义和发展着的学生日常管理上思考问题和开展工作，不断扩大工作的覆盖范围和影响力。

（三）学生日常管理的主体

高校学生日常管理工作涉及学生的生活、学习、思想政治等各个方面，它渗透到教务、科研、人事、后勤等各个职能部门的工作当中，同时还有一个学生参与的问题，高校学生管理的行为主体应该定义为全体教职工和广大学生。事实上学生管理是一项多部门、多线条共同运作的系统工程，是一个多序列、多层次、多因素的动态过程，需要学校各个部门的统一协调，需要教师、管理和服务人员共同努力，特别是辅导员和班级导师的齐抓共管并形成合力，需要广大学生的积极参与并彰显活力。高校学生的日常管理是相对于教育和宏观管理来说的，贯穿于人才培养的全过程，体现在人才成长的各个环节，而辅导员是工作在学生日常管理一线的重要骨干力量，他们作用发挥的好坏，直接决定着管理能否形成实效。

二、学生日常管理的重要意义

学生日常管理作为高校学生工作的核心内容，在高校育人过程中起着举足轻重的作用，它不仅关系到学校的安全稳定，还关系到学校育人工作的顺利开展和学生能否健康成才。

（一）学生日常管理是高校思想政治工作稳定的基石

从某种意义上讲，学生稳则全校稳，学生安则全校安。在学生的日常管理中可以及时发现和解决学生在思想政治方面出现的问题。当前，随着国际政治经济的不断发展，网络时代对文化、信仰、信息的肆意传播并不断进行着思想渗透；而大学生正处于一种充满热情、可塑性强、求知欲旺盛、喜欢追求时代潮流却又缺乏鉴别力的成长阶段，这对于高校思想政治工作是一个严峻的挑战。学生日常管理工作的一项重要内容就是管理思想，即要求所有从事学生日常管理的人员时时提高警惕，深入到学生教室、寝室及各种活动中去，捕捉学生思想动态，及时给予纠正、引导和评估上报。对于一些重要时间点如“五四”“七一”“十一”以及进校前后、毕业前后学生思想动态要及时了解，防止学生思想和行为受外界影响而产生较大波动，同时要关注学生对敏感事件和学校教育改革、评奖评优、后勤管理与服务等关系到学生切身利益方面的态度和意见，及时排查和化解各种矛盾，维护学校思想政治工作大局的稳定，为学校改革发展提供一个和谐安宁的环境。

（二）学生日常管理是营造良好育人环境、实现育人目标的关键

一个好的高校育人环境除了要有一流的学科、教师、科研设施、优美的校园风光和优秀的校园文化外，还要有一流的管理。管理育人、服务育人与教育育人是相辅相成的，管理为教育提供了方法上的指导，教育则丰富了管理的内涵，无论是在管理过程中教育人还是在教育过程中管理人，都可以达到育人的效果。高校的各项学生管理制度都承载着学校多年的办学经验和创新的办学理念，内含着学校的育人目标和实现途径，只有通过日常各项制度的落实和管理过程的优化，才能使先进的经验得以传承，先进的理念得以实现，优秀的人才就能在这种良好的环境和氛围中不断涌现。很难想象，离开日常管理，在一个杂乱无章、公正缺失、矛盾累积的环境下怎样培养出优秀的学生。

（三）学生日常管理是学生健康发展和顺利成才的内在要求

高校学生总是要走上社会的，不管从事何种职业都离不开做人这一条，因此，高校管理责任重大。对学生的管理是对人的管理，按社会学理论，科学管理所具有的约束力可以培养人的社会化行为，帮助管理对象养成良好的社会习惯，促进人的社会化的完成。因此学生管理不仅是维护正常教学、生活秩序的保证手段，而且是大学生健康成长的内在要求。通过对学生在校期间的严格教育、管理和行为习惯养成，可以培养学生刻苦钻研的科学精神，激发其奋发向上的开拓意识，提高其行为的文明程度，增强其遵章守纪的法律意识，提高学生的自我保护和安全防范意识，塑造为人民服务的高尚人格。这样学生在以后的职业生涯中才能卓有成效地发展自我，才能真正成为对社会有用的人才。

三、学生日常管理的基本原则

学生日常管理通过一定的管理方式，能为学生的健康成长、成才创造有利条件和良好环境；但从主观上讲，高校一些从事学生教育管理工作的辅导员、班级导师由于缺乏改革、创新的管理理念和科学的工作方法，导致他们在学生管理中存在许多角色误区。一是“办事员”角色。诸多的琐事公务占

去了辅导员全部的工作时间甚至休息时间，成为繁忙事务的“奴隶”，从而暴露出工作思路不清、工作重点不明、工作措施不力。二是“保姆”角色。就是只对学生的吃穿住行关怀体贴，只担心他每天能否上课、是否能完成学业，工作缺乏主动性和创新性。三是“哥们儿”角色。有的辅导员与学生保持了零距离，把师生之间的互相尊重变为哥们儿之间的互相服从，违背了管理、服务育人的要求和身教重于言教的教育规律。四是“裁缝”角色。就是事前不关心学生的思想动态，等到事情恶化，问题严重后才赶去“亡羊补牢”，尽管不晚，但已丧失了一次防患于未然的机会。五是“老婆婆”角色。由于自身缺乏业务知识，对青年大学生在业余时间进行的正当事宜也横加干涉，充当起“老婆婆”角色，很令学生反感，没能做到与时俱进地提升自身素质和能力。这些角色的误区使得学生管理工作偏离了科学的轨道，忽视了学生日常管理的人本原则，必须加以修正。同时，学生日常管理工作千头万绪，是一个十分复杂的过程，牵涉多方利益，既是服务性事务性强的行政工作，又是原则性政策性强的人事工作，只有遵循一定的原则，才能及时、有序、高效地开展工作，增强学生日常管理的有效性。学生日常管理的原则主要包括以人为本、综合管理、法制管理和民主管理相结合、规范有序和体现特色相结合等。

（一）以人为本的原则

对于高校来说，学生既是工作对象，又是工作主体。对高校学生日常管理工作而言，“以人为本”就是以学生为本，要将学生置于应有的主体位置，要尊重学生是一个自我发展的主体；要建立畅通渠道，保持与广大学生的紧密联系，经常深入到学生中去，倾听学生的呼声，洞察学生的变化，成为学生的知心人，并及时发现学生存在的问题；要充分关注学生的需求和期望，以满足和实现学生合理的要求，充分发挥学生的各种能力并提高他们的满意程度；要了解学生、理解学生、信任学生，充分发挥其自我教育、自我管理、自我服务的作用。坚持以人为本的原则，就要由原来以“事”为中心发展到以“人”为中心，由原来对学生的“监督”管理转变为“激发”管理，由原来的“包办”式管理转变到民主的“参与”式管理。

（二）综合管理的原则

按系统理论的观点，一个系统的整体优化组合时，其功能大于它各个部分的功能之和。学生日常管理工作涉及教学管理、校风校纪等也是一个系统工程，具有整体性。不同方面不同层次的管理是相对独立的，又是在一个系统的整体中彼此联系和相互促进。这就要求一方面，校、院（系）、年级、班等各级和负责不同方面的各职能部门，既要明确的职责分工，各司其职各尽其责，又要密切配合，实行综合管理。作为辅导员，要善于调动方方面面的教育功能促进各项日常管理；另一方面，对学生日常管理的各个方面都要抓紧抓好，不能厚此薄彼，更不能留下盲点或真空。同时，要注意教育、管理和服务的有机结合，使各项管理发挥整体作用。

（三）法制管理和民主管理相结合的原则

法制管理是依法治校的重要内容。建立健全的各项规章制度，做到各项管理工作有法可依，有章可循是有效管理的重要基础，但我们的法制管理不是对制度教条地执行，而是应该做到与民主管理相辅相成。第一，制定任何一项制度都应该体现教育性和民主性，其出发点和落脚点都应该是培养人才。第二，要加强宣传和教育，严肃校纪校规，认真贯彻事前预防和事后教育的原则，让学生知法、懂法、守法。第三，对违纪的学生进行处分时，应做到程序正当、证据充分、依据明确、定性准确、处分适当，认真听取学生陈述和申辩。第四，学生日常管理过程中，要广泛听取学生的意见和要求，将学生的发展与学校的发展融为一体，突出学生在教育管理中的主体地位和作用，增强管理的透明度，运用民主方式调动学生参与各项规章制度的制定、具体实施的积极性、主动性和创造性，鼓励学生对学校各项工作进行策略思考，形成双向交流的教育管理机制。充分认识大学生进行自我管理的重要性，积极引导大学生进行自我管理，提高他们自我管理的意识和能力，使学生由他律走向自律，由被动变为主动，不断提高学生自我管理的水平，从而保证学生“自我教育、自我管理、自我服务、自我激励”功能的有效发挥。

（四）规范有序和体现特色相结合的原则

高等学校按各自特点分为多种类型，各高校既有学校办学的共性，又在行政管理隶属、人文地理环境、培养目标、学生来源和素质、学校传统、校园文化等方面存在个性。即使同一所学校，不同院（系）在学科层次、学生类别、培养目标等方面也有不同特点。因此，学生日常管理工作一方面要贯彻共性原则，在规范性和有序化上整体推进，满足服务于大局的整体要求；另一方面，学生的日常管理要注重从本院（系）学科专业特点、传统和学生特点的实际出发，注重适应内外部环境的变化和学生管理的新要求，加强调研和改革创新，充分发挥院（系）的管理自主权，多出新招、出实招、出好招，形成符合本院（系）实际的学生日常管理的品牌和特色。只有这样，学生日常管理工作才能不断实现自我超越，才能不断开创管理和服务育人的新局面。

第二节 学生日常管理的重要内容

一、学生奖励与违纪处理

学生奖励包括精神奖励和物质奖励两类，奖励的对象是在德、智、体、美等方面全面发展或者在思想品德、学业成绩、科技创造、锻炼身体及社会服务等方面表现突出的学生和集体。精神奖励包括口头表扬、通报表扬、表彰、颁发奖状、证书、奖章或授予荣誉称号，物质奖励包括奖学金和奖品等。奖励的来源可以是多渠道、多层面的，包括国家、社会和学校，如国家层面有国家奖学金、国家励志奖学金、全国先进班集体、全国优秀学生干部和三好学生等，省、学校也都有相应的各种奖励，而在具体管理学生的院（系）层面，奖励的层次和形式就更加丰富和多样。学生奖励是管理学生和激励学生的有效途径和重要手段，通过合理地运用奖励，可以从正面肯定学生思想、行为中的积极因素，以达到鼓励先进、树立榜样、发扬正气的目的，可以使学生管理工作产生事半功倍的效果。奖励工作主要包括各类奖项的设立、评选、审核、表彰、宣传以及其他相关工作。

违纪处理是根据学校有关规定，对违反国家法律或校纪校规的学生进行批评教育或纪律处分。根据新《普通高校学生管理规定》，纪律处分的种类包括：警告、严重警告、记过、留校察看和开除学籍。常见的学生违纪行为主要包括：旷课、考试作弊、偷窃财物、损坏公物、扰乱校园秩序、赌博、酗酒滋事、打架斗殴等。对学生进行违纪处理，从反面对学生进行约束和教育，对于维护校园公共秩序，营造良好的学习生活氛围和增强学生遵纪守法意识有着十分重要的意义。奖励和违纪处理的共同作用，为学生界定了一个行为规范，是维护校园秩序的关键方式。

（一）科学设置各种奖励，构建有效的奖励机制

有些奖励是校外或者学校层面设立的，但院（系）一线学生日常管理中根据激励学生的需要经常要设立各种奖励，例如在举办各种学风建设活动、党团建设活动、文娱体育比赛、社会实践活动等过程中要设各种奖励，在树立先进典型、弘扬先进文化时要使用奖励等。同时，一般学校层面对各种奖励的评审条件和标准只有一个宏观指导意见，具体奖励如奖学金的评定细则

多是由院（系）结合本学科专业人才培养要求制定和执行的，因此，要形成有效的奖励机制要做到以下几点：第一，设立奖励的目的要明确，要有明确的教育性和引导性，不能为了奖励而奖励。第二，要制定切合实际的评审标准，既要体现全面发展的人才培养要求，也要照顾到某些单方面突出的个性化学生，同时，根据不同学科专业人才培养的要求，在学习成绩、创新能力、动手能力、写作能力、社会工作能力和综合素质方面的权重应该做出相应的调整。在制定评审标准的过程中，应该听取教师和学生的意见和建议，走从群众中来到群众中去的路线，这样的标准更能被学生所接受和拥护，从而达到奖励的目的。第三，奖励的设计要与文化建设衔接起来，用奖励来弘扬本校、本院（系）的特色文化；同时，精神奖励和物质奖励应有机地配合使用，根据不同情况选择使用精神奖励或物质奖励，使奖励的激励作用得到最大限度的发挥。

（二）公平、公正、公开地开展奖励评审

做好学生奖励评审工作要把握的关键点是：第一，准确理解各项奖励、奖学金的评审条件和要求，特别是来自社会设立的奖学金，往往对奖励对象及条件有着更多的界定，一定要严格地执行。第二，整合资源、全盘考虑，注意各层次各方面名额的分配。随着国家奖助学力度的加大和社会、校友捐资设立奖学金的增多，高校奖学金的资源越来越丰富，奖励的层次和额度各不相同，应该及时将有关信息全面地公布给学生，在确定奖励对象时全盘考虑，真正做到优生优奖。第三，严格程序，公平、公正、公开地进行评审工作。要使学生广泛参与到评审工作中来，同时要注意严格要求承担评审组织工作的学生骨干，避免学生干部滋生腐败，要使各项评审工作在广大学生的监督下进行，应严格按照班级讨论推荐、班主任审核、辅导员审核、院（系）讨论、公示等程序，确保结果公正。

（三）加强奖励的后续管理，扩大奖励的效果

奖励的后续管理主要有两点，一是要采取多种形式适时对先进典型进行宣传，使奖励的教育功能得到彰显并能扩大其影响力，真正形成学生比、学、赶、帮、超的生动局面。二是要教育受到奖励的学生正确对待奖励，避免相互请吃和铺张浪费，提倡再接再厉、勤俭节约和奉献爱心。

（四）“惩前毖后、治病救人”，客观公正地进行违纪处理

对学生实施批评教育或纪律处分是对学生的一种特殊教育形式，对学生心理和行为等方面都会产生较大影响。处分学生一定要慎重，要做到“程序

正当、证据充分、依据明确、定性准确、处分适当”，要遵循实事求是的原则、依法处理的原则、正当程序和时效原则、学生权益救济原则、教育原则。“没有规矩，不成方圆”，我们不能因为强调大学生的合法权利保护而忽视和放松对大学生的违纪处理，对学生的违纪行为视而不见，甚至隐瞒包庇；同时，也不能片面强调维护校园秩序而漠视大学生合法权利的保护。我们要认识到，处分不是目的，而是为了“惩前毖后、治病救人”，起到教育、帮助学生及时改正错误以及警示他人的作用；我们还要特别重视受处理后学生的再教育和转化工作，要更加关心他们，并调动社会和家庭的作用，使他们真正认识到自己行为的违纪性和危害性，从而自觉守纪，防止违纪行为的再次发生，要帮助他们增强改过自新的勇气和信心，这样也才能真正体现我们教育工作者存在的价值。

一般而言，对违纪学生的处分，在违纪事实的认定方面不会出现太大问题，但在程序、时效及处分依据的适用上易出现纰漏，导致学校陷入被动甚至在司法判决中败诉。

二、学生宿舍管理

学生宿舍或公寓是学生学习、生活、休息、交往的重要场所，是对学生进行思想政治教育和素质教育的重要阵地。学生住宿管理事关学生人身安全和财产安全，关系到学校正常的教学、生活秩序，以及学校和社会的稳定。只有加强对学生宿舍的管理，不断提高宿舍管理和学生社区建设水平，才能营造更好的生活条件和学习氛围，优化学生成长环境。目前，我国高校学生宿舍管理的重点和难点是作息、卫生、消防和治安、人际关系冲突、党建和思想政治教育工作、学生社区文化建设等问题。要抓好住宿管理，必须注意以下几点。

（一）明确责任，完善制度，形成宿舍管理的有效机制与合力

要建立院（系）、后勤部门、保卫部门齐抓共管，各负其责的管理体制，要加强学生宿舍管理队伍的建设，并充分发挥学生干部、党员和积极分子等学生骨干力量的作用，形成学生住宿管理委员会、学生栋长、层长、寝室长等各种学生自治组织参与管理的机制，要认真落实辅导员进公寓、安全保卫进公寓等制度，并进一步完善宿舍管理规定、学生宿舍文明建设管理制度等各项规章制度，可以和每个学生签订住宿协议，明确学校、学生、物业管理、保卫等各方权利和义务，制定文明住宿公约等，营造出人人关心家园建设，自觉维护宿舍生活和学习环境的氛围。

（二）切实加强学生宿舍和公寓中的党建与思想政治教育工作

将学生在宿舍和公寓内按班集体住在一起，并集体建立党团支部，充分发挥共产党员在住宿管理中的先锋模范作用和党支部的政治核心与战斗堡垒作用。要充分发挥学生按班集中居住的优势，加强学生社区的文化建设，丰富学生宿舍和公寓文化生活，培养学生集体主义观念。

要加强对学生的安全与法制教育，培养学生遵纪守法的良好行为。要善于通过新生入学教育、安全知识讲座、演讲会、报告会等形式，充分利用广播、闭路电视、宣传橱窗、板报等载体，将学生宿舍和公寓安全问题列入重要内容并进行广泛深入的教育。在节假日和重大活动期间，要有针对性地提出安全要求，对违法违纪的学生及时进行批评教育和必要的处罚。

（三）深入学生，及时发现和处理学生住宿遇到的各种问题

一方面，入住学生宿舍和公寓的辅导员要切实做到“同住、知情、关心、引导”，即与学生同住宿舍，了解学生思想动态，关心学生思想和生活，引导学生正确处理各种问题，开展经常性的思想政治工作；班主任应每周定期到学生宿舍走访学生，及时排查和化解矛盾。另一方面，应该建立信息收集、处理和报送制度，确保信息能及时、准确上报，只有这样，才能避免事态的扩大和恶化。同时，要畅通学生正常反映意见和要求的渠道，及时满足学生的合理化要求。

（四）不留盲点，切实做好校外租住学生的管理工作

因为学校住宿条件的限制或者学生个人特殊需求，目前各高校都有部分学生在校外租住，他们游离在统一的住宿管理之外，需要格外关注。一般情况下，除了学生患有某种生理疾病或心理疾病，在集体宿舍中居住可能危及自身或他人生命安全之外，其余学生最好还是要求统一在校内宿舍住宿，在集体环境中生活有利于集体观念的培养、学习交流和人际交往的锻炼。学校同意个别学生在校外租住，但要求学生说明租房原因、房屋详细地址、联系方式，承诺加强人身和财产安全的自我保护，学校应该与学生及家长签订一定协议，明确各项安全责任。同时，应加强安全教育，定期跟踪。

三、特殊学生群体的管理

所谓特殊学生群体是指自身情况或者家庭环境具有特殊性，不同于一般学生的群体。目前高校的特殊学生群体主要有这几类：身体残疾的学生；存在心理障碍或患有精神疾病的学生；家庭经济困难的学生；迷恋网络游戏甚

至网络成瘾的学生；成绩较差，甚至延长学制的学生；受过纪律处分的学生；新疆西藏等少数民族学生等。特殊学生群体管理是“抓两头、促中间”的重要一环，是大学生思想政治教育全局中举足轻重的部分。特殊学生群体形成的原因是多方面的，能否深入分析大学生特殊群体的状况并切实做好教育管理和引导工作，也是进一步提高思想政治教育针对性和有效性的重要途径，对于维护学校安全稳定、营造和谐育人环境、形成优良学风、确保大学生顺利成长成才有着十分重要的意义。抓好学生特殊群体的管理工作主要应把握以下几个方面。

（一）深入调查，掌握情况，是做好特殊学生群体管理工作的前提

不同的高校、院（系）既有共性的特殊学生群体，也有本单位特有的特殊学生群体，经常深入学生，加强和学生的沟通，了解特殊学生群体的学习、生活和思想状况，分析其潜在的不稳定因素及产生的原因，是做好特殊学生群体管理工作的前提。应该形成特殊群体学生建档和跟踪制度，做到对工作对象心中有数，把握工作的主动性，但在操作过程中要坚持外松内紧和保护学生隐私的原则；同时，应该对可以帮助我们一起做好特殊学生群体的教育管理工作的同学心中有数，并充分发挥好学生同伴教育和自我管理的作用。

（二）以人为本，对症下药，是做好特殊学生群体管理工作的有效途径

“一把钥匙开一把锁”，不同学生特殊群体存在不同的人生际遇、心理特征和管理难点，应逐一分析，坚持解决思想问题和实际问题相结合，对症下药，才能实现有效的管理。要以人为本，充分考虑不同群体的内心感受，做到关心和呵护不伤害其自尊，比如对贫困学生的管理，既要进行及时的资助，又要通过各种教育活动帮助他们树立自强、阳光的心态，实现物质和精神双解困；同时，对特殊学生群体的关心和帮助要有持久性，比如对网络成瘾学生的管理，需要我们具有更大的耐心和投入；另外，要积极引入专业化的管理，提高管理的有效性，比如对心理障碍或患有精神疾病学生的管理，应该请专业人士一起参与到管理中来，出现危机及时进行干预，避免意外事故的发生。而对新疆、西藏等地区少数民族学生的管理，必须建立在对他们民族文化充分了解和尊重的基础上，让关心爱护和严格管理并重，典型引导和鞭策后进相结合，发挥优势和弥补劣势并举，才能获得较好的管理效果。

（三）防患于未然，化解危机，是做好特殊学生群体管理工作的底线

特殊学生群体大多存在一定的困难等问题，容易出现意外事故。而学生

意外事故对于周围同学的身心健康、对学校的声誉和正常教学秩序的维护都有着极大的负面影响，近年来高校学生自杀事件时有发生就是相应的例证，因此，我们要高度重视潜伏在特殊学生群体中的危机。“安全稳定压倒一切”，提高危机防范、干预和化解的能力，防患于未然，避免恶性事件发生，这是做好特殊学生群体管理工作的目标底线。这就要求我们，第一，要建立一个各方联动的危机干预机制；第二，要形成经常性危机排查和评估的制度；第三，要充分利用包括现代信息化手段在内的各种方法，发挥包括学生信息员、宿舍管理员在内的各方面作用，形成危机信息及时报送和收集的制度；第四，要善于依托公安机关一起开展工作，形成管理的合力。

第三节 学生日常管理的关键环节

一、新生管理

大一新生是一个具有矛盾性的特殊身份，其思想相对不成熟，自觉性比较差，但又热爱学习，积极上进。大学一年级对学生来说至关重要，学生要经历从中学环境到大学环境的各种角色转变和学习内容与方法、生活范围与方式、交往范围与方式、由他助到自助、由他律到自律等方面的转变，因此，能否抓好新生的教育管理工作，将直接影响到学生未来大学学习生活的健康发展。做好新生管理工作应注意以下几点。

（一）“知己知彼、百战不殆”，尽快全面深入地了解学生

作为辅导员，迎接一届新生进校要做大量的准备工作，其中很关键的一点就是要尽快全面深入了解每一个新生。新生入学之初，辅导员要通过查阅档案，制作详尽的学生信息调查表收集学生家庭背景、个人资料和兴趣特长等；要通过广泛接触和交流，及时记住每个学生的名字，配合心理健康普查等措施，了解他们的心理状态等；做到能尽快在脑海中把他们分成各类教育管理对象，重点关注可以作为临时班委的人选、学生党员和存在困难及问题的学生，为有针对性地开展工作打下坚实的基础。

（二）“扶上马，送一程”，帮助新生尽快适应大学学习和生活

新生来到高校最大的困难可能就是适应问题，在新生日常教育和管理过程中，应尽可能多地设计一些活动帮助新生完成各种适应和转变，教会他们如何学习、如何使用大学的各种资源、如何举办文体活动、如何进行人际交

往、如何调适心理、如何自理生活等。在这个过程中，我们要坚持教育、管理和服务并重，施教于时时刻刻、规范于方方面面、服务于各个环节。

（三）加强规章制度教育，严格日常管理，形成新生良好的学习生活习惯

良好的开端是成功的一半。一方面，在完善各项管理规章制度的基础上，要利用军训期间的氛围优势，加强学生对各项规章制度的学习，包括学校的学籍管理制度、行为管理和违纪处理制度、宿舍管理制度、安全管理制度等，可以采取集中宣讲、与高年级学生座谈、知识竞赛等多种形式，总之要让学生知道在大学里应该做什么、可以做什么和不能做什么，要强调各项规章的严肃性和权威性；另一方面，对学生的管理一开始应该尽量严格，纠正部分学生"大学是自由的""大学学习很轻松"等思想认识误区，增强学生的遵纪守法意识、自我安全防范意识，帮助学生明确学习目标，端正学习态度，增强努力进取之心，进而形成和巩固学生日常管理的良性循环。

（四）加强学生骨干队伍建设，发挥好学生自我管理的作用

选拔和培养一支得力并得到学生拥护的学生骨干队伍，是发挥学生自我管理作用，促进新生管理的重要途径。新生中有很多在中学时代就担任过各类学生干部，来到大学后也有着服务同学和施展才华的强烈愿望，这是新生骨干队伍建设的重要基础。对于新生骨干队伍建设要坚持主动物色和学生民主推荐相结合、使用和培养相结合、充分信任和有效监督相结合，通过新老学生干部座谈等各种方式加强对新生骨干的培训，不断提高他们参与管理的能力和水平。

二、班级管理

班级是大学生的基本组织形式，是大学生自我教育、自我管理、自我服务的主要组织载体。加强班级管理，充分发挥班级团结学生、组织学生、教育学生的职能，是整个高校学生日常管理的坚实基础和重要保证。班级建设的好坏，会直接影响学校各项教学任务的落实、日常管理的推行和德育工作的正常开展。做好班级管理工作主要应抓好以下几方面。

（一）创新班级管理模式，提高班级管理的效率

一方面，要坚持以人为本，辅导员和班级导师应该转变过去那种家长角色，以一个指导者和引路人的身份做好班级管理工作，应在把握班级发展方向的基础上，指导班级自主制定班级发展目标、自主设计班级活动、自主发

展班级文化。另一方面，在同一个班级内，应理顺党支部、团支部、班委会及其他学生组织的关系，坚持以党支部工作为核心，发挥其在班级工作中的思想指导和引领全局的作用；以丰富活动为要点，发挥团支部的综合素质培养和德育功能；以班集体日常事务服务为切入点，发挥班委会的行政事务组织管理和服务功能，提升集体归属感和凝聚力。存在于同一班级的各类组织合理分工和有效配合，可以极大提高班级管理的效率，促进班风的优化和各项工作的顺利开展。

（二）选配、使用、培养好骨干，提升班级管理的水平

“火车跑得快，全靠车头带”，一个班级工作开展得如何和发展得好坏，关键看有没有一支责任心强、作风过硬、热情服务、勇于创新、群众基础扎实的骨干队伍。因此，辅导员和班主任应特别重视班级骨干的选配、使用和培养工作。选配骨干应遵循民主集中制、民主推荐与合理选配相结合，应特别考虑骨干之间的特色互补和相互协作；使用过程中应遵循信任和及时指导相结合的原则，应形成一定的考核和激励机制；另外，应加大骨干的培训和使用过程中的培养，让骨干们在服务班级和同学的过程中成长，在成长的过程中促进班级工作的水平。

（三）把握班级建设的重点，增强班级管理的实效

班级管理事务是非常琐碎的，涉及方方面面，在处理好各种日常事务的同时，应抓住班级建设的主线，那就是班级的党建及思想政治工作、学风建设、制度建设和文化建设。只有抓住了班级建设的重点，才能筑牢班级管理的根基，才有可能营造一个良好的班级环境和氛围并形成自己的特色，让班级中的每一员从中获得营养，也让大家能更自觉地融入集体之中，进而实现个人和集体的共同发展。

三、学生组织管理

广义的学生组织包括学生中的党组织、团组织、班级组织、年级组织等，这里主要讨论一下狭义的学生组织管理，即学生会、研究生会、学生社团等学生群众性组织的管理问题。

学生会、研究生会是在党的领导、共青团指导下开展自我教育、自我管理、自我服务的学生群众性组织，是联系学校和学生的重要桥梁和纽带，是加强和改进大学生思想政治教育的重要依靠力量。大学生社团是由学生依据兴趣爱好自愿组成，按照章程自主开展活动的学生组织，学生社团活动是实

施素质教育的重要途径和有效方式，在加强校园文化建设，提高学生综合素质，引导学生适应社会，促进学生成才就业方面发挥着重要作用，是新形势下有效凝聚学生、开展思想政治教育的重要组织动员形式，是以班级年级为主开展学生思想政治教育的重要补充。高校各级各类学生组织以其特定的主体、组织结构、活动内容，成为广大学生成长成才的重要平台，是学生获取社会经验的重要途径之一。加强学生组织管理，使其努力践行科学的发展观，在学生日常管理中的重要性日益凸显。

（一）加强指导，充分发挥学生会、研究生会在学生管理中的桥梁和纽带作用

学生会、研究生会是具有一定行政职能的学生组织，学校大量的日常教育和管理工作通过它们在学生中进行动员、部署、组织和实施，在学生群众性组织中发挥着龙头作用。学生会、研究生会是收集、反映学生意见建议的重要渠道和参与学校管理的重要平台，也是学生骨干培养综合素质的重要途径。学生会、研究生会的日常管理工作，重在指导。加强学生会、研究生会的思想政治教育，引导树立正确的价值观和思想导向，促进其健康发展和发挥在学生中的思想政治教育作用是学生会、研究生会日常管理的第一要务。要通过教育和管理，使他们把坚持正确的政治方向，提高学生思想道德素质作为行为准则，把“引领校园文化主旋律，服务学生学习生活”作为核心价值观，自觉遵守国家政策法令和学校的规章制度，维护安定团结的政治局面和正常的教学生活秩序，为学校的社会主义精神文明建设和大学生的成长成才服务。发挥学生会、研究生会在学生自我教育、自我管理、自我服务和校园文化建设中的积极作用是学生会、研究生会管理的重要目标。一方面，要抓积极鼓励校园文化的繁荣和学生民主参与，另一方面要抓实践的规范管理，促进其健康稳步发展。

（二）加强领导和管理，把握学生社团组织发展的正确方向

要完善学生社团组织基本管理制度，在学生社团组织成立、审批、活动开展、工作考核、评奖评优、财务管理和监督、队伍建设等重点环节明确管理内容、目标和办法，因为缺少科学完善的制度，学生社团组织的自主性可能变成随意性。同时，随着形势的发展，要在坚持针对性、导向性、激励性、公平性、约束性的原则上不断进行制度创新，既把握学生社团发展的正确方向，又激发各级各类学生社团组织的活力，形成朝气蓬勃的生动局面。

（三）加强扶持和引导，推动学生社团组织开展健康有益的活动

学生社团组织的生命力来源于活动，因此，我们在日常管理中要支持和引导学生社团组织依据国家的法律法规，按照各自的章程，独立地开展理论学习、学术科技、文化娱乐、社会实践、志愿服务、体育竞技等活动。可通过举办优秀社团评比展示、社团文化节、社团活动展演等方式，进一步活跃社团活动，扩大社团在学生中的影响，为学生社团活动注入活力、创造条件、搭建舞台、营造氛围。应大力扶持理论学习型社团，热情鼓励学术科技型社团，正确引导兴趣爱好型社团，积极倡导社会公益型社团；同时，要充分调动专业教师的积极性，选派有专长和责任心强的教师担任学生社团的指导老师。

四、毕业生管理

毕业生是高校中处在比较特殊阶段的学生。与其他阶段的大学生相比，他们思想趋于成熟，但又面临顺利完成学业、考研、就业、情感等诸多现实问题，因此情绪不是很稳定，同时生活比较散漫，管理难度加大。对于高校来讲，做好毕业生的教育管理工作是顺利完成人才培养目标的重要环节，也是维护学校安全稳定的重要方面。毕业生管理的关键点包括毕业生的学业管理、就业管理和行为管理等方面。

（一）加强学习管理，提高毕业生顺利完成学业的比率

寒窗苦读十余年考上大学，目标至少是能顺利毕业拿到大学文凭。但事实上，目前高校毕业生每年大概有 6%~10% 的学生不能顺利拿到毕业证或学位证书。分析其原因发现，一方面，部分学生由于头几年学习目标不明确，学习态度不端正，导致多门学科不合格，以至于到毕业前丧失信心甚至破罐子破摔；另一方面，由于到毕业年级很多专业安排的学习任务不是很重，同时有的学生要准备考研究生，有的则要找工作单位，存在部分同学为了考研或就业不能认真对待当前的学习，甚至完全将当前学习置之度外，最终导致不能正常毕业。而实际上，无论是考研还是就业都必须以本科顺利毕业作为前提。因此，教师、辅导员、班主任、学生骨干必须多管齐下，加强毕业生的学习督促与管理，要帮助那些学习上有困难的同学尽快查漏补缺，要提醒那些不重视毕业学业的优秀学生不要马失前蹄、留下遗憾，要教会毕业生合理分配时间，处理好当前学习与考研、就业的关系，要倡导被免试推荐为研究生的学生在完成学业的前提下，提前钻研一些学术问题，也可积极联系参与到教师的科研中去，为研究生阶段的学习打好基础。

（二）加强就业管理，提高毕业生的就业率和就业质量

大学生就业难已成为党和国家以及全国民众广泛关注的社会问题。随着我国人事制度改革和毕业生就业体制改革的不断加强，毕业生在就业活动中主体地位的日益突出，毕业生就业服务和管理工作的重要性和难度也在逐年提升和加剧。做好毕业生的就业管理工作，既要着眼于就业率，也要着眼于就业质量。第一，要加强毕业生的人才观和择业观教育，通过举办各种讲座、报告会、团体辅导等就业指导和职业生涯规划活动，帮助他们了解就业形势，正确认识自己，正确处理理想与现实、自我实现与社会需要、事业追求与物质待遇等关系，解决好毕业生的就业期望和定位问题。第二，要加强就业管理与服务工作，一方面，要做好毕业生的情况统计和建库工作，做到对每个毕业生的情况了如指掌；另一方面，通过成立毕业生就业管理委员会，建立就业服务网络，开辟就业信息专栏，创建就业 QQ 群等多种方式，形成就业信息收集和发布的畅通渠道，为毕业生提供及时的就业政策和信息服务；另外，针对用人单位的具体要求做好毕业生的组织推荐工作。第三，加强指导，帮助毕业生提供就业面试技巧，提高就业成功率。第四，严格毕业生的签约管理，树立毕业生和学校的诚信形象。第五，加强毕业生跟踪调查，广泛收集和采纳毕业生和用人单位对学校人才培养各环节的合理意见和建议，从人才培养质量这一源头上促进就业工作。

（三）加强行为管理，树立毕业生的爱校、文明形象

加强毕业生的行为管理，使毕业生始终特别是在离校期间保持一种爱校、文明的形象对低年级学生的教育管理工作有着极大影响，也是对学生工作队伍的教育管理能力与水平的重大考验。有研究表明，相对于低年级来说，毕业班学生的违纪现象要更多一些，究其原因有三：其一，毕业生阶段用于自己支配的时间多了，自由度大了；其二，面临分配、考研、出国、情感等实际问题，心思多了，情绪上容易激动；其三，高校在毕业生的管理上相对于低年级放松了要求，毕业生自己也放松了要求。其中，第三个原因是最主要的原因。因此，加强毕业生行为管理十分重要。做好毕业生的行为管理工作有四个方面。第一，要加强毕业生教育特别是文明离校教育，激发他们的爱国热情和爱校感情。当然，应避免说教的方式，应针对毕业生思想成熟，主体意识强的特点，多采取沟通的方式，可多策划一些为低年级传经送宝和为学校献计献策等活动，开展一些评好创优和弘扬先进的活动等。第二，要严格贯彻执行学校的各项管理制度，不能使毕业生成为“特殊学生”，使规章制度在他们面前形同虚设，更不能迁就违法乱纪者。第三，应该给予毕业生更

多的关心，帮助解决一些学习、生活中的实际问题，尤其在毕业生离校期间，辅导员应该进驻学生公寓，要特别关注那些因学业或受过处分不能正常毕业、想就业而没有成功就业以及有心理问题的学生，确保不发生意外，维护正常的校园秩序。第四，要充分发挥学生党员和学生骨干的先锋模范作用，通过骨干和先进分子的率先垂范，影响和带动全体毕业生自觉遵守校规校纪，树立文明之风，弘扬优良传统。

第五章 高校辅导员的学生心理辅导工作

第一节 心理辅导师的内涵

辅导员既是大学生思想政治教育的中坚力量，伴随着大学生的生活、学习、工作等方方面面，与大学生接触多、交流多，能把握大学生的思想动向、学习现状、生活情况、心理波动等，也是大学生的心理辅导师。

一、心理辅导师的含义

“辅导”一词源于英文的“guidance”，有引导与辅助的意思，也有向需要帮助的人提供服务与帮助的意思。“心理辅导”是心理学领域的一个专业概念，目前，心理学家对它的表述不尽相同。

心理辅导师借助其专业知识、技能以及对本校文化的了解，给予学生以合乎其需要的协助与服务，帮助学生确立个人学习、生活、工作目标，适应学校教育，促进其整体素质的提高和人格的健全发展。心理辅导师工作地点是高校，对象是大学生，工作内容以预防为主。

心理辅导师能帮助学生正确认识自我、接纳自我、欣赏自我，克服成长中的障碍，充分发挥个人潜能，迈向自我实现。心理辅导是大学生素质教育的重要组成部分，是大学生德育的发展基础。辅导员对大学生开展心理辅导也是高校教育工作的重中之重，是大学生心理发展的实际需要，也是社会发展与现代化建设的需要。

二、高校心理辅导需求的现状

我国在20世纪80年代中后期，高校心理卫生、心理咨询与辅导工作开始受到关注，并快速发展。2001年4月，国家教育部颁发了《关于加强普通高等学校大学生心理健康教育工作的意见》，第一次针对大学生心理教育颁发文件。这个文件对全国高校开展心理健康教育起到了十分重要的指导作用。

国家教育部成立了大学生心理健康教育委员会，加大对全国高校心理健康教育工作的宏观指导。与此相应，各高校在培训心理辅导人员、探索心理咨询的科学手段和现代化技术方面做了大量工作，取得了可喜的成绩，推进了心理健康教育的广泛深入。

目前，我国高校从事心理辅导人员主要来自三方面：心理学工作者、医务工作者、有一定心理学素养的德育工作者。相比较而言，德育工作者所占的比例较大。根据一次全国抽样调查显示，目前有 23% 的大学生有不同的心理障碍或心理异常表现。因此，仅靠人数有限的专职心理咨询人员已经无法提供足够的服务以满足大多数学生的需要。

三、辅导员如何从事心理咨询

（一）工作目标的一致性

思想政治教育的目的和心理咨询的目的并不存在根本的差别。心理咨询的根本目的是使来访者从心理健康的偏离状态回复到健康状态，并促进个体的全面发展和自我实现；而思想政治教育的根本任务也是促进个人的自由全面发展。两者在根本目标上，虽然存在着发展的基本理念的差异，但其根本目的均是促进个体的全面发展和自我实现。因此，从这个意义上说，党的思想政治教育的目标和个体自由全面发展并不存在着根本的矛盾，只是在发展的途径上有着不同方式，心理咨询的基本目标理念是认为人的自由全面发展可以通过自我的发展途径，即通过自我认识、自我发现、自我奋斗达到自我实现；而党的思想政治工作的基本目标理念认为，虽然共产党追求的价值目标是个人全面自由发展，但是为了达到这个目标，必须有一个与社会共同发展的实践阶段，也就是促进社会发展的阶段，个人也只有在对社会的贡献中才能发展和完善自己，促进个人的全面自由发展。

（二）职业的优势

首先，在大学生的眼中，辅导员不仅要成为“传道、授业、解惑”者，而且要成为其知心朋友。大学生刚入学，来到一个全新的环境，与周围同学交流得比较少，在学校几乎没有知心朋友。同时，很多大学生离家比较远，来自家庭的支持相对性地大量减少，又与社会接触得比较少，而来自宿舍同学、社团、以前同学的影响相对增加。此时，大学生最需要来自与他们平时接触比较多的辅导员老师的帮助和支持。而目前高校辅导员大多是由留校或外校聘任的优秀本科生或研究生毕业生担任，这些辅导员在求学期间，绝大多数担任过学生干部，学习成绩优秀，相对地更加了解大学生的内心诉求。同时，辅导员与大学生年龄相差无几，比较容易走进大学生的内心世界。随着年级的增长，辅导员应根据自己的知识和社会经验帮助大学生解决其在学习、情感、求职就业、人生发展等方面出现的问题；在传道授业解惑方面、心理辅导方面发挥重要的教育职能，做好大学生的知心朋友。

其次，辅导员工作范围涉及大学生学习、生活、求职就业、人生发展等方方面面。包括：大学生思想政治教育、班级建设（班干部队伍建设、学风建设、团建等）、贫困生评定与勤工助学、安全维稳工作、社会实践的组织、人生职业生涯规划、心理健康教育与心理辅导、求职就业辅导等。因此辅导员应该掌握大学生的思想动向、学习现状、生活情况、行为习惯、兴趣爱好等，有针对、有计划、有步骤地开展各种活动，促进大学生的人格完善和全面发展。

再次，目前我国各高校辅导员的选聘和配备的制度决定了辅导员原则上可到与其专业背景相近的院系任职。因此，辅导员相对熟悉本专业大学生的实际需求以及常见的心理问题，并针对性地选择心理辅导的内容和方法，这极大地提高了辅导员参与心理辅导的可行性。

最后，作为组织者、实施者、指导者，辅导员可以将心理辅导的理念融入平时的学习、生活、工作中，可以利用班级、年级、学校的各种力量，通过举办心理健康教育知识讲座，组织班会，充分利用互联网，与学生进行深入的交流、了解并掌握大学生心理动态，促进大学生心理健康，辅导与教育并重，采取大学生喜闻乐见的方式方法，提高大学生心理健康水平。

四、心理辅导中应注意的问题

目前，我国高校每年都有一批年轻的辅导员加入进来。他们的加盟，自然壮大了工作队伍，增强了工作活力。但刚扮演起“心理健康教育工作者”和“德育工作者”这一双重角色的辅导员们在工作中也依然会出现一些问题。比如：大部分非心理学专业毕业的辅导员对高校心理健康教育的必要性认识不够；在实际工作中对如何区分学生的心理问题与思想问题、如何正确认识心理健康教育与德育的关系等方面存在难度；辅导员自身的心理素质也有待提高等。以上问题，都应引起高度重视，并给予研究解决。

（一）要充分认识高校心理健康教育的必要性

开展心理健康教育，培养全面素质的人才，是一项跨世纪的工程，是关系到民族未来、祖国兴衰的一项艰巨而迫切的任务，能坚定工作信念，才能感受到工作乐趣。为此，思政辅导员应从以下 3 个方面来认识高校心理健康教育的必要性。

1. 高校心理健康教育是时代提出的新课题

随着人类社会的发展，科学技术的日新月异，社会生活节奏正在加快，竞争变得更加激烈。社会竞争既表现为经济实力的竞争、科技水平的竞争，同时也表现为心理素质的竞争。现代化的过程既是经济发展、生存环境变化的过程，更是社会结构、生活方式、价值观念、行为模式变革的过程，也是民族文化、国民性格变迁的过程。然而，当这种改革过多、过快、过猛时，相当一部分人就会感到不适应，感到迷茫、困惑，从而加重人们的心理负荷。因此，现代社会越来越需要人们用健康的心理去迎接挑战。

2. 高校心理健康教育是现代教育的重要标志

21 世纪的教育，更加注重提高学生的全面素质，包括思想政治素质、道德素质、文化知识素质、身体素质和心理素质等。心理健康教育在素质教育中有着重要的不可替代的地位，可以说是素质教育的基础工程。心理健康教育，是学生自我健康发展的需要，也是提高未来劳动者素质的一项重要举措。心理健康教育已成为一种整体、新型的教育手段，也成了思想和教育现代化的重要标志。

3. 高校心理健康教育是新时期学生心理健康的重要组成部分

大学生正处于青年中期或晚期，心理已基本成熟。他们大多数人的心理是健康的，心境开朗，具有统一而稳定的人格，能客观地认识自我、有效地工作及学习，友善而和谐地处理人际关系，与周围社会环境协调一致。但是，由于社会环境快速变化和主观原因等，部分大学生产生了诸多心理压力，对学习、生活、择业等出现了种种不适应。其中，一部分人出现心理障碍，不能正确、有效地处理学习、恋爱及人际关系等问题，个别同学甚至走上犯罪道路，严重的还产生了轻生念头，出现严重的心理疾病。大学生心理健康是一个值得关注的问题。开展大学生心理健康教育，维护和促进他们的心理健康，应成为高校素质教育的重要组成部分。

（二）正确处理心理健康教育与德育的关系

大部分辅导员都来自非心理学专业，工作中未能从心理学角度正确把握教育对象、有效地进行心理疏导工作。例如学生逃学，就被视为思想品质问题，而很少注意到学生逃学背后可能存在的其他因素，对厌学、怠学学生缺乏科学研究。因此，能够正确区分心理问题与思想问题，处理好心理健康教育与德育的关系，这对辅导员的工作具有必要性。

其实，心理健康教育与德育既有联系又有区别。二者联系表现如下：

第一，心理健康教育是德育的基础。只有德育而没有心理健康教育，学生的发展便不完全。过去，只重德育而忽视心理健康教育的结果是：使一些人关注了高层次的导向问题，失去了一般人际关系适应能力；重视了社会的规范化要求，忽略了人自身发展的要求；每个人都担当了社会角色，却失去了自己的个性。第二，没有心理健康教育，德育难以取得良好效果。心理健康教育贴近大学生生活，可以使德育深入人心，取得良好效果。

其主要区别如下：第一，德育主要是解决学生政治方向、思想倾向、道德观念和社会倾向问题；而心理健康教育则主要是帮助学生认识自己与社会的关系，发展潜能，使学生更好地适应学校、家庭与社会。相对说来，心理健康教育解决的是“育人”任务中的基础问题。第二，在德育中，学生常被当作社会关系中一个社会角色来要求，在心理健康教育中，学生则被当作人际关系中一个具体的人来要求。换言之，德育要求学生达到“君子”境界，而心理健康教育则要求学生达到“凡人”的境界。心理障碍与政治思想觉悟低、品德不佳是性质不同的两类问题

因此，我们要认识到高校在开展思想品德教育的同时，还应开展心理健康教育。要把原来单纯的德育模式转变为德育和心理健康教育相结合的模式，使二者各得其所、各展所长，又相互配合，共同把学生培养成为具有良好思想品德和健全人格的人。

（三）提高自身的心理素质

辅导员是大学生生活中的朋友、人生发展规划的指导者，肩负着促进大学生人格完善和全面发展的重要使命，其心理健康状况在影响着大学生的心理素质的培养和提高的同时决定着辅导员参与心理辅导工作的成效。

随着高校连续扩招、后勤社会化、教育教学改革和人事制度改革的不断深化，“高校辅导员工作中普遍存在着‘三多三低’的问题，即双重领导和分管部门多、面对的学生多、要管的事情多，而在学校的地位低、学历或职称水平低、待遇低”。职责要求高、政治地位低、经济地位低等现状，多角色期待与角色转换的矛盾等现实问题。来自社会、学校、大学生和自身等各个方面的压力和挑战使得辅导员很容易产生负面情绪，给辅导员的工作、学习和生活带来许多消极影响，在一定程度上影响高校辅导员心理辅导工作的顺利开展。

为此，具有较好的心理承受与心理调节的能力，善于应付外界各种不合理刺激，善于调整自己的思想、心理状态、行为方式，及时疏导自己的不良

情绪等，已成为辅导员工作的需要。辅导员在做心理辅导时，应通过各种渠道努力提高自己的心理承受能力和熟练掌握适合自己的心理调节技巧，着重提升自身素养，坚定从事本职工作的意志，树立从事学生工作的信心，不退缩、不气馁，实时地调整心态，摆正心理辅导的角色，明确自身健康的心理对大学生心理健康的重要意义，做好本职工作。

第二节 辅导员的心理素质

随着我国政治、经济、社会的快速发展和文化的多元化发展，大学生心理问题呈现时代性、普遍性、差异性、复杂性、不稳定性等特征，而且大学生的心理问题多是在成长过程中出现的发展性的问题。同时，随着我国高校心理教育的发展，其教育模式已从补救式模式逐步演变成发展性模式。因此，辅导员必须具备一定的心理辅导能力才能够胜任心理辅导师这项工作，这不仅有利于辅导员帮助解决大学生的一般心理问题，而且有利于辅导员自身的心理健康。

一、心理辅导的角色意识

辅导员应首先给心理辅导一个明确的定位，心理辅导不同于心理治疗，也不同于说服教育和心理安慰。心理辅导是以维护大学生的心理健康为目标，促进大学生更好地生活，更好地适应，而不是恢复大学生的心理状态原貌。它是通过良好咨询关系的建立，以尊重信任为基础，借助于心理咨询操作技术，协助大学生认识自我、悦纳自我，减少其心理上的沮丧、痛苦、焦虑等负面情绪，挖掘其个人潜能。

其次，辅导员应该明确把握自己的心理辅导角色定位。辅导员的角色不同于心理咨询师的角色，辅导员在心理辅导过程中，能够区分正常心理和非正常心理、健康心理和非健康心理，具备初步的独立开展心理辅导活动的能力。再次，辅导员应明晰心理辅导和思想政治教育的关系，明确心理辅导是属于心理思想政治教育范畴的。辅导员应学会把心理辅导的技术和方法运用到日常的思想政治教育当中，形成和谐的辅导关系，同时通过日常的思想政治教育帮助大学生树立正确的世界观、人生观、价值观，减少因认识问题导致的心理问题。

最后，大学生心理问题的时代性、复杂性、差异性等特点决定辅导员必须具有较强的心理辅导意识。大学生有较强的自尊，不愿意与别人探讨自身存在的心理困惑，以致心理困惑演变成心理问题。大学生这一特性就要求辅导员时刻关注大学生心理细微的变化，做到防微杜渐。在无条件关注大学生心理健康问题的同时，辅导员可以依据日常生活经验，进行自我心理测验，对自身心理健康状况进行测评。

二、出色的洞察力

洞察力是指深入事物或问题的能力，包括分析和判断能力的一种综合能力。

一方面，在信息技术的不断发展、经济全球化趋势不断加强的今天大学生的心理困惑和心理问题也呈现多样化、差异性等特征。辅导员只有具备了敏锐的洞察力才能发现大学生在生活、学习、工作上的问题，并通过调查研究，明确大学生因此造成的心理问题。

另一方面，辅导员也需要以敏锐的洞察力及时发现自身由于角色内冲突、职业倦怠以及职业发展瓶颈产生的心理焦虑和烦躁等心理问题或困惑，并进行积极的心理调适。如果心理问题影响到工作、学习、生活等，要及时寻求专业人士的帮助。

因此，辅导员只有具备了敏锐的洞察力，才能及时发现并甄别大学生和自身存在的心理困惑或心理问题

三、丰富的心理学知识

心理辅导工作对辅导员的个人素养有很高的要求，要求辅导员不仅具备社会学、管理学、教育学、哲学、心理学等方面的知识，更要具备心理学的基础知识和基本理论。辅导员不仅要了解心理学是研究人心理现象发生、发展和活动规律的一门科学，还要明确不论是行为主义、精神分析、人本主义，它们都有自己的基本理论并从不同角度，都试图阐释人类的心理并发现其心理发展规律；辅导员还要掌握与大学生心理健康联系紧密的心理学分支学科，这主要包括：基础心理学、社会心理学、发展心理学、教育心理学、人格心理学、变态心理学、精神病学、犯罪心理学等。在了解心理学的基本理论和不同分支的基础上，辅导员还需重点把握大学生在思维、智力、情绪情感、自我意识、个体倾向性、兴趣、能力等方面的发展存在个体差异性，不同的大学生对事物反应的速度、强度以及灵敏度上存在明显的差异；重点了解大学生的学习心理、人际交往和相处心理、群体心理、人生观、价值观、世界观等心理特征。以心理学的知识来指导心理辅导工作，给大学生的心理问题作基本的分类并有一个基本的认识，即这些问题是大学生发展过程中常见的心理问题，只要以正确的方式加以引导，大学生是有能力解决自身的心理问题的。

四、良好的心理辅导技能

（一）心理咨询的方法与技能

心理咨询是运用一些技术与来访者建立良好的咨询关系，从而达到帮助其思考、促进其改变的目的。把心理咨询中的一些技术运用到辅导员的工作中将有利于沟通，可以改变学生不愿意把自己的真实想法告诉辅导员从而产生隔膜，正确的观念也将无法深入学生内心的不利情况，有助于指导学生改变观念、提高社会适应能力，从而形成健康、完善的人格。

大学生心理辅导是咨询心理学的一个分支，其研究对象是正常的大学生，对大学生常见的人际关系问题、情绪情感问题、自我统一性问题、学习问题、专业发展问题、职业选择等方面进行调适和矫正，这些问题都是发展性的心理问题，通过心理和行为疗法使大学生在认知、情绪、情感、意志、动机、行为等有所改变和发展，以使大学生更好地生活、对环境更好地适应，促进其身心健康。

简单地说就是通过建立咨询关系，运用心理学的技巧和方法，协助大学生解决其自身问题。首先，心理咨询的理论学派有精神分析学派、行为治疗学派、人本主义学派、理性情绪治疗学派、沟通分析理论、现实治疗理论和森田疗法学派。需要明确的一点是，不论是哪种心理咨询理论学派，其最终目的是协助来访者解决自身心理困惑或问题。辅导员必须熟练掌握其中至少一种心理咨询理论，只有这样，辅导员才能有信心帮助大学生。其次，每一个流派，都有特定的心理咨询方法。例如，精神分析法以奥地利心理学家西格蒙德·弗洛伊德 (Sigmund Freud) 首创的精神分析理论为指导，探讨病人的深层心理，识别潜意识的欲望和动机，解释病理与症状的心理意义，协助病人对自我的剖析，解除自我的过分防御，调节超我的适当管制，善用病人与治疗者的移情关系来改善病人的人际关系，调整心理结构，消除内心症结，促进人格的成熟，提高适应能力。最后，辅导员应该明白其不是专业的心理咨询师，在做心理辅导时，一要明白心理辅导的职责是有一定范围的，辅导员帮助大学生解决的是心理问题或由心理问题引发的行为问题。例如辅导员帮助一失恋大学生自我剖析失恋问题或共同解析该大学生因失恋问题而造成的学习困难，而不能帮助其与原女友和好或帮助其另寻女友。二是辅导员应坚信大学生自己有能力解决其自身心理问题，辅导员只是协助大学生解决其自身问题。三是辅导员应有自知之明，认识到自身能力有限，不能解决所有问题，对于超出自己能力范围或自己不能确认的问题，应把该生及时转接到校心理咨询中心或其他专业心理咨询机构。

（二）建立良好辅导关系的能力

辅导关系是指辅导者或教育者与当事人（大学生）之间结成的一种互动、理解、尊重、接纳、真诚的人际关系，是心理辅导的概念体系中一个核心概念。良好的辅导关系是心理辅导的基础。需要明确的是，辅导关系是决定辅导成败的首要因素，辅导关系为本，具体技术为末，不能本末倒置，更不能舍本求末。首先，心理辅导所采取的帮助当事人的措施，都需要通过辅导关系这个载体才能实现。如果在辅导员和大学生之间能够建立良好互信的辅导关系，大学生对辅导员的戒备心理就会明显降低，信任感增加，就能减少大学生在表达、观念、情绪和关系上的抵抗，从而有利于辅导员的解释和指导，有利于心理辅导工作的顺利开展，在减少伪装的同时，增强大学生的自信心与自我评价能力。从这个意义上讲，辅导员一定要提高心理辅导关系建立的能力。

良好辅导关系的建立，有赖于辅导员热情、尊重、真诚、共情和积极关注等正确的辅导态度。热情是辅导员内在的稳定而深厚的情感，对大学生的事情深感关切，认真倾听。真诚是辅导员不掩饰自己，以原本的自我置身于辅导关系。共情是辅导员站在当事人的角度思考问题，设身处地地体验当事人真实的内心世界。积极关注是一种共情的态度，是辅导员对当事人言行的积极面予以关切，利用积极因素达到治疗效果。

第三节　辅导员的心理问题及其表现

一、职业倦怠

“职业倦怠”一词最早由费登伯格（Freudenberger）在 1974 年提出的，他用“burn out”一词来描述那些服务于助人行业的人员因工作时间过长、工作量过大、工作强度过高而导致的一种疲惫不堪的心理状态。职业倦怠现象最易在助人职业中发生，因为从事这类职业的人员过分执着于生活的理想和方式，但又不能获得职业的期望值，从而产生疲劳和情感衰竭。职业倦怠核心的症状包括 3 个维度：一是情感衰竭，指情绪、情感处于极度疲劳的状态，对工作没有热情和活力，具有明显的症状表现，是职业倦怠的核心维度；二是去个性化，若情绪衰竭继续发展，个体会对工作对象表现出消极、冷漠的行为；三是个人成就感降低，指工作效能感的降低及对自己的消极评价加深。高校思想政治教育工作是典型的助人行业，同时也是一种压力情境行业，辅导员是助人行业的从业人员。因此高校辅导员的职业倦怠是指高校辅导员对所从事的工作缺乏兴趣，却又不得不为之时，而感到厌烦，所产生的一种身心疲惫的心理状态，这将导致自身潜能难以充分发挥，工作能力和工作绩效下降。

高校辅导员的职业倦怠在现实生活中有诸多表现，具体来说有如下几个方面。

（一）情感衰竭

处于职业倦怠状态的辅导员常常表现出疲劳、失眠、食欲不振、性急易怒、容忍度低、精力难以集中，思维的逻辑性降低，有一种衰竭、无助感，并对生活冷漠、悲观，缺乏活力，没有工作热情，感到自己的感情处于极度疲劳状态，即有一种情绪资源耗尽的感觉，常感到焦虑、紧张、孤独、情感压抑。

（二）去个性化

这主要表现为厌倦工作，依仗“惯性”工作，对工作投入不足，对学生活动不热情，减少接触或拒绝接纳学生，缺乏创新的动力；不愿与同事交往和合作；对学校环境和学校管理牢骚甚多，对个人待遇不满；对学生缺乏关爱，产生麻木、冷淡、激惹的态度，工作方式简单乃至粗暴；不能结合学生的身心特征开展工作，有离开思想政治工作岗位的想法。

（三）个人成就感降低

辅导员们开始感觉到思想政治工作没有意义、没有价值，将其看作是枯燥的机械重复的琐碎事务，缺乏职业自豪感，觉得前途黯淡，产生了较强的自卑感；对工作失去兴趣，厌倦，情绪波动大，经常感觉抑郁、焦虑和烦恼等，很难在工作中获得成就感和满足感；认为自己的工作价值不如教学和机关工作人员，对前途悲观失望，丧失工作信心和热情。

二、紧张焦虑

辅导员的工作具有任务重、责任大、难度高的特点，只要是事关学生的事情，事无巨细，都必须一一过问，认真对待，需要投入很大的精力并牺牲许多业余时间。特别是一些紧急的突发事件，都必须常悬心头，在日常管理中更要谨小慎微，才能及时发现安全隐患，防患于未然。因此，辅导员长期处于一种紧张的应激状态。同时，辅导员又时常面临着多重的角色冲突，有时难以满足多方面的角色期待，从而导致焦虑的产生。然而，辅导员工作是当前高校中较苦、较累的职业，而社会地位、待遇方面往往与工作职责和实际付出不相称，容易造成心理失衡。

三、心理挫折

人们总是希望付出就有回报，辅导员的工作也是如此，作为辅导员来说，付出了艰辛的劳动，自然而然就渴望能够得到认可和肯定。然而，高校学生思想政治工作是一项具有长期性、复杂性、反复性的工作，其成效不是一蹴而就、立竿见影的。加上考核制度的不完善，对于辅导员的劳动绩效、质量难以量化，可能存在考评的偏差，造成辅导员自我评价高于绩效考评，从而使辅导员感到挫败和沮丧。

学生是辅导员工作结果的直接体现者，在付出艰苦的努力之后，辅导员往往会预期自己在学生心目中的认可度。但在实际工作中，由于当代大学生的思维方式、价值判断和道德判断的标准不同，他们对于辅导员的评价既有合理内容，又不乏偏颇之处。一部分学生往往对辅导员的认可度并不高，令辅导员觉得不被学生理解，使辅导员产生挫折感，丧失工作的热情和信心。

四、躯体化

当辅导员面对压力事件或情境时，神经系统和腺体会进行一系列活动来对抗或逃避，如呼吸加快、血压上升、胃蠕动减少、甲状腺激素和肾上腺激素增多等，身体各器官进入备战状态。如果压力过多过大或持续时间过长，而个体难以承受，则容易导致身心耗竭状态，如精神缺乏、身体虚弱、抗疾病能力减弱，容易出现偏心痛、紧张性的头痛、胃肠不适、失眠、幻听、幻觉等身心疾病。

第四节 辅导员心理问题的成因

一、外因

（一）社会要求和期望

高校辅导员既是教育者也是管理者，从职业发展的趋势求来看，还要成为大学生人生发展的导航人、学习成才的指导者、心理健康的辅导者、学生权益的保护人、教学科研的承担人，担当起服务者的角色，承受着社会对高等教育事业发展和大学生成长成才的高期望。然而，目前高校出现了一些令人担忧的问题，如教育质量下降，学风滑坡，学生心理及校园安全问题增多，就业压力增加等，社会舆论和家长都纷纷把矛头指向高校，认为是高校和教师没有尽到教育好学生的责任，导致一系列问题的产生。担负着学生直接教育管理工作的辅导员，容易产生屈辱感和失落感。而事实现状是，社会对于辅导员的高要求与现实工作中辅导员的社会地位、工作强度、经济收入及职业声望等并不对等，不少辅导员缺少必要的工作条件和待遇，在职称评定上也没有明确的规定，上升空间狭小，付出与劳动报酬不成正比等等，引发心理冲突和心态失衡便不可避免。

（二）社会改革和竞争

改革开放的高速社会发展和急剧变化，在最短的时间内以一种压缩的方式让人们体验着现代社会的急剧变迁，从而也给人们带来了巨大的压力体验。辅导员作为高校工作者，在高校学生工作的第一线上也无可避免地体验着社会、家长、学生的高要求，也加剧了辅导员工作的竞争性，高要求和高竞争给辅导员带来了机遇，也带来了挑战，尤其是现代信息技术的普及，改变了以往的信息传递的方式与辅导员的权威性，进一步增加了辅导员开展学生思想政治教育的难度，给辅导员自身带来了巨大的压力。

（三）高校管理改革

高校管理改革，增多了辅导员压力的来源，同时也增强了工作压力的强度。竞争机制的引人，给辅导员带来机遇的同时，也带来了巨大的挑战，学历提升、职称评定、科研成果方面的高要求以及竞争上岗的新机制，都给辅导员带来了前所未有的压力和挑战。

（四）工作性质

由于高等教育的快速发展和高校教育改革，辅导员的工作职责不断拓宽。工作内容复杂而烦琐，涉及面广，负荷较重，劳动成果显示周期较长，超出了原有的工作内容和任务。高校扩招，使得辅导员原先配备的人数不足，难以满足学生工作的需要，增加了工作强度。辅导员还常常身兼多职，既有教学任务，又兼任班主任，还负责学生党建、团委、学生日常管理的各项工作，此外还要处理各种突发事件以及学生的助学贷款、学生心理健康辅导问题等等。不断增多的工作内容，使得辅导员工作时常超负荷运转。辅导员工作的另一特点是工作时间和休息时间没有明确的界线，一旦学生方面有需要、有问题，都必须24小时待命，没有正常而规律的休息时间，以至于工作压力不易消除。辅导员工作的特殊性和复杂性造成的角色模糊、角色冲突、角色过度负荷，是使很多辅导员产生压力的根源。

二、内因

（一）自我要求

在辅导员的选拔中，各高校都强调“高进”，即选拔各方面素质和能力都较高的优秀人才进入辅导员的工作队伍。素质较高的人一般对自我要求也较高。辅导员在处理学生事务时，常常觉得要处理得妥当才能放心，尽量要求自己要尽可能帮助学生，解决他们的切身问题才能体验到高度的成就感。加上社会、学校、学生、家长对辅导员的期望值很高，往往使辅导员错误估计自身的极限，对自己提出过高的要求和负荷，直至难以承受。

（二）学生需求

辅导员工作对象的特殊性、广泛性和复杂性也是导致压力产生的原因。辅导员的职责是要教育、引导大学生的思想和行为，而具有独立思维的成年大学生的思想和行为不易被了解和掌握这一特点，也对辅导员构成了很大压力。同时，学生工作的广泛性还要求辅导员必须利用业余时间不断充电，才能满足当前学生不断发展变化的需要，提高理论修养，增强自身能力，增加经验积累，同时还需要一定的专家指导。学生需求给辅导员工作带来了不断增加的压力，如果不能有效地解决学生问题，便容易产生对工作的厌倦感和失落感。

（三）人际关系

高校辅导员是联系学生与领导之间的桥梁和纽带，处于诸多人际关系的联结点上，必然要协调和处理各种人际关系。这不仅是对辅导员自身的人际交往能力的挑战，也是一种适应或淘汰的考验。如果能适应就能较好地把领导、学生、同事整合成一个适合自己工作、学习、生活的良好集体；如果与领导、同事、学生之间的人际关系不和谐、不融洽，经常出现小摩擦，就容易出现“内耗”。有些辅导员在交往中常出现人际关系不佳的情况，缺乏必要的交往技巧，不能很好地处理复杂的人际关系，易于与同行发生纷争，与学生产生对立，与领导关系紧张，久而久之形成孤独、无助、偏激、郁闷、焦虑、消沉等不良情绪，易于引发自卑、妒忌、埋怨、畏怯的不良心理。这不仅会影响辅导员工作的效果，严重的还会造成辅导员人际关系敏感，导致身心疲惫。

第五节 辅导员心理调适的途径

一、外部

（一）明确职责，合理减轻工作负荷

首先，学校要按照教育部的有关规定配足专职辅导员，让辅导员所管理的学生数控制在合理的范围内，减轻辅导员的工作量。其次，学校要明确辅导员的工作职责。学生工作涉及学生思想教育、生活、后勤、社团、学籍等方面的工作，应分别由不同的部门和人员来承担，不能不明确分工和工作职责，全部压在辅导员身上。同时，学校还应出台科学合理的工作条例，使辅导员工作有章可循、有据可依。再次，要充分发挥学生组织和学生干部的“自我管理”和“自我教育”的职能。最后，要规范学生事务，明确事务性工作的时间、程序、要求等，使事务性工作“简单化”和“信息化”，从而提高工作效率，让辅导员从繁杂的事务中解脱出来，以加强对学生教育管理的科学研究，使学生教育管理朝科学化方向健康发展。

（二）改善成才环境

第一，辅导员工作任务繁重，责任重大，然而由于工作年限少，职称、职务低，使他们的工资及生活条件都处于学校的低层，工作事务多而杂，额外收入也少，他们既没有教学人员的中心地位，也没有行政人员的政治前途，因此他们对职务晋升、职称评定、进修等有关自尊和发展的实际问题更加关注，需求也更加迫切。学校应在职称的评定、培训进修、岗位津贴、职务晋升等方面予以倾斜，增强其岗位的吸引力。

第二，提高辅导员素质。要把辅导员纳入学校教师和干部培训序列，使每个辅导员在任职期间都有机会接受思想政治工作系统培训，并鼓励他们报考相关专业的研究生，提高其学历层次和水平，不断向专业化、职业化、专家型的方向发展。第三，关注辅导员的出路问题。要建立科学合理的流动机制和发展规划，给辅导员提供各种施展才华和体验成功的机会。要根据辅导员的工作实绩、思想素质和个人专长，培养一批专业化水平高的辅导员队伍。要激活用人机制，优先提拔优秀辅导员走上领导岗位，使辅导员看到工作有

出路。也只有出路解决好了，才能从根本上稳定这支队伍，提高辅导员的心理素质。

（三）提供专业督导

辅导员的工作，长期从事助人行业，需要倾听学生心中的苦恼与困惑，解决学生的心理问题。然而辅导员也是正常人，在长期的工作压力和激烈竞争下，也会产生各种心理不平衡与心理问题，于是，辅导员的心理问题需要专家提供相应的督导，并帮助改善他们的心理状况，维持身心的健康平衡，以更良好的状态积极投入工作，才能取得预期的效果。学校应建立健全心理咨询机构，为辅导员的心理健康提供保障。还应制定和实施符合本校实际的心理健康教育计划，有组织、有计划地进行心理调查，为辅导员开展心理咨询和心理辅导，举办心理讲座或座谈会，提供辅导员心理宣泄的途径，并建立相应的辅导员心理档案，更科学地指导和改善辅导员的心理状况。

二、内部

（一）改善认知

首先，辅导员要学会正确认识自我。正确地认识自己和评价自我，全面了解自己在实际工作中的能力和缺陷、长处和发展潜力，肯定并接纳自我，这样才能对自己的事业发展有一个较为准确的定位，对自己的事业成就有一个较为切实的期待，减少、避免一些失望和在与他人比较时的心理不平衡。

其次，要构建积极的认知方式。积极的认知方式能使人增强信心，情绪饱满。高校学生工作内容的不断扩张虽然给辅导员带来了巨大的工作压力，但同时也带来了发展的机遇，辅导员要形成积极正确的自我观念，扬长避短，学会制定现实可行的、具有灵活性的自身发展目标，并为取得的部分成功表扬自己，增强自我保健意识，善待自己。

最后，要改变角色认知，增强事业归属感。在工作中保持积极、乐观、向上、平和、稳定、健康的状态，以旺盛的精力、丰富的情感、健康的情绪投入到工作中。辅导员既要认识到自己工作不利的一面，也要认识到许多有利的方面。愉快地接受自己的职业角色，才能对自己的工作充满信心，才会爱自己的工作，才能对辅导员这个职业有认同感和事业归属感，才能正确面对工作中遇到的各种困难和挑战，从而不断健全自己的心理。

（二）加强情绪情感控制能力

面对客观压力，辅导员要学会积极地应对，合理地调节情绪，保持良好的心态，养成开朗的性格、开明的思路、开阔的心胸和敢于解剖自己的气度，遇事要保持冷静，思考并采用较好的方法对对方动之以情，晓之以理，使问题迎刃而解。

辅导员要注意培养自己的自制性，学会控制自己的情绪，克服懒惰、恐惧、紧张、愤怒和失望等不良情绪的干扰。辅导员还要砥砺意志，增强抗压性，积极对待前进中的挫折。相同的外界刺激给人造成多大的压力，是由每个人自身的抗压性决定的。磨炼人的意志力是增强抗压性的有效方法，也是减轻压力的重要基础。辅导员一方面要加强意志独立性的培养，明确自己行为的目的性，增强学生工作的责任感、使命感，不屈从于周围人的压力，不为别人的言行所左右。另一方面还要加强意志果断性的锻炼，要全面而深刻地考虑自己行为的目的和方法，明辨是非，当机立断，做到困难面前不退缩，压力面前不屈服，利诱面前不动摇。

（三）合理宣泄

辅导员要学会适当地表达自己的情绪。宣泄有利于消除消极、冲突、痛苦的情绪反应。

第一，要学会倾诉。当辅导员遇到难以释放的压力和产生心理问题，以至于影响正常的学习和生活时，可以向自己信赖的朋友或者专业的心理督导寻求帮助。倾诉的过程，同时也是一个问题解决的过程，在倾诉的过程中，使辅导员能够站在一个全新的角度重新去审视自己所面临的情境，通过倾诉释放自身的压力和苦恼，得到他人的理解和帮助，从而把心理调适到一个好的状态。

第二，要学会移情。当辅导员处于难以释放的压力之中和面对难以完成的任务时，可以把产生压力的事件先放在一边，试着去做自己喜欢的和比较轻松的事情，通过参加一些活动，或身体的锻炼、培养业余爱好、听音乐、散步等转移自己的注意力，从而消除压力带来的紧张和焦虑等情绪，对心理进行自我调适，保证辅导员拥有健康的心理。

第六节 辅导员如何做好心理辅导师

一、学习和掌握心理学理论与心理辅导方法

作为工作在第一线的辅导员，学生工作对其个体素质提出了较高要求，需要其具备心理学的基本理论，掌握心理辅导的基本方法和技巧。在知识结构上，要求其懂得社会学、心理学教育学、美学、哲学、历史等方面的知识，这就需要不断学习。辅导员还应掌握心理辅导的基本方法和技巧。首先应了解心理学的基本原理，在此基础上掌握一些知识点，如首因效应（第一印象）、近因效应晕轮效应、定势效应等，将其运用到工作中去。也要了解学生在气质性格、兴趣、能力等方面的个体差异性（个体差异理论）。有了心理学基本理论知识和心理辅导的基本方法、技巧，辅导员就能正确对待不同类型的学生，做到工作中因人而异，因事而异，不搞“一刀切”，使工作更有针对性。

二、培养和锻炼心理辅导能力

实践也是一个学习的过程，对辅导员来说，实践锻炼是必不可少的环节。理论与实际相结合、学以致用、学用相长、实现全面发展是辅导员在实践中加强学习锻炼的根本。心理辅导的实践操作可以显著而直接地锻炼和培养辅导员心理辅导的能力。首先，辅导员应加强自身的观察、调查研究能力，时刻关注大学生的心理变化，及时了解大学生心理健康的现状。其次，辅导员在日常工作和实践活动中要强化心理输导师的角色意识。再次，有条件的高校，可以定期组织辅导员进行心理辅导培训，努力提高辅导员的实际心理辅导工作能力。最后，如有条件，辅导员可以参与高校心理咨询中心的活动或者接待有心理困惑的大学生，从而提高其开展心理辅导工作的能力。

三、了解学生，建立学生心理健康档案

做好心理健康教育工作，了解学生是关键。如果不了解学生有什么共性困惑，不清楚有哪些存在心理问题的特殊学生，心理健康教育便无从谈起。了解学生，首先要对学生整体有一个全面把握，对一般学生的共性问题有清晰的认识，如对大学生活的适应问题、对前途的迷茫问题、对感情的困惑问

题等。把握好共性问题的同时，还要重点排查具有特殊心理问题的学生情况，在新生入学之时，辅导员就要认真了解学生，可以通过学校体检结果、心理健康测试反馈、由学生干部及宿舍长介绍相关学生情况等，如发现问题，立刻查找原因并建立心理健康档案。心理健康档案的建立，要尽可能详细、真实，不仅要以心理健康咨询中心的心理健康测试反馈为基础，还要结合学生的日常表现及谈心情况，对特殊学生要有更加深入的了解与跟踪观察。心理健康档案不能一成不变，要根据学生情况的变化不断进行更新、完善，这样不仅有利于全面把握学生心理健康状况做好特殊心理问题学生工作，还可根据心理健康教育的开展与学生情况变化的关系积累心理健康教育经验。

四、强化自我完善意识

高校辅导员最重要的是解放思想、与时俱进，以达到自我完善和发展，这就要求每一个辅导员都要强化自我完善的意识。而辅导员自我完善和发展也是实现自我价值的必然要求，是辅导员为自己设定目标并通过个人努力发挥才能，成长成才的实践过程。首先，高校辅导员需要通过学习全面提升自身素质。只有不断提升自己的理论素质和科学文化素养，才能进一步探索新形势下学生工作的新途径和新方法，为更好地开展学生工作打好根基。其次，高校辅导员要通过实践全面提高自身能力，在实践的过程中形成健康的人格并提高业务素质，为其工作不断创造出新的思路。最后，辅导员要通过总结和反思完善自我。通过学习、实践的积累和总结，对所学、所见、所闻、所行进行反思，从而逐步剖析自我，继而使自己的思想理念得到升华。

五、利用网络开展心理辅导

通过面对面的思想工作，可以排解学生成长中的困惑与烦恼，但有时效果并不理想。许多学生不愿将心中真实的想法如实地告知辅导员，这就降低了思想工作的针对性和有效性。而网络恰好提供了一个学生和辅导员对等交流的平台。辅导员应积极占领网络心理健康教育阵地，发挥网络优势（比如有的学生因为一些原因不愿意与老师面对面沟通，可以通过发帖子、通信等方式进行咨询），建立心理教育网页，在网页上开设心理学知识、心理测试、心理咨询等栏目，激发学生对心理学的兴趣；在网页上设置心理咨询专用电子信箱、心理咨询聊天室等，实现心理健康教育载体和手段的现代化。辅导员只要将自己的网址公布给学生，就可与学生在网上匿名交流，老师在明处，学生在暗处，增强了学生的隐蔽性，有利于其将心中所想真实地告诉老师。在这里，学生可以责问辅导员，可以咨询一些政策，也可以尽情宣泄苦闷及不满，寻求帮助。这样一个心灵完全暴露的时刻，是辅导员进行合理辅导和思想教育的大好时机。辅导员可以将心理辅导及思想教育引导水平充分展示出来。在对学生进行耐心引导的同时，应坚持正确的价值导向，借机向学生灌输在日常教育中学生听不进甚至抵触的教育内容。只要讲求方法，就可以真正起到润物细无声的教育效果。也可设立“谈心室”，让有经验的辅导员主持，让同学们在此互相交流各自适应大学生活、克服心理障碍的经验和体会，相互促进。也可开发一些心理游戏软件，在娱乐的同时让同学们获取心理上的帮助，不断完善自身。

六、积极应用团体辅导

团体心理辅导是一种应用广泛的改善大学生心理健康的重要教育形式。它是在团体情境下，通过团体内人际交互作用，促使个体在交往中通过观察、学习、体验，认识自我、探讨自我、接纳自我，调整改善与他人的关系，学习新的态度与行为方式。其特色在于培养人的信任感和归属感。

实践表明，应用团体心理辅导在加强大学生的情感交流、解决心理困扰、发挥个人潜力方面有良好的促进作用。大学生班级团体作为高校学生的基层团队组织，辅导员根据“90后”高校大学生班集体的特点，开展团体心理辅导活动，在活动中促进学生互相认识，互相熟悉，打破防御，开始接纳班级，融入集体。同时，了解班级成员的兴趣需要，共同讨论设定工作目标以及团体活动方向，为激发班级团队的内在动力打好基础。

辅导员在以团队心理辅导为依托、以团日活动的主题为载体的基础上，充分调动班级学生团体的主动性和积极性，让学生在形式多样、生动活泼的团队活动中体验到班级集体的支持力量，使不同性格、不同才能的学生都能找到表现自己、取得成功的机会，促进其身心和谐发展，增强学生对班集体的信任感和归属感。

辅导员还可以在班会中通过各种方式帮助同学消除不正确的认知和信念，建立正确的认知和信念，在改善学生不良情绪的同时，改变其思考和行为的模式，学会正确处理生活中产生的种种不愉快事件。

第六章　辅导员的自我发展与队伍建设

第一节　重要性和必要性

一、适应大学生思想政治教育环境变化的必然要求

（一）国际国内环境变化的要求

随着社会的不断发展，人们获取信息的方式也越来越多样，大学生面临着大量西方文化思潮和价值观念的涌入。这对大学生的思想政治教育提出了更严峻的考验，要求辅导员在复杂多变的国际国内形势下，必须坚持坚定的政治立场，保持更敏锐的洞察力，积累更丰富的文化知识，提高全面的综合素质来应对大环境的严峻挑战。

（二）高校管理体制改革的要求

随着我国教育体制改革的深入、高校的扩招、高考制度的改革，致使学生人数大大增加、学生层次愈加复杂。辅导员作为高校管理体制改革的主体之一，必须适应新体制和新环境，应对更为激烈的竞争。学生的多样化特点表明，以往一味主张管理的职能已不适应时代发展的要求。新形势和新情况下，要求辅导员必须提高教育学、心理学、管理学方面的知识技能，遵循教育规律，针对学生不同的性格特点，开展具有针对性和实效性的教育，以适应社会的发展要求。

（三）信息时代的要求

高等学校是社会信息化程度较高的场所，上网已成为大学生获取知识和信息的重要渠道。网络技术和信息技术的发展，对大学生的世界观、认识观、价值观产生了广泛和深刻的影响。大学生接收信息的渠道也趋于多样化、复杂化，与社会环境的接触更为紧密。原有的沟通方式（通知公告、专题报告、

开会、面谈、演讲等）也越来越暴露出其局限性，辅导员不再具有信息的主导权，信息网络时代对辅导员内在素质提出了严峻的挑战，要求高校辅导员研究现代大学生所乐意接受的沟通手段和方法，既要擅长思想政治工作，又要懂网络技术，既有崇高的政治责任感，又要熟悉网络文化的特点。

二、促进大学生成长成才的必然要求

（一）准确把握大学生思想特点的需要

大学生的思想特点主要包括理想信念、民族精神、公民道德、心理健康方面的内容。影响大学生思想特点的因素是多样而复杂的，包括时代背景、家庭环境、地域特征等客观因素，也涉及不同年级、不同专业、学习成绩、社会工作经历、自身特点等主观因素。大学生正处于理想信念、民族精神、道德品质形成的关键期，心理也向成熟逐渐过渡，部分大学生是非判断能力有限，自制力较差，需要进行正确的引导。

辅导员要具备过硬的思想政治素质和相应的心理辅导技巧，掌握正确的方法，提高自身的观察能力和分析能力，善于分析、把握影响学生个体思想特点的主要因素，因人而异地采取适当的处理方法，帮助他们正确认识自身的不足，克服缺点，发挥长处。同时，大学生除了具有青年人心理的普遍性外，还具有自身的特殊性，更需要辅导员掌握很好的沟通技巧，引导好每一位学生。

（二）做好大学生教育、管理、服务工作的需要

当前，一些深层次的社会问题，如青少年犯罪、青年恋爱观及性观念问题、诚信危机问题等，给高校的思想政治教育工作带来了更大的难度，需要辅导员不断学习相关理论知识，采取有效的教育方法和途径，给予学生正确的引导。与此同时，网络的出现既给学生的学习和生活带来了极大的便利，也产生了部分学生网络道德缺失甚至是沉迷网络等现象，增加了高校思想政治教育工作的难度，需要辅导员认真思考，不断探索。

在学风建设、贫困生资助与勤工助学、紧急事件处理、学生综合测评以及评优惩罚等方面，要求辅导员在熟悉工作流程的基础上，学会掌握尺度，有情有理，公正、公平、公开地进行妥善处理。

学生管理工作任务繁重，需要辅导员掌握一定的工作方法和技巧，树立以学生为本的工作理念，具有高度的责任感和奉献精神。学生党团组织、班级是辅导员开展工作的基点，加强党团、班委建设，培养学生骨干，需要从制度、文化两方面着手，不仅需要辅导员具有相应的组织建设、管理和指导

能力，也需要具有一定的亲和力和人格魅力。同时，我国的就业形势越来越严峻，如何加强学生社会实践指导和职业生涯规划，引导学生正确认识自身和社会需求之间的关系，也成了辅导员的重要工作内容。

三、辅导员专业化、职业化的必然要求

辅导员的自我完善和自我发展，体现了辅导员队伍专业化、职业化发展的趋势和要求。

（一）专业化的需要

专业是由职业发展而来的，是一种专门性职业，它要求从业者经过专门的教育或训练，具有较高深的和独特的专业知识和技术，按照一定的专业规范从事某一专门的活动。

辅导员的专业化要求其具有心理学、教育学、组织行为学、法律政治等专业知识和人际交往、演讲社团组织、宣传、咨询等技能，上岗者必须掌握专门的知识，对学生遇到的问题有高于学生的理解和丰富的经验，从而才能够指导学生分析、解决问题，并为学生所接受。

辅导员专业化实质上就是依托专门的机构及终身专业训练体系，对辅导员进行科学的管理和培养，使辅导员掌握高校德育工作的知识和技能。实施专业自主，表现专业道德，提高自身的学术地位和社会地位，全面有效地履行辅导员职责的过程。辅导员的专业化程度直接影响着学生工作开展的成效，要成为一名合格的辅导员，必须按照“政治强、业务精、纪律严、作风正”的要求来不断提高自身素质。

（二）职业化的需要

职业化可以从两个角度来理解：一是从职业生涯的角度去理解，即把这个行业、这份工作作为终生的事业来对待；二是从职业的壁垒和标准的角度，即从事这个行业要有一定标准和要求。

一般来说，职业化应具备 3 个要素：专业化人员和专门职责；健全的职业组织体系；良好的职业环境。由此我们认为，高校辅导员职业化是指根据辅导员工作不可替代的职业条件和职业标准、按照相应的职业要求而获取职业技能、具有相应的政治和经济地位，使从事该项工作的干部或教师的工作发展成为终身所从事的职业的过程，它具有社会化、专职化、专业化、专家型等鲜明特征，其主要含义有 4 点：一是社会化。从社会分工的角度来看，随着高等教育大众化的发展，出现了对辅导员职业的诉求，并且辅导员工作

从理论到实践都已发展形成一种社会的、团体的行为。二是专职化。即稳定性，从事此项工作的人员会长期或终身从事辅导员工作，在聘任、考核、晋级等方面充分进行辅导员职业生涯规划，以保持辅导员工作的连续性和长期性。三是专业化。职业辅导员应该具有普遍适用的辅导员工作的理论基础和专业技能，必须具备良好的思想政治素质，学习和掌握管理学、教育学、社会学、心理学以及就业指导、心理咨询、学生事务管理方面的专业知识，具有相关的学科背景，具备较强的组织管理能力和语言文字表达能力。四是专家型。辅导员职业化建设的必然结果，就是造就一批辅导员工作的专家。

辅导员队伍的职业化要求其在履行好岗位职责的同时，应有自己擅长的专业领域，加强专业理论学习和实践锻炼，把这个专业当成终身追求的事业，专心于本职工作，成为学生思想政治、教育管理、心理咨询和就业指导方面的专家。辅导员的职业化要求使得辅导员必须提高自身素质能力以适应发展的需要。

第二节 影响辅导员自我发展的因素

一、辅导员自主发展意识不强

调查显示，一部分辅导员的专业自主发展意识不强，缺乏实现专业发展的动力源泉。调查数据显示，在制定专业发展计划方面，只有 14.8% 辅导员表示“有明确、具体的发展计划”，有 20.9% 表示“从来没有制定”。对于工作之余，是否经常进行工作反思，撰写工作经验总结的，有 27% 的辅导员表示“很少反思，很少写总结”，有 7.8% 表示“从不反思，也从不写经验总结”。对于工作之余是否经常看与工作相关的书籍、报刊，有 83.5% 的辅导员表示“偶尔看”或“没有看过”。所有这些都表明，辅导员总体上自主发展意识还很薄弱，在他们身上缺乏促进自身成长的强大精神动力。

二、学生事务烦琐

由于学生事务性工作过多，部分辅导员往往忽视政治理论的学习，不能有效地用科学的理论和科学的方法来教育引导学生，其所具备的能力和素质与工作要求之间还存在一定的差距，不能把大道理讲透，从而使得工作主导性差，不能真正成为大学生的“引路人”。同时，辅导员普遍反映日常事务性工作太多，许多与辅导员本职工作无关的，都要求辅导员去做，而辅导员的工作时间又往往是无限制的，只要学生有事情，半夜都要工作，耗去辅导员大量的时间和精力，影响了辅导员的学习和业务钻研。

三、辅导员发展机制不畅、队伍不稳定

由于高校扩招使在校学生人数急剧增加，而辅导员的编制却没有增加，或增加很少，有些高校辅导员与学生之比高达 1∶450，这与《普通高等学校辅导员队伍建设规定》中所要求的“高等学校总体上要按师生比不低于 1∶200 的比例设置本、专科生一线专职辅导员岗位”相差很大，学生事务管理力量明显不足，较难做好细致而深入的思想政治教育工作。而相应的待遇、职称及社会地位却远远低于同龄的专任教师，使辅导员的积极性受到影响。此外，由于现有的辅导员发展体制不健全，辅导员的出路较窄，使部分辅导员因看不到发展前景而影响工作的积极性，于是许多辅导员抱着“出路就是转行”的想法，对从事辅导员工作缺乏应有的热情和坚实的思想基础，最终影响着辅导员队伍的稳定性。

四、专业地位不突出

长期以来，辅导员队伍存在一个地位低、待遇低、出口窄的怪圈，造成辅导员的自我效能感低。对于从事思想政治工作的辅导员而言，管理者更多地强调奉献与责任，却忽略了其提升专业地位的需要。对于辅导员的专业地位的认同，显得不够重视。与教师和专业技术人员相比，辅导员由于工作性质和相关规定的要求，缺乏科研项目和教学任务，收入水平相对较低。同时由于辅导员工作更多属于事务性工作，显得专业性不强，客观上也导致学校对辅导员工作的专业地位认识不够。个别学校甚至形成了较为极端的认识：专业上不去的教师就去做辅导员。辅导员学术地位之低可见一斑，使辅导员工作的积极性和情感也受到一定的挫伤。

五、缺乏激励措施

由于政策所限，对于辅导员缺乏相应的激励措施。辅导员申报讲师比较容易，申报副教授时困难就非常大。不少辅导员在职攻读学位时多选择与思想政治教育无关的专业或方向。不少地方高校受自身条件的限制，在教师系列高级职称评审、硕士研究生免试招生等方面没有权利，在思想政治教育学科研究和科研项目申报等方面没有条件和优势，在辅导员学习培训和资助辅导员在职攻读学位的经费等方面能力弱，在辅导员晋级和分流方面空间有限。

第三节 辅导员自我完善与发展的途径

一、树立和强化自主发展意识

辅导员发展是一个自主发展、自我完善的过程。从辅导员专业发展方式上看，主要有外塑培训和内塑自主发展。外塑培训发展是短暂的，而基于自我完善的自主发展则是长期终身的。因此，我们应倡导自主发展型辅导员的成长。所谓自主发展型辅导员就是自主意识成长动机和专业理想都很强的辅导员。教育经验表明，凡是优秀的辅导员都是自主发展意识很强的辅导员。因为自主发展意识很强的辅导员，他会自觉地制定自己的专业发展规划，主动学习，注意提升自己的专业素质，所以辅导员必须树立和强化个人的专业自主发展意识，这样才能为辅导员实现持续专业发展提供强大的动力支持。

二、坚持学习提升素质

（一）学习政治理论

辅导员要坚持政治理论的学习，提高自身的理论思维和战略思维能力。还要有政治意识和全局观念，坚持党的路线、方针和政策，始终与党中央保持一致，具备较强的政治辨别力和政治敏锐性，才能正确把握和处理学生中出现的问题，为学生成长提供动力支持。

（二）学习政策法规

对政策法规的学习是指导辅导员正确工作的基础和保证。

大学生处于世界观、人生观、价值观的形成期，现实社会的一些负面影响对大学生的遵纪守法观念有不同的消释作用。辅导员要适时地向学生宣讲国家的政策法规和学校的规章制度，才能真正贯彻育人理念，切实维护学生的合法权益。同时，通过法律法规的学习，可以增强辅导员自身的守法意识，达到纪律严作风正的素质要求。

（三）学习专业知识

辅导员不但要透彻掌握德育科学，还要广泛涉猎教育学、管理学、法学、哲学、心理学、社会学和伦理学的知识，通过丰富的知识修养表现出优秀的人格魅力，树立辅导员在学生中的权威形象，成为学生求知的榜样和示范。

（四）学习工作技能

辅导员只有努力学习基本工作技能，创新工作艺术，更新工作技巧，才能做好思想政治教育工作。辅导员不仅要有良好的公文写作、计算机操作技能，还要具有较强的分析判断能力、语言表达能力、激励和感染能力等技能，唯有不断提升工作技能，才能做好各项学生事务工作。

三、提升个人知识管理能力

个人知识管理是指通过整合自己的信息资源，提升工作效率和提高个人的竞争力。通过个人知识管理，让其拥有的各种资料以及随手可得的信息变成更多的知识，然后对知识进行创新应用，提高个人绩效，从而利于自己的工作、生活。目前，辅导员的工作量普遍都比较大，负责的学生人数也比较多，日常工作常常“事务缠身”，每天总是忙得没有时间和精力学习。可见，提升个人知识管理能力，对于提高辅导员工作效率和促进辅导员专业发展是具有多么高的价值。

四、积极开展学术研究

学术研究是大学教师发展的重要途径之一。辅导员作为高校教师的重要组成部分，学术研究同样在辅导员的发展中起到重要作用。从理论上讲，辅导员在，学术研究中，通过科学研究接触和发现学科前沿问题，获得新的研究成果，从而不断扩大自己的知识面，提高自己的专业发展水平。从实践层面看，辅导员通过学术研究，不仅能有效提高自身的专业化水平和工作效果，还能提升辅导员的专业地位，获得广大教师与学生的尊重。因此，辅导员必须重视自身学术研究水平的提高，积极开展学术研究。这样，一方面不仅可以改进和提高大学生思想政治教育的成效，另一方面还可以借此提高职业声望和地位，找到职业工作成就感，从而有效促进自身发展。

五、通过实践不断创新

伴随经济全球化的来临，人们的思想日趋多元化、复杂化，大学生群体在政治信仰、价值取向、人文精神、社会责任和心理发展等方面面临着许多新的困惑和迷惘。探索一条切合实际、富于创新、成效卓著的工作思路，成为辅导员的新课题。辅导员应该在借鉴以往学生工作经验和做法的基础上，应对新形势下的网络思想政治教育、心理保健与危机干预、职业生涯规划、就业指导等问题，勇于把新思路、新想法不断应用到实际工作中。同时，在实际工作中，要善于总结经验教训，提升自身创新意识与创造力。

六、树立终身学习理念

辅导员的专业成长是一个持续的过程。因此，从某种意义上而言，辅导员的专业发展过程也就是一个终身学习的过程。社会环境在变，工作对象在变，工作内容在变，辅导员若不甘心目前现状，想有所作为，不被时代所淘汰，唯一的出路就是学习。在知识经济和网络化的影响下，大学生的知识越来越丰富，思想行为呈现多元化等特点，这些都给辅导员带来压力和挑战。而我们辅导员应对变化、竞争、压力和挑战的资本是知识，是能力，是创新。这些都必须通过学习来实现。

七、正确认识和发展自我

以人为本的科学发展观是对人的自我意识和主体意识的认同。在新形势下，辅导员工作前景广阔，国家、学校也为辅导员提供了展示才华和实现自身价值的舞台。通过实际工作，辅导员可以更全面地评价自己，找出不足，弥补缺陷。辅导员要正确认识自我，结合自己的实际情况进行个人职业生涯规划，选择专业化、职业化等不同发展道路。

第四节 辅导员队伍建设

一、辅导员队伍建设

目前，我国高校辅导员队伍不稳定，人员流动性大，长期处于“非职业”的状态，辅导员未能像专业教师一样得到培养，在以教学和科研为主体的大学校园里，辅导员的工作重要性常常被忽略，对辅导员的职业歧视和不公平待遇不利于辅导员队伍的健康发展。辅导员队伍的建设不仅需要学校有关领导和部门的重视，还需要建立相关的政策和措施来保障。高校要用事业、感情、待遇留人，把优秀的辅导员留在工作岗位上，才能提高辅导员队伍的专业化程度。

（一）完善选聘制度

高校要按照“严格标准、精心挑选、优化结构、逐步完善”的方针，严把高校辅导员队伍的"准入关"。在落实选配足够数量辅导员的基础上，更注重质量的提高。首先，建立以组织人事部门全面协调、学工部门统一考核、纪委监察部门全程监督等多方参与的选拔机构，保证考核的公正性、公开性，提高考核效度。其次，考核要采取笔试、面试、心理测试等多种考核形式多方面考察应聘人员的基本素质和潜能。最后，在标准上，要选拔思想政治过硬、道德素质较高、身心健康、综合业务较强的优秀人才。

（二）培训进修

当前，辅导员队伍建设中一个突出的问题是辅导员长期处于超负荷运转和低水平重复的状态，导致辅导员的业务技能没有得到有效地提高。《2006—2010 年普通高等学校辅导员培训计划》中提出，以教育部举办的全国辅导员骨干示范培训为龙头，以辅导员培训和研修基地举办的培训为重点，以高校举办的系统培训为主体，与学习考察、学位进修、科学研究、研讨交流等多种形式相结合，构建分层次、多形式的培训体系。高校可以结合学校的特色、学科背景，开展系统的辅导员岗前培训，夯实辅导员有关思想政治教育、心理学、管理学的理论知识及辅导员的工作实务；定期和不定期地开展日常培训，组织辅导员进行业务学习，开展多种形式的交流活动；进行辅导员职业素质的拓展，学校应选拔一定数量的辅导员，推荐其在职攻读思想政治教育学、心理学、管理学等相关专业的硕士或博士学位。另外，学校应积极选送辅导员报考国家职业指导师、国家心理咨询师等资格证书；加强考察交流，有条件的学校可以定期组织派遣一定数量的辅导员到外校学习、交流、考察或出国进修访问。

（三）科学考核

对辅导员进行科学的考核，是保证辅导员队伍健康成长的重要举措。在内容上，应重点考察辅导员的思想政治素质和道德水平、工作能力、工作态度以及工作业绩等。在考核评估中，由组织人事部门、学生工作部门、院系和学生共同参与。在形式上，目标管理主要通过年终考核、领导考核、他人评价、定性考核实现，过程管理则由平时考核学生评议、自我评价、定量考核为主，要实现目标与过程的结合。在具体方法上，可通过综合运用检查评比、统计分析问卷调查、汇报总结、走访座谈、网上调研等手段。在考核结果上，要将考核情况与辅导员的职务聘任、奖惩、晋级等合理挂钩，使辅导员队伍的结构不断优化，质量逐步提升。

(四) 评优奖励

在物质上，学校应根据辅导员的工作特点，在岗位津贴、奖金分配、住房补贴、通讯补助、办公条件等方面予以一定照顾。在精神上，学校要通过授予荣誉称号、宣扬先进事迹等形式，提高辅导员的地位，激发其工作热情，使辅导员在职业上获得成就感和满足感。在发展上，要为辅导员创造平等的职业发展机会，建立完善的辅导员职务职级晋升体系。《普通高等学校辅导员队伍建设规定》明确提出，高等学校可根据辅导员的任职年限及实际工作表现，确定相应级别的行政待遇，专职辅导员可按助教、讲师、副教授、教授要求评聘思想政治教育学科或其他相关学科的专业技术职务。

二、辅导员的专业化

专业化是指某一职业具有自己独特的职业要求和职业条件，有专门的培养制度和管理制度。现代高等教育的发展，要求辅导员的工作向专业化发展，辅导员的角色要从事务型向学习型转变，从经验型向专家型转变。在此过程中，辅导员要充分发挥个体的主动性和创造性，确定自身的职业发展方向，明确岗位的职位责权、绩效评估标准，等级的划分和晋升发展路径后，激励自身不断提高素质技能，走职业化发展的道路。要实现辅导员的专业化，需要做到以下几点。

(一) 开设辅导员专业

教育主管部门授权相关高校在原来思想政治教育专业的基础上，结合我国高等教育发展的需要、大学生的特点和辅导员工作的实际，开设能培养高水平理论素养和实践能力的辅导员专业，进行人才培养和理论研究。

(二) 规范辅导员岗位准入资格

从事辅导员工作的人员，必须经过专业化的理论和实践能力培养，树立专业意识，掌握基本的专业技能，并在工作实践中加强专业的继续学习和培训，同时深入研究本职工作，力争成为专家型辅导员。

(三) 制订系统的培训计划及学历提高体系

一方面，提供课程平台，设立政治素质与专业素质结合、基础理论与工作技能结合、理论教学与案例教学结合的培训课程体系，针对辅导员的工作对象、工作重心和工作水平的不同，以专题形式进行新观念、新知识和新技能的培训，在理念、知识和方法上给予具体指导。另一方面，提供学历提升或进修平台，把辅导员在职攻读研究生班或者硕士、博士学位纳入学校专任教师培训计划。有条件的高校可以从研究生招生计划中划出一定名额作为推荐免试研究生，用于辅导员队伍深造学习。另外，可以每年招收一定数量的优秀辅导员进行硕士学位、博士课程班进修，以推动辅导员队伍的专业化、专家化进程。

（四）培养专业情意

辅导员专业化的发展还要求健全的专业情意。健全的专业情意就是要求辅导员不能陷入忙碌的事务性工作，还要为了工作进行积极的学习。主动将个人发展和理想追求与现实工作紧密联系起来，把辅导员工作作为大有作为的事业来追求。

三、辅导员的职业化

加强高校辅导员队伍的职业化建设是加强和改进大学生思想政治教育，维护高校稳定的重要保证。辅导员职业化应该把握工作分析、招募甄选职位分类、职业发展、培训开发、评价考核 6 个关键环节。

（一）工作分析

1. 职业定位

辅导员是高校学生日常思想政治教育和管理工作的组织者、实施者和指导者。他们具有三项基本职能：教育、管理和服务。

2. 职业准入

从长远的发展看，辅导员队伍的准入资格至少应包含以下几个方面：在学历结构上，应包含本科、硕士、博士三个学历层次，优秀的本科生，特别是在校期间担任过主要学生干部或参加过工作的人员的实际操作能力比较强，而博士生可以在理论研究上有所突破；在知识和能力素质上，需要辅导员具备良好的文字能力、表达能力、沟通能力和组织能力，成为复合型的通识人才；辅导员从业资格制度化，要制定一套标准，为辅导员从业人员打造一个社会认可的、能体现辅导员工作特点和要求的职业资格制度，这是辅导员职业化建设的一个方向。

（二）职位分类

职位分类是在工作分析的基础上将职位依据工作性质、繁简程度、责任轻重和所需资格条件区分。将若干具有共同特色的职位加以分类，是公共部门人力资源分类的一种重要的管理制度。借鉴国外辅导员职能的划分方法，结合当前形势和实际工作的需要，可以在学生社区管理、心理健康教育、职业发展辅导、思想政治教育、学生事务管理等方面配备专业化的辅导员，以推动辅导员职业化发展的内涵建设。

（三）职业发展

职业发展又称为职业生涯规划，职业化的发展要求从事该职业的人员有一个长期的职业发展方向和规划。在纵向的发展空间上，要建立科学的晋升制度。目前，辅导员的纵向发展空间要包括两个方面：一是专业职称的晋升，即从讲师逐步提高到教授；二是行政级别的提升。纵向维度的职业发展要与辅导员职业资格认证结合起来，建立科学、统一的辅导员职级制，这种职级制要与目前的职称制度有机地结合起来，规定辅导员相应的入职、晋升、待遇条件。在横向的发展方向上，要体现辅导员发展的专业性和专门化，引导辅导员在思想政治教育、心理咨询、就业指导、社区管理等领域进行理论和实践探讨，成为该领域的专家。

（四）培训开发

岗前培训，重点是入门教育，主要是辅导员岗位所必需的心理学、教育学、行为学等基础知识。通过培训使受训人掌握辅导员岗位基本的职业素质和技能。

继续培训要解决的则是辅导员的专门化问题。根据辅导员不同的主攻方向，分别开展就业指导、心理咨询、教育管理等方面的专门培训，带有较强的研究性和学术性。

与社会服务相结合，将辅导员培训与社会认可的职业培训师、心理咨询师等资格证书的获得联系起来，更易促进职业化的发展。

建立辅导员职业团体，如全国辅导员协会，由职业团体组织各个层次的培训，会更有专业性，是辅导员职业培训的发展趋势。

（五）评价考核

评价制度的好坏与否关系到辅导员的职业成就感和职业发展，影响着辅导员工作积极性、主动性的发挥。

在辅导员的绩效评价内容设计上，可以划分为目标管理和过程管理两大部分。对目标管理的评价，主要由学工部门和辅导员所在院系根据辅导员年度主要工作完成情况进行考核；对于过程管理考核，则应主要由学生评议完成。在对辅导员的年度考核指标体系中，应该加大过程管理评价部分所占的权重。目标管理考核内容可以以量化为主，考察辅导员在某一具体时间段

（月、年、季度）内，整体或部分工作的完成情况，并科学地确定关键绩效指标；过程管理考核内容则以定性考核为主，对辅导员在德、能、勤等方面做出相应的等级评价。

在评价主体的构建上，应由学工管理部门、辅导员所在学院和学生三方面组成，建立三方结合的评价方式，而且应该加大学生对辅导员工作的考核力度。

在考核形式上，可以通过日常考核与年终考核相结合，目标责任制和民主评议制相结合，通过检查评比、统计分析问卷调查、座谈、随机走访、网上调研等形式完成。

合理运用评价结果，把评价结果与辅导员的晋升结合起来，对评价成绩优秀的辅导员进行表彰，对评价成绩欠佳的给予督促和惩罚，才能发挥评价的激励作用，加快辅导员队伍职业化的进程。

第七章 高校辅导员工作创新

第一节 高校辅导员工作创新的动力分析

创新是思想政治工作的“源头活水”，高校思想政治工作的生命力在于创新。高校辅导员处在高等教育第一线，是高校思想政治工作的主体和基石，辅导员工作的生命力同样在于创新。随着高等教育事业的不断发展和学生价值观念日益多样化和复杂化，高校辅导员的“三育人”作用越来越明显，各界对辅导员队伍的期待也日益提高。因此，分析研究辅导员工作创新的动力，对于创建创新型辅导员队伍有着重要的意义。

一、高校辅导员工作创新的困境

教育部《关于加强高等学校辅导员、班主任队伍建设的意见》（教社政〔2005〕2 号）指出：辅导员、班主任是高等学校教师队伍的重要组成部分，是高等学校从事德育工作，开展大学生思想政治教育的骨干力量，是大学生健康成长的指导者和引路人。在看到“辅导员工作大有作为”的同时，也必须注意到由于辅导员的工作性质等原因，辅导员的角色定位、社会认可以及工作创新等还存在不少的问题。

（一）工作定位边缘化，不利于工作热情的保持

随着我国实施科教兴国战略和高等教育改革的不断深入，社会对大学教师的认可度越来越高。但在高校中从事思想政治工作的辅导员社会地位却相对较低。一直以来，人们对辅导员的地位和作用缺乏科学的认识，在以教学和科研为主旋律的大学校园里，无论是人们的心理上还是实际工作中，辅导员工作总是被视为“副业”，辅导员也就自然成了校园中的边缘人。辅导员的很多工作常常容易被人们所忽视，甚至轻视。网上流传“学生都是高材生，辅导员‘讲师’过一生”，有人说辅导员是“说起来重要，使用起来很重要，

没事的时候不重要”。这些对辅导员边缘化、庸俗化的定位，极大地影响了辅导员工作的积极性，限制了辅导员工作的创新。

（二）工作形态表面化，不利于工作水平的提高

创新需要思考，思考需要积累。而现实中辅导员为工作的表面化所累，常常陷入事务性工作当中，花在学习和思考上的时间和精力并不多。“两眼一睁，忙到熄灯，整天劳累，身心疲惫”已成为一些辅导员的形象写照。频繁的文体比赛，各种检查、评比以及阶段性工作事无巨细，只要与学生沾边的事情都要去抓、去管，却很少有精力能认认真真地思考和研究教育对象的心理特点及其在不同时期的需要，更谈不上用新知识培养学生成才。自觉或不自觉地放松学习，导致了自己的政策、理论水平不高，知识日趋陈旧，不能有效地用科学的理论引导和教育学生，对学生提出的一些政治思想问题不能给予很好的回答，使辅导员在学习工作中的影响力、说服力、凝聚力受到了削弱。辅导员在琐碎的事务中无法提升工作的意义与境界，严重阻碍了工作水平的提高。

（三）人员构成年轻化，不利于工作创新的开展

目前的高校辅导员是一支以年轻人为主体的队伍，他们精力充沛，敢于开拓，更容易与青年学生达成情感共鸣，给做好工作带来很多便利。但这支队伍同时存在数量不足、年轻化、经验缺乏、专业化程度不高、流动性大等问题。许多辅导员抱怨得不到学生的尊重，在社会上刚刚立足的他们，为了确立自己的威信，有意识地拉大自己与学生的距离，这种有意识的威严与矜持必然阻碍了思想政治工作的实施。同时，年轻辅导员理论功底不深，又缺乏富有经验的老同志传、帮、带，不利于辅导员工作的创新。

（四）学科背景复杂化，不利于专业化进程的推进

近年来，高校辅导员的选留都比较倾向于德才兼备、品学兼优、工作能力强的学生，但对其专业背景与学生工作的内在联系考虑不多，结果使辅导员队伍缺乏开展深层次研究工作的学术基础和专业背景，造成其专业化进程的相对缓慢。辅导员既需要与学生相近的专业背景，更需要对高校思想政治教育工作的规律及特点进行较为全面、系统的学习、理解和掌握，如果不具备相应的思想政治教育学、心理学、社会学和管理学等学科的基本理论修养，工作时往往会显得力不从心、捉襟见肘，更不要说工作创新了。

二、高校辅导员工作创新的内在动力

辅导员作为大学生思想政治教育工作的主体，其创新的内在动力来自于辅导员工作的神圣使命感，个人价值实现的成就感、荣誉感、自豪感和被尊重感，也来自于由于创新增强了自己在社会中的竞争力而带来了物质利益的满足感，等等。创新的内在动力来自先天的遗传因素和主观的个人努力，创新的内在动力在一定条件下可以被强化，也可以被削弱或阻止。当通过努力，产生了创新的结果，由此而带来了满足自己精神和物质需要的时候，内在动力就会得到强化。相反，当创新屡屡受挫，付出得不到相应的回报，努力付诸东流，内在动力就会受到削弱或阻止，泯灭其创新的兴趣。因此激发辅导员工作创新的内在动力就成为高校学生工作能否开拓创新的关键。

（一）辅导员工作的神圣职责，激发了辅导员的使命感

人们对社会现实和自己从事的事业，如果没有深厚的感情，就不会产生为之奋斗的需求和动力。辅导员工作积极性、工作创新的动力首先源自于自身对辅导员工作的感情，源于学生对辅导员的期待。调查显示：大学生希望辅导员能够成为自己的“师长和知心朋友”，能够在学习、工作、生活等方面给予必要的“引导”和“指导”，在政治、思想、道德、心理等方面及时给予“帮助和激励”，在遇到苦难时能成为学生的“参谋”，成为学生全面发展的“引路人”。

辅导员工作最大的特点是“传道、授业、解惑”集一人，“管理、教育、服务”集一身。他们向学生传文明之道、授立身之业、解人生之惑，他们是学生日常事务的管理者、思想政治的教育者、成长成才的服务者。这份职责激发了辅导员的使命感，促使辅导员不敢懈怠，不断地加强工作创新，抓住学生的心理需要，注重人文关怀和心理疏导，肩负起这一份沉甸甸的使命。

（二）辅导员工作的价值体验，激发了辅导员的成就感

推崇个人价值的实现，尊重个人选择与个体自由，是现代文明的表征之一。马斯洛需要层次理论（Maslow's Hierarchy of Needs）认为：人类有 5 项最基本的需要，按照重要性先后次序依次为生理的需要、安全需要、感情需要、尊重需要、自我实现需要。5 种需要如同阶梯，一个层次的需要相对满足了就会向高一层次发展。自我实现的需要，即价值体验是最高层次的需要，也是激发个人积极向上的原动力。追求价值体验是人对挑战性工作及事业成就的追求，会引起人的快感，振奋人的精神。追求价值体验引起的成就感是个人对自己认为重要或者有价值的工作认真完成，并达到理想境界的一种内

在推动力量，它作为一种稳定的人格特征表现为一个人事业心，责任感，进取精神以及自我实现的需要等外在形式，是激励自我成就感和上进心的心理机制。

辅导员作为高校思想政治教育战线的基层力量，在管理育人、服务育人、保证高校正常运转、维护安定团结的政治局面等方面起到了重要的作用，工作的社会价值是显而易见的。高校辅导员大多风华正茂，渴望在自己的工作岗位上尽快有所成就，以实现自己的人生价值，尝试成功的喜悦。由此可见，高校辅导员的价值体验是直接推动辅导员进行工作创新的内部动力（原动力），是辅导员工作动力系统中的最高境界，是激发工作积极性的最直接因素。

（三）辅导员工作的发展空间，激发了辅导员的进取心

辅导员是高校思想政治工作的基层工作者，是高校育人工作的骨干力量之一，从某种意义上说，辅导员是高校高素质业务骨干和党政管理干部的重要后备来源。实践也证明，很多人经过辅导员工作的锻炼逐步成长起来，其中出现许多高校领导干部、学术大师、兴业之士、治国栋梁。事实告诉我们，辅导员岗位是有能力培养出又红又专的拔尖人才。

教育部《关于加强高等学校辅导员、班主任队伍建设的意见》指出，高校辅导员具有双重身份，既是教师又是管理干部。既可以教师身份评聘思想政治教育学科或其他相关学科的专业技术职务，也可以管理干部身份晋升相应的行政职务或享受相应的待遇。同时也充分考虑到了辅导员的“出口关”：鼓励和支持一批骨干攻读相关学位和业务进修，长期从事辅导员工作，向职业化、专家化方向发展。根据本人的条件和志向，也可向教学、科研工作岗位输送，并要求把专职辅导员队伍作为党政后备干部培养和选拔的重要来源，根据工作需要，向校内管理工作岗位输送或向地方组织部门推荐。高校选拔党政领导干部，要重视专职辅导员的经历。这无疑给高校辅导员吃了颗“定心丸”，广大的发展空间，极大地激发了辅导员的进取心，增强了辅导员工作创新的动力。

三、高校辅导员工作创新的外在动力

高校辅导员工作是一个复杂的系统工作，国家政策的重视、高校育人的要求和大学生自身的变化等因素都广泛而深刻地影响着辅导员的工作，也正是这些因素，构成了辅导员工作的外在动力。

（一）国家对辅导员工作日益重视，提高了辅导员工作的积极性

近年来，党和国家高度重视辅导员队伍建设工作。中共中央国务院在《关于进一步加强和改进大学生思想政治教育的意见》（中发〔2004〕16号）中强调：辅导员、班主任是大学生思想政治教育工作队伍的主体之一，是开展大学生思想政治教育的骨干力量，要采取有力措施，着力建设一支高水平的辅导员、班主任队伍。

（二）学生思想社会化日益凸显，激发了辅导员勇于创新的干劲

当前，我国改革开放的发展进入了一个非常关键的时期，经济体制，社会结构，利益格局，思想观念的深刻变化。历史的和现实的、本土的和外来的、进步的和落后的、积极的和颓废的各种思想文化相互交织碰撞，对大学生形成了很大的影响和严峻的考验。现实社会中各种不良倾向，和社会思潮以各种方式渗透到高校校园中来，影响着大学生的世界观、人生观、价值观的形成。使大学生价值观念呈现出日益多样化和复杂化的趋势。

社会环境的影响使得学生思想高度社会化。大学生思想活动的独立性、选择性、多变性和差异性明显增强，但责任意识、实践能力、参与意识、辨别能力、集体观念和承受能力相对较弱，这给高校思想政治工作带来了重重压力和挑战，极大地增加了辅导员工作的难度。许多辅导员感到随着时代的发展，自己本身需要学习的东西太多了，为了能够帮助大学生解决某些思想问题，有效地开展工作，就必须不断学习、与时俱进、锐意进取。由此可见，学生问题社会化日益凸显，在加大了辅导员工作难度的同时，也极大地激发了辅导员克服困难，勇于创新的干劲。

（三）辅导员工作竞争压力使辅导员创新的紧迫感增强

随着大学生群体的变化，高校对辅导员的要求日益提高。一是辅导员的“入口关”更加严格。许多高校在辅导员建设上严把“入口关”，要求思想政治教育学、伦理学、管理学、心理学、教育学等专业的硕士、博士学位，关心热爱学生，善于做大学生思想政治工作，具备较强的组织管理能力、群众工作能力以及语言和文字表达能力的研究生担任高校辅导员。二是要求辅导员向“专家化、专业化”方向发展。

大学生思想政治教育面临的诸多新课题，客观上需要专业化、专家化辅导员队伍。因高校扩招，辅导员队伍补充进一大批新鲜血液，活力大为增强，同时也在客观上加剧了辅导员个体之间的竞争。辅导员工作创新的紧迫感更加强烈，工作不创新就意味着要被淘汰。这要求辅导员要有知识、有水平，

重研究、重探索、重创新，增强思想政治工作的知识含量、针对性和创造性；同时也要求辅导员必须具备合理的核心能力结构，应当实现向学习型、能力型、科研型转变，以增强工作的前瞻性、有效性和时代性；更要求辅导员必须从自身建设出发，提升专业知识技能，实现专业自主，提高教育管理水平，以实力改变被动状态。

进一步加强和改进大学生思想政治教育工作，提高高校思想政治教育工作的实效性、针对性，必须打造一支高素质、专业化的辅导员队伍，不断提高辅导员工作的创新能力。对辅导员工作创新动力的分析使我们认识到：一方面，辅导员工作创新外部动力发挥作用的前提是内在原动力的激发。没有原动力的激发，外部动力就不能发挥作用。另一方面外在环境为辅导员的工作创新提供条件，搭建舞台，发挥保证和促进作用。因此，要提高辅导员工作创新能力，必须建立辅导员工作创新体系。这个体系的作用，一是要保证选拔具有较强创新原动力的辅导员，二是要保证激发辅导员工作创新的原动力，三是要为辅导员工作创新能力的提高提供良好的条件。

第二节　高校辅导员工作方法创新

一、高校辅导员工作方法创新的重要性

（一）我国高校教育的基本要求

我国教育对大学生的要求是要与时俱进、不断创新，要培养出具有创新思想的大学生，辅导员的工作方法就要具有创新性，才能够感染学生。辅导员的主要工作是对学生进行思想政治教育方面的工作，创新是做好这项工作的基础。高校辅导员创新性的工作方法，能够使大学生坚定自己的理想信念，在大学中充分发挥自己的潜力，自觉接受科学文化知识与思想道德修养教育，把自己培养成为一个高素质的人才。辅导员工作方法的创新，有利于加强对学生思想政治教育工作与日常生活、活动的管理，培养学生各方面优秀的素质，促进学生的综合能力全面发展，从而达到我国教育事业对大学生的要求，这也是对辅导员工作的基本要求。

（二）为大学生解决现实问题的必要方式

大学生在学校中的学习生活中总会有一些问题需要辅导员的帮助，尤其是刚刚入校的新生，他们进入一个新的环境中，难以适应新的生活，中学里

的一些学习生活习惯会代入大学中，或者是认为大学就该放松，不需要学习，对于这些学生的思想教育工作，要因人而异，这就体现了辅导员工作方法创新的重要性，另外，对于那些有着考试和工作压力的同学，思想教育辅导也很重要，辅导员具有创新性的工作方法不但能够针对学生遇到的问题提出切实可行的解决方法，还能使得学生更容易接受，消除戒备与排斥的心理，与辅导员拉近距离，从而使得辅导员对学生的思想教育工作更容易实施。

（三）辅导员自身工作不断发展的必然要求

在大学生活中，辅导员会参与大学生的学习、生活、社团等活动，辅导员若是一直运用那些陈旧的工作方法去解决学生的问题是远远不够的，随着时代的发展，每一届学生都是不同的，辅导员在工作中不能带着同样的心态去看待他们，而是要从每一位学生身上看到他们的不同之处，看到他们的优点在哪里，以便鼓励他们不断前进；看到他们的缺点在哪里，以便鞭策他们走上正确的道路。

二、辅导员工作方法创新的原则

首先，辅导员的工作要坚持社会主义教育发展方向原则。辅导员的工作直接关系到学生政治思想的发展方向，关系到学生的未来，坚持社会主义教育发展的原则，才能够培养出对社会主义建设有用的人才；其次，要坚持实践检验的原则，“实践是检验真理的唯一标准”，坚持实践检验原则，才能够让辅导员的工作更有助于学生形成正确的思想道德观念；再次，要坚持具体问题具体分析的原则，每一位学生具有各自不同的性格与不同的教育、家庭、社会背景，因此，辅导员的工作方法必须坚持这个原则，才能够针对每一位学生做出正确的工作决定。另外，还要坚持与时俱进的原则，时代在不断地发展，辅导员的工作要不断地前进，坚持与时俱进，才能为培养出时代所需要的人才做出贡献。

三、辅导员工作方法创新的具体方式

（一）思想教育方式的创新

在传统的思想教育方式中，教师往往一味地将自己的思想灌输给学生，而学生则是对教师的思想教育比较排斥，这就使得辅导员对学生的思想教育难以达到预期的效果。因此，对学生的思想教育方式要进行创新。在对学生进行思想教育时，辅导员所发挥的是引导的作用，要用自己的思想观念去影响、感染学生，而不是一味地要求学生这样那样。通过对学生潜移默化的影响，使得学生自觉地接受思想政治教育，让学生充分感受到辅导员老师的良苦用心，拉近学生与辅导员老师的距离，从而在一种和谐的氛围中进行交流，如此一来，学生更愿意把自己的问题告诉辅导员，辅导员也更容易从学生那里得到准确的信息，从而判断学生的问题在哪里，之后做出正确的决策，帮助学生解决问题。对学生进行思想教育的过程，也是辅导员自己进行思想心态反思的过程，在这个过程中，学生可以从辅导员这里接受到良好的思想政治教育，端正自己的思想心态，而辅导员也可以从中看到自己的不足，吸取工作中的教训，也看到自己的成功之处，为自己以后的工作积累更多的经验。

（二）解决问题方法的创新

辅导员的工作除了要解决大学生的思想问题还要帮助他们解决实际中的问题。对于大学生的思想教育不是说空洞的大话，而是要根据他们在实际中遇到的问题，让思想教育与实际中的学习、生活结合起来，而在帮助他们解决实际中的问题时，要以思想政治知识为指导，指引他们向着积极、正确的方向走。辅导员可以通过组织军训、社团活动、志愿服务等社会实践，来教育学生增强社会责任感，在实际的活动中感受思想政治教育知识的内涵与意义。另外，还可以为学生组织多姿多彩的文化活动，让学生充分接触艺术、体育等各种文化，让学生沐浴在丰富的校园文化中，陶冶他们的情操、增强他们各方面的综合能力；另一种创新的方式就是运用先进的网络信息技术，向学生们传播积极向上的思想，弘扬新时代的大学生精神，帮助学生把思想教育与实际生活结合起来，增强对大学生的思想教育的成效。

（三）教育与咨询工作方法的创新

辅导员的工作不仅仅涉及学生的思想政治教育，还涉及学生在校发展、人际关系、考研问题、就业问题等方面，学生会就这些问题来向辅导员进行咨询，而辅导员的咨询工作对于学生的发展方向有着重要的指导作用，很可能，辅导员的一句话就改变了学生的一生，因此辅导员对于学生的教育与咨询工作必须注意使用恰当的方法。对于学生的教育与咨询，要以平等的语气来商谈，避免教训、盲目批评的方式，要认真倾听学生的具体情况，对学生遇到的问题进行仔细地分析，一起找出问题的原因，结合自己的工作经验，为学生提供一些有利于改善现状的建议，并且尊重学生的选择，对学生进行引导，而不是强制性地改变学生的意愿。对学生的教育与咨询工作要有足够的耐心，对学生的服务要热心，解决学生的问题要用心。另外，辅导员在平时就应密切关注学生的思想动态，尽早发现学生可能存在的问题，做到早发现、早预防，及时为学生解决困难，避免因自己的失职造成不良后果。

（四）思考问题立场的创新

辅导员对学生的思想教育往往会站在自己的角度来考虑问题，这样考虑问题对于学生的情况来说难免会有一些偏差，导致了辅导员认为自己提出的方法能够为学生解决问题，然而，实际上这种方法对于学生并不完全适用。因此，辅导员在帮助学生解决问题的时候，要试着站在学生的立场上来思考问题，这样，才能够充分感受到学生在实际问题中所处的地位，才能够明白学生的感受，从而做出有利于学生的判断，为解决学生的问题提出更为贴切的方法。对学生的思想政治教育同样也要考虑一下，怎样的教育方式学生更容易接受，当学生对自己的工作不以为然的时候，要考虑一下学生为什么会排斥自己，这样，才能够找到工作中问题的根源，从根本上解决工作中的问题。

（五）所用工具的创新

学生往往不愿意接受教科书式的思想政治教育，那么，辅导员可以根据实际情况，运用一些新型的教育工具，来进行自己的工作。比如，可以运用身边的一些案例，让学生看到实际中发生的故事，从中感悟到一些道理。也可以运用网络等新兴科技手段，让学生从网络上多接触一些有利于思想政治教育的内容，也可以组织一些具有创新性的活动，让学生在参加这些活动的时候更有新鲜感，从而增强对学生教育的效果。

辅导员的工作在高校教育中一直扮演着一个重要的角色，自辅导员这一职业产生以来，这项工作就在不断地发展和创新。新时代的高校辅导员工作方法也要不断地进行创新，才能够保证辅导工作为学生解决思想政治教育与实际学习生活中的问题。具有创新性的工作方法，才能够保证辅导员在高校教育中不断地发挥自己的力量，为把学生培养成为对社会有用的人才立下汗马功劳。

第三节　高校辅导员工作模式创新

一、新形势下高校辅导员工作存在的问题

首先，高校辅导员工作理念比较落后。就当前高校辅导员工作开展的实际情况而言，很多高校辅导员仍未能够转变传统工作理念，在对学生进行教

育管理方面仍停留于传统说教式教育及训导式教育形式，未能够符合时代发展的潮流，在实际工作过程中往往与学生心理特点及思想实际相脱离，对于学生个性及兴趣爱好往往忽略。另外，实际工作开展过程中，未能够依据学生不同成长阶段所存在不同需求以及不同特点开展相关工作，从而影响辅导员工作开展效果。

其次，高校辅导员工作形式比较单一。对于大学生而言，其正处于不断追求新鲜事物的特殊年龄阶段，需要能够有效激发其兴趣及活力的相关教育方式。然而，由于高校辅导员工作的特殊性，不但需要负责学生的教育教学工作，并且需要负责学校内部的事务性工作及行政类工作，从而导致辅导员缺乏充足时间及精力研究有效教育教学方式，从而对教育管理效果也就会产生不良影响，影响辅导员工作的开展。

再次，未掌握现代网络教育方式。在当前高校辅导员对学生开展教育管理工作中，网络教育已经逐渐成为必然发展趋势，同时也是十分重要的教育教学手段。然而，目前很多高校辅导员对于网络教育方式并未充分了解，在开展网络教育方面缺乏工作经验，同时缺乏系统理论支持与指导，从而影响教育管理工作的开展，导致辅导员工作开展效果不理想。

二、高校辅导员工作模式创新途径及策略

（一）注重工作理念重新

在高校辅导员工作过程中，工作理念对工作良好开展及工作效率具有决定性作用，而在当前教育教学发展的形式下，为能够使高校辅导员工作取得更好效果，要求辅导员应当对自身工作理念进行创新。首先，应当树立良好的信息观。作为高校辅导员，应当对时事热点加强关注，与学生动态信息密切联系，对于各个方面信息应当实行鉴别，对于不同学生应当有区别且有针对性地进行指导。其次，在高校辅导员工作开展中，高校辅导员应树立以学生为本的思想，对学生自主人格进行培养，在实际工作中将学生作为中心，依据学生兴趣爱好及学生特点选择不同方式对学生开展教育教学工作，从而使高校辅导员工作的开展能够取得更加理想的效果。

（二）科学合理地转变传统工作方式

首先，在开展高校辅导员工作过程中，作为高校辅导员应当由以往管理学生逐渐转变为对学生进行引导，为学生服务。在实际工作过程中，辅导员应当将以往说教式及训导式教育方式改变，积极营造对教育管理比较有利的

情境，选择学生喜欢的方式对学生进行引导，从而使教育教学目的得以较好实现，以达到良好管理效果。其次，应当由以往严堵方式逐渐转变成为疏堵结合方式。一方面而言，高校辅导员应组织学生开展相关课余文化活动，引导学生积极参与，以愉悦学生身心，使其能够更好配合辅导员工作。另一方面，应当对学校内部及学校周围环境加强监管，以避免不良信息及不良现象影响学生，确保学生教育管理工作能够取得更加理想的效果。

（三）强化自身综合素质

作为高校辅导员应当认识到自身责任及自身工作的重要性，强化自身责任意识，从而使自身能够更好地投入到学生教育管理工作中，为更好开展教育管理提供基础。另外，高校辅导员还应当不断学习新知识和新技能，不但强化自我，将现代化技术掌握，并且能够在实际工作中对计算机网络等现代化技术进行科学合理应用，从而为更好地开展辅导员工作提供技术支持与人才支持，确保得到更理想效果。

在当前高校教育事业不断发展的背景下，对于高校辅导员工作也有着越来越高的要求，因而需提升高校辅导员工作质量及工作效果。为能够使高校辅导员工作取得更加理想的效果，作为高校辅导员应当对工作中存在的问题加强认识，并且需要以有效措施创新辅导员工作，以保证辅导员工作的开展符合实际需求。

第四节 互联网时代高校辅导员工作创新研究

随着生活水平的提高，高校学生也成为我国网民的重要组成部分，现代社会基本人手一部手机或计算机，互联网日益成为大学生日常学习、生活中不可缺少的一部分，继续重构着大学生的学习、生活方式，一方面，使辅导员工作变得更加便捷，丰富了师生交流的平台，拓展了辅导员开展思想政治教育的途径，另一方面，大学生心理和思想变得更加复杂、隐蔽，这给高校学生工作带来诸多困难与挑战，作为高校学生工作的主要实施者，辅导员身上的职责和使命变得更加艰巨。

一、互联网发展对高校学生成长的影响

（一）逐渐成为学生学习、生活必不可少的工具

网络空间的快速形成，使学生的学习和生活环境不仅仅局限于教室、图

书馆、商场等实体环境，而是涉及学生存在的各个地方。大学不像高中那样每天都被文化课的学习占去几乎所有的时间，大学生的学习时间比较分散，碎片化时间较多，只要手中有移动设备就可以有效利用好这些分散的时间，实现适时的学习。老师布置的作业和课件也是直接转发到学生的微信群、QQ群等网络平台上，学生的疑问也可以直接适时地向老师提出，极大提高了学习的便捷性。学生生活上的需求也不用再受区域性的限制，很多学校位于郊区和偏远的地方，对学生的生活带来很多不便，网络购物平台的快速兴起给同学们带来了极大的便利，学生简单的生活用品也可以在网络平台上购买获得，加上物流系统的快速完善与发展，学生不用出校门就可以实现其生活上的物品需求。

（二）学生的个性化需求得到满足

传统的思想政治教育主要是通过谈话、班会、授课等方式进行，虽然能够快速解决学生们的共性需求，但是无法有效解决学生中的个体差异和个性需求。互联网的快速发展为辅导员给学生开展个性化教育提供了可能，增加了学生与辅导员之间沟通交流的机会，学生可以利用新的网络平台随时随地向辅导员进行咨询，咨询形式也不用拘泥于文体形式，可以是文字、图片、视频、语言的集合体，这能够有效增加信息传输的生动性和时效性。另外，辅导员大都负责几百名学生，很难实现有针对性的个体辅导。在新的网络平台中，辅导员可以及时发现有需求的学生，并进行一对一的指导，特别是对于那些性格内向的学生来讲，可以避免其不愿主动透漏自身想法的尴尬，具有较好保密性，能够有效提高辅导员思想政治工作的效果。

二、互联网发展给高校辅导员工作带来的机遇

（一）增加了辅导员工作的便捷性

传统媒体环境下，辅导员与学生之间的交流方式主要是面对面、电话、书信等，这不仅影响辅导员工作效率的提高，而且不利于对学生思想动态的及时把握和解决。新媒体时代下，各种网络平台的建立为辅导员工作提供了一个便捷的移动空间，让辅导员可以将某些信息群体发送，也可以对个别学生进行单独引导，能够使上级、学校的相关工作规定和要求及时传达给学生，也有利于学生的需求及时得到发现和满足，有效避免了由于师生之间信息的不对称而带来的误会。辅导员可以随时、随地在线回答、了解学生的咨询与需求、及时处理工作邮件等，也容易接触到学校信息管理系统，能够及时掌

握学生的成绩、奖惩等更多信息，能够为其作出适时的教育决策提供有效的支持，使辅导员的工作效率得到极大的提升。

（二）丰富了师生交流的平台

个体交流、开班会、文件布告等传统的交流平台，无法做到信息的及时传达，学生与老师交流过程中经常存在的尴尬、隐瞒等问题得不到有效的解决。微信、微博、QQ、电子邮件等网络平台的出现和快速发展，打破了人际沟通条件的限制，丰富了师生之间交流的方式，拉近了师生之间的距离，能够实现师生之间交流的全天候对接，不仅有利于辅导员及时了解学生的学习、生活状况和思想动态，也能够解决学生交流时存在的尴尬和戒心等问题。辅导员可以适时分享自身的学习、生活动态，转发有益的正能量，以潜移默化的方式达到教育学生的目的。

（三）拓展了辅导员开展思想政治教育的途径

新形势下，面对诸多的社会不稳定因素，思想政治教育在大学生教育中显得尤为重要，也是辅导员工作的核心部分。传统的思想政治教育多采用理论说教，内容空洞、乏味，其效果不断受到质疑，也越来越不被学生接受，甚至反对。新媒体的出现，能够使数字、图片、文字、视频等信息有效整合在一起，为思想政治教育提供了学生易接受的途径，辅导员通过一定的网络平台，把思想政治教育的理念通过和娱乐的方式结合起来，可以潜移默化地传递到学生心中，使教育效果得到质的提高。

三、互联网发展给高校辅导员工作带来的挑战

（一）辅导员话语权优势的丧失

在新的互联网时代，每个人都是一个独立的个体，都可以随意搜索、获取信息。学生从习惯性向老师寻求答案，转变成习惯性地用网络搜索，也不再把学校的官方报道作为自己获取信息的唯一渠道，独立性逐渐增强。学生由之前对老师的依赖，逐渐变成将信将疑甚至是信任危机，辅导员逐渐失去了原有的信息优势，导致在思想政治教育过程中的权威性逐渐丧失。另外，辅导员特别是工作年限长、年龄较大的已经习惯了固有的工作方式，在新媒体的环境下很难或者不愿意作出改变，甚至产生抵触心理，在新网络技术、平台的运用和信息的获取上固然要落后于年轻的大学生，无法及时了解年轻人的流行文化和网络语言，导致一些教育内容无法被学生接受，甚至造成学生的抵触，时常处于被动地位。

（二）大学生价值观的偏离

一方面，网络平台的开放性，使大学生表达情感、发布信息不受约束，但大学生自身思维的活跃性与其人生观、价值观的不完整性形成激烈的冲突，当遇到一些复杂、真伪难辨的信息时，自己往往带着主观印象去接收，很容易以偏概全看不到问题的本质。另一方面，正处于青春期的大学生，生理和心理成熟度的失衡发展，思想单纯，加上自身个性张扬，这很容易使一些不法分子乘虚而入，诱导大学生去散发一些别有用心的话题，甚至传播一些错误思潮去左右大学生的价值观。

（三）“网奴”数量的增加

网络已成为大学生表达情感、发泄情绪、维系社交关系的重要平台，不过学生对其已经形成了高度的依赖，特别是对于那些自制力较差的学生来讲，大多都把平时的课余时间甚至学习时间放到玩游戏、刷朋友圈、看电影、看电子书上。学生花费在网络中的时间越长，内心的浮躁感就越强，导致学生无法静下心来去关注某一件事情，长此以往学生只能以沉溺于网络的虚拟世界里来替代和填补自身的空虚和无聊感，也期望在虚拟的网络中实现和弥补自己在现实生活中得不到满足的需求，进而沦落为“网奴”，这严重影响了学生的正常学习和生活，也给辅导员的教育管理工作带来一定阻碍。

（四）“蝴蝶效应”的产生

网络时代一个重要特点就是对于某一特定事件，有时是一个很小的事情，在网络中经过集体讨论会产生可怕的”蝴蝶效应”，因为网络中对于某一事件的讨论可能导致其扩大很多倍，其影响力会不断发酵，加上别有用心的人的利用很容易造成恶劣事件。特别是关乎学生切身利益的事件，如奖学金评定、学生宿舍条件、食堂饭菜价格上涨等，一开始只是个别学生在网络中“吐槽”，但被一些别有用心的人推波助澜后可能会导致群体暴力事件，也可能上升为抽象政治，失去理智的学生往往会对未经核实的信息进行随意的转发等，给高校舆情工作带来巨大的挑战。

四、互联网时代辅导员工作的应对策略

（一）转变教育观念，树立平等的教育观

思路决定出路，新媒体作为时代潮流发展的产物，促使着高校工作质量

和效率的不断提高。辅导员作为高校思想政治工作的主要承担者，应该及时转变教育思路，清晰认识和发掘新媒体的优势，紧跟时代步伐，真正合理地运用新媒体的优势。在网络环境中，老师和学生其实都是一个独立的网络参与个体，其关系已经不仅仅局限于师生关系了，更多的是一种平等的朋友关系，因此辅导员应充分发挥朋辈身份的引导作用，树立平等的教育观，秉着“善待学生，培育英才”的理念，以民主的身份参与到学生的网络生活中，实现思想政治教育效果的提升。

（二）主动学习，提升自身的媒体素养

互联网时代，辅导员认识、评判、运用网络能力的高低，对自身工作具有重要的意义。受传统教育观念和自身惰性的影响，部分辅导员不愿意主动接受和学习新媒体软件，有时学生反而成为老师的老师，逐渐导致辅导员权威的丧失，教育效果的降低。辅导员自身应加大对网络新媒体的学习力度，充分了解新网络平台的使用方法，努力使自己成为网络意见的领袖。学校也应该提供关于网络知识的培训平台，增加培训机会，将相关网络知识纳入党政干部和辅导员的必修课程，并把实际运用新媒体的能力纳入其绩效考核、晋升的范畴，不断提高辅导员自身的理论知识和媒体素养。

（三）搭建新的网络平台，引导学生价值观

建立一个以交流、宣传和引导为主的网络沟通平台，通过建立不同的QQ群、微信群等，为有着不同需求的学生群体建立一个虚拟的交流平台，给学生提供一个反映需求、表达观点的网络场所。辅导员等学生工作者在其中只扮演引导的角色，对于那些不健康、不成熟和具有明显煽动性的言论做到及时的发现和加以疏导，有效疏通学生积攒的不满和怨气，逐步引导学生树立正确的价值观。

（四）创新晋升渠道，净化辅导员工作环境

思想政治教育工作是高校辅导员的本职工作，但目前高校辅导员不但要负责学生的管理工作，还要承担一定的教学、科研工作，加上高校中以科研成果为主的晋升机制，导致一些辅导员为了谋取事业的快速进步和职称的评聘，把大量的精力投入到科研和教学工作中，逐渐形成了“不务正业”的局面，给高校思想政治工作带来极大的影响。教育部门和学校应拓展辅导员事业发展的前景和晋升机制，创新晋升渠道，使辅导员在思想政治工作中也能取得与专业教师同等的职称评聘和事业晋升的待遇，使其能够心甘情愿把精力放到学生的思想政治教育工作上，逐渐促进辅导员工作的职业化和专业化。

第八章 高校思想政治工作概述

第一节 大学生思想政治教育的重要性

一、影响大学生思想政治教育的主要因素

从国际方面看，进入21世纪之后，西方发达国家通过各种渠道加强文化输入，试图对发展中国家青年的价值观进行潜移默化的改变。由于西方发达国家在某些方面的先进性，导致其在文化的融合过程中处于主导地位，在与西方文化的交锋中，无不渗透着西方国家企图利用人权、民主等问题来进行和平演变的战略图谋。以大学生为代表的青年一代正处于价值观、人生观、世界观形成的关键时期，极易受到外来思想的影响。

从国内方面看，随着改革开放的进一步深入，社会主义市场经济不断发展，社会主体日益多元化，人民生活水平不断提升，但另一方面又带来多元化的社会利益矛盾，这在客观上为大学生多样性实用主义价值论提供了条件。改革开放特别是市场经济，强化了人的主体意识，受利益机制的驱使，人们更加注重个人的物质需要和经济利益。目前，我国的市场经济社会中多种社会经济形态并存，多种生存发展方式并存，因此，使得个人的理想信念和追求具有多元化的趋势。随着改革开放的深入，社会利益矛盾逐渐显现，导致年轻的大学生人生追求与信念的功利性，片面追求经济物质需要，严重削弱了对共产主义理想信念的追求，这势必影响大学生的崇高理想与科学信念的形成与发展，不利于大学生的全面发展。

另一方面，互联网的快速发展对当代大学生的理想信念教育带来了严峻挑战。互联网在加速各种文化的相互吸收和融合，促使各种文化在广泛传播中得到发展的同时，也将不同的意识形态、世界观和价值观、伦理道德观念等四处传播，对受众群体产生着潜移默化的影响。一些西方国家特别是西方敌对势力利用这一平台对我国进行意识形态渗透，宣传、灌输资产阶级的政

治思想和价值观念，这些必然对大学生的理想信仰带来冲击和考验。

二、加强大学生思想政治教育的必要性

（一）随着社会的发展，各种思想邻里群起，需要加强思想政治教育

进入社会发展新阶段，综合国力竞争日趋激烈，各种矛盾错综复杂，社会关系更为敏锐，新情况、新问题层出不穷，特别是改革开放以来，我国社会主义市场经济体制经历初步确立、发展和完善，期间伴随着西方等资本主义思想的不断侵入、腐蚀，人们的价值观及其行为模式等不可避免地面临挑战，发生变化。这些变化，大部分是积极的、符合时代发展潮流的，但是，也存在消极的、有害的。如西方拜金主义、享乐主义、个人至上主义等等，对一部分人特别是处于成长期的大学生产生了不容忽视的影响，不仅仅影响着他们待人处事的态度，更有甚者会影响他们人生观、价值观，对社会贡献观及自我价值的实现等。

要大力弘扬思想政治教育中的爱国主义精神，坚持爱国主义与社会主义的高度统一，时刻心系民族命运、心系国家发展、心系人民福祉，以理想信念教育为核心，使爱国主义精神在新的时代条件下发扬光大，不断深化对我国历史和国情的认识、对改革开放40年伟大进程的认识，增强当代大学生民族自尊心、自信心和自豪感，坚定跟党走中国特色社会主义道路、实现中华民族伟大复兴的信念。这样才能更好地利于大学生正确的世界观、人生观、价值观的养成，抵制不良因素的影响。

（二）社会公德状况不尽如人意，并存许多新道德困惑，必须加强思想政治教育

在思想道德中，社会公德是最基本的，也是最贴近我们生活实际的。社会公德是全体社会成员必须共同遵守的道德，是社会主义道德体系的重要组成部分，是人们为了维护公共利益和社会生活秩序，协调人们之间的关系而形成的最简单的行为准则和起码的道德标准。在当前情况下，虽然我国社会公德状况比以前有了改善，但由于各种因素的影响，总体形势不容乐观。部分大学生认为深层次的道德观念和具体行为选择之间存在着差异，肯定社会公德的意义，强烈要求改善社会公德，但对自身的道德实践却缺乏同样严格的要求，对现实中表现出无可奈何、默认，甚至接受。加上由于社会对一些现象不能做出明确的道德评判，直接影响部分大学生行为的选择和道德的困惑。在日常生活中奉行中心主义、缺乏道德约束、我行我素、行为失衡的现

象也已成为部分在校大学生中存在的一个突出问题。

青年素有开风气之先的光荣传统，在道德修养上应该有更高的追求。这不仅会对社会进步产生积极的影响，也会对自己一生的奋斗产生长远而巨大的作用。作为青年这一群体的中流砥柱——大学生，不仅要继承和发扬我国优良传统美德，还要对社会主义建设中所形成的新的道德观念、道德规范、道德风尚加以学习和实践。重视思想政治教育的基础核心作用，倡导社会公德，进一步强化大学生责任意识和奉献精神，引导大学生从身边的事情做起，从具体的事情做起，着力培养良好的道德品质和文明行为，培育健康文明的生活方式，不断提高大学生道德文化生活的质量，建立与时代发展相适应的具有自我发展、自我约束机制的道德规范和行为规范，从整体上推动我国社会主义精神文明的建设和文明和谐社会的构建。

（三）新媒体对大学生生活、思想产生了巨大影响，要求重视思想政治教育

随着科学技术的不断发展，网络的全球覆盖，以数字杂志、手机信息、移动电视等形式为代表的新媒体飞速崛起，并快速占据广泛市场，对人们的社会生活产生了巨大的影响。大学生作为这种数字化生活的最先体验者之一，在体验与世界同步发展的快捷信息和平台的同时，行为习惯及思维方式也受到了极大的冲击和影响。

虚幻的网络世界，减少了来自社会因素、周边因素及个体因素等干扰，网络成为大学生发泄紧张学习生活、日常交际压力，表达思想观点、倾诉心声的首选场所；透过网络提供的多样平台，大学生个性化得到极大张显，网络成为其随心畅游的首选场所；由于网络提供了大量的资源，还伴有部分人“成长的经验”，网络逐渐成为大学生寻求帮助的首选场所，等等。网络，毋庸置疑给大学生提供了快速的信息交流平台，多彩的展示平台，慢慢改变着传统的生活方式，然而其开放性、虚拟性、缺乏规范性，容易使大学生摆脱现实社会诸多人伦、道德因素的制约，极易放纵自己的语言行为；主流和异端思想并存，影响大学生个人责任意识、道德意识、社会意识。甚至有些大学生活在网络虚拟世界里，忘却了现实中人际需求、个人价值需求，逐渐迷失其中无法自拔。

以思想政治教育为基石，以马克思主义思想文化为主导，利用新媒体这个双刃刀，丰富思想政治教育内容和形式，开辟更有效的方式，针对性地、有效地规范、引导学生发展新媒体文化，更好地为我国社会主义发展服务。

(四)大学生个性鲜明,自我目标缺乏,要求不断加强思想政治教育

当代大学生大多出生在改革开放已显现成效,生活环境相对优越的环境下,较好的物质生活与较重的学业压力越来越明显地形成反差。总体上来看,在长期以来受到的思想政治教育影响下,当代大学生思想政治状况的主流是积极的、健康的,他们熟识党的路线方针、马哲思想、邓小平理论、“三个代表”重要思想,和谐社会发展思想。但是,我们同样不能忽视其存在的种种问题。据调查,近30%的大学生缺乏明确的理想、信念和人生计划,但其自我意识强烈,渴望表现个性。长期处于优越的环境,使其大多更注重索取,奉献精神较弱,心理承受能力较差,受挫后自我调节修复能力弱,学习动力不足,个人奋斗目标不明确,自我价值实现缺乏目的性。这些特点,不利于其思想成长,不利于团队合作和集体发展,进而会影响其步入社会后自我价值的实现和对社会发展的贡献。

不断加强大学生思想政治教育,把教育落到实处,以科学发展观为指导,积极鼓励大学生参加社会实践,向人民群众学习,磨炼意志,增长才干,切实提高个人能力,明确个人奋斗目标,健康快速成长,努力打造高素质人才——不仅有厚实的科学知识积累,也有良好的品德修养,实现自我价值、服务社会的目标。

三、大学生思想政治教育的重要性影响分析

(一)大学生思想政治教育是知识经济时代之需、是转型期国家发展之需

21世纪是知识与人才竞争的世纪,是知识经济世纪。知识经济是主要依靠知识创新、知识创造性应用和知识广泛传播而发展的经济。要想在知识经济时代的竞争中处于不败之地,就得提高我国大学生整体素质,首先必须从思想上引导大学生,培养高尚的社会主义情操。我国目前为大学生进行思想政治教育是应知识经济发展时代所需而进行的。

从国内社会环境来看,我国目前正处于社会变革时期,在转型时期为我国大学生在一定程度上营造了良好的社会条件,形成了融洽的政治氛围,当然也具有了新的挑战和机遇。由于目前我国社会转型期具有动态性、复杂性,尤其面临国际复杂的政治环境的影响下对大学生进行思想教育势在必行;通过加强思想政治教育,树立积极向上的人生观,价值观、世界观,才能使国家社会主义事业保持长远的快速发展。

（二）大学生思想政治教育的重要性是由其自身的地位和功能决定的

1.思想政治课的地位决定了大学生思想政治教育的必要性

首先，从政治地位上看，教育是具有阶级性的活动。我国的教育是社会主义教育，学校给大学生上思想政治教育课目的就是为了让大学生思想政治始终坚持与社会主义的政治方针政策保持一致，紧随社会主义的步伐。学校教育工作者努力培养高素质全面发展的社会主义接班人，因此具有鲜明的意识形态特征。其次，从德育地位来看，思想品德课是大学生德育工作的主要途径。

2.思想政治课其功能凸显大学生思想政治教育的必要性

总体来看，大学生思想政治课主要有智育、教育以及德育等重要功能。

（1）教育功能，是指有目的地培养大学生有一定的政治观念、信念和信仰的功能。有助于不断提高大学生政治素养，使大学生自觉坚持四项基本原则，树立正确的政治方向。

（2）德育功能，是指培养大学生形成一定的道德意识并引导其道德行为符合规范的功能。它可以使大学生学会处理个人、集体和国家三者利益之间的关系，正确对待挫折和失败，进而树立科学的世界观、人生观和价值观。

（3）智育功能，主要是大学生要掌握科学技术、专业知识，这将使得大学生可以通过科学的方法看待问题，并提高分析和解决问题的能力。

（三）大学生思想政治教育是大学生实现全面健康发展的主要途径

1.大学生进行思想政治教育有利于大学生树立远大的理想，做有理想的人

通过对大学生的思想政治教育，可以使大学生树立为共产主义事业奋斗终生的远大理想。思想政治教育在思想上帮助大学生树立远大的理想，同时将自己的理想与伟大的社会主义事业结合在一起，通过实现自己的职业理想，为富强、民主、文明、和谐的社会主义现代化国家的建设增砖添瓦，也为共产主义远大理想的实现奠定基础。

2.大学生思想政治教育有利于大学生增强道德观念，做有道德的人

特别是近几年来，大学生群体中出现了一些令人担忧的现象，这在一定程度上影响了培养社会主义有目标、有理想的大学生的进程。通过大学生思想政治教育，可以缓解一些道德观念下降的问题，使大学生处理好自己与自己、自己与他人、自己与社会、自己与国家的关系，树立集体主义价值观，将个人利益、集体利益、国家利益三者相联系在一起。

3.大学生思想政治教育有利于大学生规范自己的行为，做有纪律的人

通过对大学生进行法制教育，为其教授社会规范约束自己的不良行为，

通过肯定赞扬符合社会规范的行为，否定批评背离社会规范的行为，来实现对人的行为的约束。这里的社会规范就是广义上的纪律，通过思想政治教育，使大学生学习法律规范和社会成文的规范，使人们自觉地遵守纪律，做一个有法律意识、有纪律的人。

4. 大学生思想政治教育有利于大学生学习科学文化知识，做有文化的人

我国的大学生思想政治教育主要是基于党的基本方针政策、邓小平理论、毛泽东思想以及社会主义建设发展理论体系等党和国家的指导思想为蓝本的。学习这些科学的文化知识，有利于武装大学生的头脑，更加理性和全面地看待社会问题。因此，思想政治教育也是大学生学习科学文化知识的重要渠道。

第二节 大学生思想政治教育的现状和对策

一、当代大学生思想状况浅析

（一）当代大学生思想道德状况主流是好的，是积极健康向上的

大学生是思想最为活跃、接受新事物最为迅速的高智能知识群体，其思想活动和行为方式会有更深刻的时代烙印，呈现出更为鲜明的时代特征。当代大学生思想道德状况的主流是好的，是积极健康向上的，主要表现在以下几个方面：

1. 热爱祖国，关心集体

当代大学生中绝大多数人有着强烈的爱国热情。平时他们的爱国情感表现不是很明显，一旦有个突发事件，他们的爱国热情会像火山一样迸发出来。他们大多数目光远大，积极向上，高度重视知识和工作能力的培养，希望学成之后能够报效祖国和人民，对中国的发展充满信心。他们注意维护国家和集体的利益，特别是在汶川和玉树大地震发生以后，许多大学生捐款捐物，主动献血，有些特困生，自己每天的生活费都是勤工俭学才维持最低生活水平，但他们还是慷慨解囊，表现出关心集体，乐于奉献的美德。

2. 居安思危，具有责任感

一些学生刚上大学，就会考虑以后的出路在何方。如我们学校的专科学生，知道凭专科毕业证找工作是有困难的，所以入学不久，他们就开始考虑两年以后该干什么，想升本科的同学开始发奋读书，补外语；想工作的同学开始考各种资格证书，还利用一切机会出去打工，勤工俭学，为自己积累工

作经验。

3. 关注自我价值，强调个人尊严

他们比较关注自己的利益，为了自己的利益可以去争，可以去找。如在评助学金、三好生等方面，他们是寸步不让的。我常常看到有些学生为评助学金的问题，找班主任谈话。对于这些现象，有人说他们计较个人利益，应给予批评，而我认为这一点恰恰是他们注重自我价值的表现。古人云：“君子爱财，取之有道。”他们注重自我价值，注重公平，恰恰是对我们的监督，促使我们公平、公正、公开地做好工作，这又何乐而不为呢？

（二）当代大学生在思想道德素质中还存在着一些道德缺失的成分

1. 理想信念模糊，世界观、人生观、价值观有些扭曲

在一些大学生中不同程度地存在着还没有树立远大的革命理想，社会主义信念不够坚定的现象，不知道自己身上肩负着社会主义建设者和接班人的重任。同时，他们也没有树立正确的世界观、人生观和价值观，在学习和生活中个人利益考虑的较多，缺乏社会责任感和全心全意为人民服务的意识，表现为得过且过，缺少积极向上的奋斗精神。高中时的目标是上大学，一旦上了大学，便失去了努力的方向，失去了奋斗目标，无由地感到空虚“郁闷”。“郁闷”是大学生常说的话，为什么会“郁闷”呢？主要原因是没有了奋斗的目标和激情，缺少远大的理想。

2. 社会公德意识较差

大学生道德水平的高低和他们文化的分数不是成正比例的。一般来说，文化知识层次越高，社会公德意识越强，这是社会的共识。作为文化知识层次较高的大学生，应该有较强的社会公德意识，然而有些大学生却不然，他们信奉小节无害，缺乏诚信和法律意识。有的考试时违纪作弊，打小抄、打手机、找人替考等，已不是个别现象。还有的做“枪手”替别人考试等，助学贷款欠款不还，也屡见不鲜，更甚者为一点小事就大打出手。他们对日常生活中的细节重视不够，甚至美丑颠倒，把彬彬有礼看作是虚伪，把粗暴无理看作是实在，缺乏检点，不爱护公共财物，不讲卫生，随地吐痰，乱扔垃圾，损坏公共图书。清华大学生用硫酸泼熊，马加爵为一点小事杀害同学性命，西安音乐学院的药家鑫事件等都严重影响了当代大学生的形象。

3. 学习目的不明确，缺乏学习热情

在某些大学生中，表现出学习目的不够明确，不知道是为谁来学习的，没有学习的动力和热情，甚至有的是认为到学校来学习是父母逼来的。不是我要学，而是父母要我学，到学校后是老师要我学。因而，经常出现上课迟

到早退，课堂上不注意听讲、睡觉，甚至出现随便逃课现象，写作业也是随便应付差事，大量的时间用于上网，逛街等。曾有的同学说："我愿意上学，不愿意学习。"实际上他愿意上学是假的，真的原因是喜欢在学校里有这么多的同伴可以随意地玩，结果是学习成绩门门挂科，最后被学校勒令退学。

4. 互联网信息传媒影响

当前，网络正在极大地改变着高校学生的生活方式、学习方式、交往方式、娱乐方式，甚至是语言习惯，对青年学生的学习、工作、生活和思想观念都产生着深刻的影响。网络无限开放的虚拟空间及其互动性，常常成为大学生交流真实思想情感的场所。信息的超载，常使学生对信息缺乏理性的分析和思考，道德自律和自我约束往往控制不住，甚至脱离现实，沉溺网络，晚上彻夜上网，白天蒙头睡觉，整天精神恍惚，结果荒废学业。

5. 追求物质享受，害怕艰苦奋斗

由于条件的变化，过去是新三年旧三年缝缝补补又三年，宣传艰苦奋斗。近些年来我们宣传要用消费拉动生产，用明天的钱办今天的事，好像艰苦奋斗过时了，使得艰苦奋斗的精神在当代大学生中有些淡化，似乎是谁有钱谁光荣，谁受穷谁狗熊。有的大学生盲目攀比，生活不够节俭，铺张浪费，花钱大手大脚，在校吸烟酗酒，穿名牌服饰，配豪华手机，组织生日宴会派对等。

6. 不善于交往，情感问题的困扰

大学生在校除了学习，与他们最密切相关的就是人际关系。大学生的性格日趋成熟和稳定，在很多问题上都表现出自己独特的观点。因而，部分学生由于种种原因，不能融入一些实际活动中去，不能形成正确的自我评价，故在具体的交往活动中表现出团结协作能力较差，心理素质问题较为突出，出现各种交往不适症，造成社交恐惧、抑郁症等；个人情感问题一直困扰着部分大学生，他们处理不好学业与恋爱，朋友与爱情等许多问题，导致一些未婚同居，未婚先孕，为情斗殴、自杀、他杀等事件在高校时常发生。

二、产生问题的原因

（一）家庭因素的影响

家庭环境和教育，父母及亲友的基本素质，对学生的影响极为深刻，对其人格的成长和形成具有重要的影响。在美国，家庭教育是以培养孩子自食其力为出发点，父母培养孩子懂得劳动的价值，让孩子自己到外面参加一些力所能及的体力劳动，即使是富家子弟也要学会自谋生路。从某项调查来看，中国目前高校中独生子女大学生已成为大学新生的主体，独生子女大学新生与非独生子女大学新生相比，智力上有一定的优势，但在其信心和情绪的稳定性、亲和力、独立性、耐心、社会责任感等非智力因素上处于劣势，这其中家庭的因素原因占了很大一部分。有些由于家庭呵护太多，缺乏生活锻炼，遇事不知怎么处理，情绪波动大，稍不顺心便会乱发脾气，养成了喜怒无常、情绪不稳定的不良性格。有些家庭的消极影响，例如父母的离异、变迁、错误的价值观和不当的言行，使孩子形成与众不同的错误价值尺度，对人对物总有自己的一套方式或观念，结果形成了一些不良的个人行为，这些都是在相当程度上是其上大学以前较长岁月中所形成的人格的影响和延续。因此，家庭因素的影响，对青年学生的健康成长极为重要。

（二）社会因素的影响

社会因素，也就是社会环境的影响，特别是社会上的一些不良风气，对青年学生影响极大。改革开放这 30 年来，我们国家在经济体制、政治体制及意识形态方面都发生了巨大的变化，这些变化必然引起人们思想上的变化。大学生是思想最为敏感的群体，有些思潮来了，他们良莠不分，自以为正确，结果却犯了错误。同时由于当今社会上以权谋私、权钱交易等等不正之风，那些有权有钱人家的孩子，虽说学习成绩平平，但凭着父母的本事，可以轻而易举地找到好工作，而老百姓家的孩子虽然学习成绩优秀，也很难找到理想的工作，好像是学习成绩与自己的前途没有直接联系。这些不正之风严重地影响着大学生的思想，他们一方面在愤恨这种不合理的现象，一方面放松了自己的奋斗精神。

（三）学生本身因素的影响

18—20 岁的青年学生正处于青年期，这一时期是人的一生中心理变化最大、心理发展最为曲折、充满着变幻与矛盾的时期，是从幼稚走向成熟、从未定型到定型的急剧变化时期，有些心理学家称之为“心理断乳期”，许多人生和生活问题都要在这个时期养成。面对新的学习、生活、工作环境，面对各种复杂的人事关系，许多学生在认知、情绪和意志等方面都未成熟，这些学生中以往积累的“心理资源”已经不能满足应付眼前的现实，必然产生一些心理问题，这是一个人正常成长的必经阶段。而有的青年学生不能正确认识和处理这一正常的变化，产生过分的烦恼和急躁、恐惧、不稳定等心理，有一种无法适应的现象，这对于人生的思想、行为、形象的塑造必然产生不利的影响，为今后奠定人生道路设置了无法回避的“路障”。

（四）学校管理因素的影响

学校的管理模式是多样的，而且随着教育体制的不断改革和深化，对学生的管理也要不断创新。现在党中央号召我们构建和谐社会，我们学校要构建和谐校园，对学生的管理不能出了问题就处分，发现问题就处理，有些问题不是处分或处理就能解决的，对待学生，也应该有严肃的一面，有宽容的一面，也就是人性化管理，让学生感到宽松、放心、舒心、安心，而不是人人自危，惶惶不可终日。目前我校的学生有走读的，有住校的。走读的学生比较松散，而住校的学生则是半军事化的管理模式，按时起床、就餐、上课、早晚自习、休息等等。有些学生自由惯了，不习惯这样的管理，发生的违纪事件较多。对这样的管理方式，绝大多数学生是习惯的，家长也放心，学校也好管理。对极少数学生的问题，还是要采取说服、教育、批评等方式，进行人性化管理，晓之以理，动之以情，在管理上采取宽、严结合的办法，让学生养成自觉遵守校规校纪的良好行为。

三、大学生思想政治教育工作的特点及存在问题

党的十九大精神是指引我们新时代大学生不断前行的一盏明灯，因此深刻学习掌握十九大精神，并将其落实到学生的学习生活当中是青年大学生的一项重要任务。因此积极探索创新大学生思想政治教育的创新方法，充分利用高校现有的教育资源和平台，将党的十九大精神融入专题教育活动中去。当前大学生的思想政治教育工作在时代背景、社会环境和大学生自身素质等方面都呈现出与以往不同的特点。

（一）开放性

当前大学生生长在我国全方位实行改革开放的年代。他们所接触的社会，不是一元的，而是多元的；他们所接受的教育，不是一维的，而是立体的。不论是敞开的国门、信息高速公路，还是无孔不入的现代网络世界，都给富于猎奇心理的青年大学生带来巨大的诱惑与冲击。各种各样的思想、观念、文化、信息纷至沓来，五花八门，色彩缤纷。其中既有学术信息、娱乐信息、经济信息等等，堪称信息时代；又有形形色色的黄色、暴力等信息网站、垃圾场和糟粕堆。青年大学生们要从这些光怪陆离的思想、观念、文化、信息中进行比较、鉴别，自主选择和淘汰。在开放的社会环境中，学校教师在思想政治教育中的权威地位发生了动摇，作为社会主梁道的思想政治教育的固有的优势，也受到了挑战，它不再能垄断学生获取信息和接受教育的渠道，相反，它只是学生进行比较、鉴别、自主选择和淘汰的对象之一。

（二）主体性

青年期原本就是自我意识发展和自我需要扩张的时期，青年渴求独立、自主的意愿更甚于处于其他年龄段的群体。随着市场经济的发展，知识经济时代的即将来临与科学技术进步带来的生产力的巨大发展，使知识、人才成为今日社会的明星。重视人才，重视人才的价值，进一步唤醒了青年的主体意识。当代青年大学生追求自我价值的实现，自我的成功："人不应该做他人的影子，而应该做回真正的自己"。这种自我价值的追求体现了个体成长发展的内在需求，是人的独立性、自主性的外在表现，是人的自立、自强、自尊的道德价值的体现，是有着进步意义的。在这种对个性发展、个体权利以极大的空间与合理关注的社会环境下，青年大学生在观察问题、思考问题时往往采取批判和标新立异的态度。在这种自我意识极强的氛围下，如何对青年大学生进行社会主导价值观教育，并使之被青年大学生心悦诚服地接受，是当前高校思想政治教育所面临的又一新特点。

（三）差异性

高校的大学生来自四面八方，学生由五湖四海聚集到一起。由于各地经济发展水平的不同，造成了学生的差异性。如何针对不同特点、各具差异的学生进行思想政治教育，使之达到理想的教育效果，是高校思想政治工作面临的又一新问题。尽管青年大学生思想政治教育出现了开放性、自主性、差异性的特点，但青年作为人自幼年步人成熟阶段的一个阶梯，仍具有极强的可塑性。一方面，我国经济体制改革方兴未艾，我国经济发展速度举世瞩目，我国政治体制改革步步深入，我国科学文化日益繁荣，我国人民生活水平日益提高，凡此种种奠定了我国青年价值观朝向健康轨道发展的大趋势。另一方面，裹挟在历史进步大趋势中的青年所特有的先锋性、进取性，也决定了青年价值观的健康走向。只有高校思想政治教育工作坚持正确导向，增强教育的现实性、针对性、科学性，青年大学生的思想政治教育工作一定会收到良好的效果。

四、大学生思想政治教育工作的对策

根据当前大学生思想政治教育工作面临的新特点、新问题，高校学生思想政治教育应该把思想政治教育融入第二课堂各项活动中，强化三观教育；加强校园文化建设，全面提高学生素质；加强大学生社会实践环节，增强学生社会责任感；加强学工队伍建设，提高思想政治教育效果等方面着手加强和改进高校思想政治工作。

（一）发挥主渠道作用

学校思想政治教育的核心是进行爱国主义、集体主义和社会主义价值核心价值观教育，引导学生树立正确的世界观、人生观、价值观。针对学生思想政治教育的新特点、新倾向，应该充分发挥第二课堂，把思想政治教育工作融入第二课堂里，从文化价值、利益原则、理想信念三个方面对学生进行社会价值导向，强化世界观、人生观、价值观教育。理想和信念是人生的精神支柱，是群体团结的基础和纽带。以马克思主义理论为引领，组织青年学生深入学习马克思列宁主义、毛泽东思想，深入学习邓小平理论、“三个代表”重要思想、科学发展观，习近平新时代中国特色社会主义思想、深入学习党的十九大报告精神，不断领悟，不断参透，做到学有所得、思有所悟，注重把握好广大学生的世界观、人生观、价值观问题。理想信念是青年学生思想行动的“总开关”。习近平总书记反复强调，理想指引人生方向，信念决定事业成败，广大青年一定要坚定理想信念，没有理想信念，就会导致精神上缺“钙”。

（二）加强校园文化建设

校园文化是以师生为主体，以校内文化活动为主要内容，以校园精神为主要特征的一种群体文化。广义的校园文化涵盖十分广泛。它既包括物化的校园环境，诸如校园建筑的文化底蕴校园纪念性标志物的历史昭示，校园景观的审美意味等等；又包括精神的文化氛围，诸如普遍认同的价值观念、道德风范；还包括学校的制度建设，诸如大学生行为规范，校园文明规则等等。校园文化既可以是有形的，以各种各样的建筑、景观、文化活动、行为规范等形式表现出来；又可以是无形的，体现在一个学校的学风、教风、校风之中。校园文化是高校中长期形成的，贯穿于学校生活的方方面面，具有各自特色的物质文化、精神文化和制度文化的综合体。

1. 建设优良校风

加强校园文化建设，首先要树立勤奋、严谨、求实、创新的良好校风。校风，指一所学校的风气，是学校师生员工在共同目标指引下，经过长期共同努力而逐渐形成的一种特有的风尚，由价值观念，思维方式和行为作风等要素构成。一个学校的校风，体现了这个学校师生员工的理想、情操、文化素养和德、智、体、美诸方面的综合素质，是衡量该校教育质量和精神面貌的重要标志。优良校风一旦形成，就具有巨大的同化功能、导向功能和激励功能，对青年大学生的思想观念，价值取向产生潜移默化的影响，在无形中支配和控制大学生价值判断、行为取向，使其朝着共同的方向和目标努力。

因此高等学校应该把加强校风建设作为思想政治工作的重要内容，作为校园文化建设的核心。

优良校风的基本内容是勤奋、严谨、求实、创新。勤奋、严谨、求实、创新是创新人才所应具备的基本素质，高校应该塑造勤奋、严谨求实、创新的风气，为人才脱颖而出创造条件。

培育优良校风进行正确价值观导向，在校园里形成健康的价值氛围，使学生的认识、评价、行为选择具有较高的自觉性。培育优良校风，要有宽松的民主的氛围，使学生能形成开放性思维模式，敢于创新，勇于求实。培育优良校风，还要有严格要求，严明纪律，使学生养成良好的行为习惯。培育优良校风是一个长期的任务，是一项系统工程，需要全校师生员工同心协力、共同努力、代代相传。

2. 积极开展社会主义精神文明创建活动

积极开展社会主义精神文明创建活动，引导青年大学生积极参与社会实践活动，是高校思想政治教育的重要途径。社会主义精神文明创建活动，要坚持以马克思主义深入学习马克思列宁主义、毛泽东思想，深入学习邓小平理论、“三个代表”重要思想、科学发展观，习近平新时代中国特色社会主义思想为引领，社会主义精神文明创建活动要广泛吸收青年大学生参与。

社会主义精神文明创建活动，要有丰富多彩的内容。社会主义精神文明涵盖面极广，要深入开展大学生社会实践活动，让学生深入社会的角角落落，得到充分的锻炼。

社会主义精神文明创建活动，要采取灵活多样的形式，诸如努力建设优美文明的校园环境，开展丰富多彩的业余科技文化体育活动，创建文明班级、文明教室、文明宿舍，做文明大学生等等。

（三）加强教职工队伍建设

高校思想政治工作的主要载体是学工干部队伍。要加强学工队伍自身建设，提高他们的政治素质、思想素质和人格魅力，成为受学生欢迎的良师益友。

高校思想政治工作的另一主体是教职员工。思想政治工作的真正威力在于它的渗透性。要寓教于乐、寓教于智、寓教于管，思想政治教育才能收到事半功倍的效果。能担当此重任的正是广大的教职员工。深入开展教书育人、管理育人、服务育人的“三育人”活动，正是调动教职员工参与思想政治工作的好途径。不能片面认为思想政治工作只是学工干部的事，而要把三育人作为全体教职员工的根本任务。

深入开展三育人活动，首先要充分发挥教师的“三育人”主力军作用。

要加强师德师风教育，调动教师教书育人的积极性，鼓励教师不仅要关心学生的学习，而且要关心学生的思想，不仅要育智，而且要育人，教育学生学会生存，学会学习，学会做人。

开展三育人活动，要全员参与、各司其职、各尽其责。学校的管理、服务方方面面都要承担起育人的职责。要提高管理人员和员工的素质，以高尚的情操、良好的职业道德和敬业精神感染和教育学生。要造成一种育人的氛围，使“三育人”活动深入人心。

（四）注重日常思想政治工作

高校思想政治工作既要有总体规划和宏观管理，又要做好日常思想政治工作。青年大学生的差异性，决定了个案教育的重要性。通过学工部门、辅导员、任课教师抓好学生日常思想政治工作，培养青年大学生的高尚品德和健康人格，是高校思想政治工作永恒的主题。

加强日常思想政治工作，培育高尚品德和健康人格，首先要引导青年大学生树立正确的自我意识。以点带面加强学生思想政治教育工作全覆盖。

1. 通过建立党员工作站，发挥党员的“四个作用”

充分发挥党员的“四个作用”为充分发挥学生党员凝聚带头、示范激励、渗透教育、桥梁纽带的“四个作用”，带动大学生思想素质的提升，切实起到“开展一项活动、带动一片教育”的活动成效，达到了“传帮带”的真正目的。

2. “以点带面”开展有特色的志愿者服务

不断拓宽志愿者服务渠道，通过让学生走出校园走进社会、将思想政治教育的内容寓于活动之中，使青年学生在活动的参与过程中受到教育，提高觉悟，学生们通过参与志愿服务充分发挥了学生在志愿活动中的主体性作用，给学生们提供了想要锻炼自我和服务社会的内心需求，志愿者根据自身志趣和特长选择服务内容，极大地调动了学生参与的热情和积极性。

3. 关注学生心理状况，提升学生心理素质

加强日常思想政治工作，培育高尚品德和健康人格，还要加强青年大学生心理素质教育。日常思想政治工作必须坚持解决思想问题同解决实际问题相结合。要倾听学生心声，了解学生情绪，关心学生生活，多做得人心、吸人心、稳人心的工作，把好事办实，增强教育实效。心理健康是保证学习良好进行的首要保证，通过把握毕业季和新生入学季两大时期，积极开展媒体宣传、排查干预、知识讲座等心理健康知识教育工作，强化心理健康知识；开放心理谈心室，安排专人值班，畅通宿舍—班级—学院、学生干部—辅导员—学院领导信息反馈渠道，帮助学生进行心理健康咨询，强化敏感时期学

生思想状况调查和特殊人群思想动态掌握，实行院领导带班辅导员值班制度，及时了解和解决了学生群体中存在的实际困难。

学校的学生思想政治教育工作是一个系统工程。它不仅需要构造校内的系统，而且需要社会大环境的支持。加强经济法制建设，加强政府宏观调控，严格规范市场行为，及时排解普遍性社会问题，严惩腐败之风，抵制邪恶风气，在全社会形成正确的舆论导向，是青年大学生健康成长的必要条件，全面加强新时期大学生思想政治教育工作。

第九章 高校大学生信念教育的探索

第一节 大学生理想信念教育的重要性

理想信念是人的心灵世界的核心。有无理想信念，有何种理想信念，决定了人生是高尚充实，还是庸俗空虚。追求远大理想，坚定崇高信念，是大学生健康成长、成就事业、开创未来的精神支柱和前进动力。

一、大学生理想信念教育的内涵与作用

（一）大学生理想信念教育的内涵

“理想信念”是一个中国式的概念，具有突出的中国特色。“理想信念”一词既不等同于“理想”或者“信念”，也不是两个概念的简单叠加，它是人们在社会政治这个最高层面上的坚持和追求，它统领着人在生活、职业、道德等层面上的理想和信念。这里的理想信念，是“把一种未来的社会蓝图视为最高价值，高度地信服和敬仰，并以之统摄自己的精神生活，作为自己的精神寄托，矢志不渝、自觉追求的精神状态，它是对于一定社会理想的自觉认同和执着追求，是世界观、人生观和价值观的核心和集中体现。”

在我国思想政治教育语境下，理想信念具有一元性。我们应当明确，在思想政治教育领域的研究中，理想信念就是专指社会主义理想信念。

（二）大学生理想信念教育的作用

马克思主义认为，理想和信念作为人们的世界观、价值观在奋斗目标上的集中体现，是一种能动地作用于人类社会历史进程的重要力量。没有科学理想信念的人生，就像失去了方向和动力的小船，只能在生活的波浪中随处漂泊，甚至会沉没于激流当中，骤然消逝。

1. 理想信念提供人生前进的动力

理想信念是激励人们向着既定目标奋斗前进的动力，是人生力量的源泉。

一个人有了坚定正确的理想信念，就会以惊人的毅力和不懈的努力，成就事业，创造奇迹。古今中外无数英雄豪杰之所以能在充满困难的条件下最终成就伟业，一个重要的原因就在于他们胸怀崇高的理想，因而具有锲而不舍、披荆斩棘的动力。马克思主义的创始人之一马克思之所以能呕心沥血 40 年，阅读 1500 种书籍，写出传世巨著《资本论》，其共产主义的理想信念所发挥的作用是巨大的。

2. 理想信念提高人生的精神境界

物质生活和精神生活有机统一于人的一生中。理想信念作为人的精神生活的核心内容，一方面能使人的精神生活的各个方面统一起来，使人的内心世界成为一个健康有序的系统，保持心灵的充实和安宁，避免内心世界的空虚和迷茫；另一方面，又能够指引人们不断地追求更高的人生目标，提升精神境界，塑造高尚的人格。一个人的理想信念越崇高、越坚定，其精神境界和人格就会越高尚。

3. 理想信念指引人生的奋斗目标

人生是一个在奋斗中实践的过程。要使自己的生命富有意义，就必须确立积极的奋斗目标，沿着正确的人生道路前进。理想信念对人生起着导向的作用，是人的思想和行为的导向器。理想信念一旦确立，就会给人提供明确的前进目标，使人看到未来的希望和曙光，进而不会迷失人生的方向。

二、大学生理想信念的现实意义

加强大学生理想信念教育，对于继承和发扬党的优良传统和政治优势，加强和改进大学生思想政治教育，引导和促进大学生健康成长与全面发展具有十分重要的意义。

（一）加强理想信念教育是培养大学生健康人格的需要

理想信念在大学生健康成长与全面发展中起着重要的作用。作为天之骄子的大学生处在人生的一个特殊时期。他们体力和智力发育都到了高峰期，对社会强烈的参与欲和好奇心使得他们总是希望参与到社会中去。但年龄阶段决定了他们对人生的体验和思考还并不深刻，还处在生理心理迅速变化的人生阶段。面对所有这些变动和多样性的社会影响，大学生们能否在人生大是大非问题上站得稳、立得住，始终有着坚定的立场、执着的追求，把握成长成才的正确方向，是非常重要也是相当困难的事情。除此之外，在应试教育的大背景下，相当一部分大学生对马克思主义理论学习的积极性不高，对树立远大理想信念的兴趣也不高，其直接后果就是不能牢固地树立正确的理想信念，当然也不会培养出健康的人格。而理想信念在大学生的成长和成才中应居于核心地位，起着主导和统领的作用，也是他们在社会实践活动中能否把握正确方向的根本指针。从大学生自身特点看，加强大学生理想信念教育对于他们形成健康的人格，成为合格的人才将打下坚实的思想基础，具有非常重要的意义。

（二）加强理想信念教育是实现大学生历史责任的重要保证

大学生是一个比较特殊的社会群体，他们不仅拥有比较系统的现代科学知识，而且在学校期间已经掌握了比较系统的某一领域或某一方面的现代专门科学知识，这就预示着他们将会在未来经济发展中发挥重要的作用。但同时，我们应该明白的是，大学生只有具备了为中华民族振兴而努力奋斗的坚定理想信念，才能抵制各种诱惑，把自己所学的科学知识用在祖国需要的地方，才能充分发挥自身的才干，使自身的价值在为祖国的贡献之中得到实现。单一的缺少了理想信念的指导，大学生在社会中的作用发挥将大打折扣，甚至起相反方向的作用。因此，能否引导大学生树立为祖国效力、奉献社会的历史责任感，理想信念教育尤为重要，它是培养社会主义事业合格建设者和可靠接班人的思想保证。因此，上述情况决定了当前我国对大学生进行理想信念教育的极端重要性。

（三）加强大学生理想信念教育是发挥党的政治优势的必然要求

中国共产党历来高度重视大学生理想信念教育，十分关心大学生的健康成长。邓小平同志指出："现在我们搞经济改革，仍然要坚持社会主义道路，坚持共产主义的远大理想，年轻一代尤其要懂得这一点。"实践证明，一个政党要有战斗力，一个民族要自立，离不开各自成员的团结精神和凝聚力。因此，加强大学生理想信念教育，引导他们心怀社会主义、共产主义理想信念，脚踏实地去完成各项历史任务，为开创中国特色社会主义事业新局面而奋斗，就是为了更好地继承和发扬党的优良传统和政治优势。

（四）加强理想信念教育是增强大学生应对复杂的社会环境能力的精神保障

当代大学生所处的社会环境复杂多变。一方面，世界在多极化与一体化的交织中不断发展，这必然会形成全球范围内的意识形态的冲突，从而也必然对我国的大学生产生冲击。另一方面，当今中国处于"后改革开放时期"，这一阶段机遇与挑战并存，中国社会包含了转型时期社会所具有的所有特征。这样一来，社会转型给社会生活带来了深刻变化，使我们能够借鉴当今世界各国包括资本主义发达国家的一切反映现代社会化生产规律的先进经营方式、管理方法，从而能够促进我国社会主义生产力水平的提高和社会经济的迅速发展。但同时一些资本主义的腐朽、消极的东西也随之而来。这些西方腐朽东西的传人无疑会使我们的社会环境变得更加复杂多样，呈现出多种思想观念并存的局面。

因此，如果一旦放松对大学生的思想政治教育，各种非马克思主义、甚至反马克思主义的东西就必然会乘虚而入，从而影响我国高等学校对“四有”人才的培养，也不利于我国现代化建设的顺利开展。而大学生理想信念教育的加强，无疑会增强大学生应对社会变革时期复杂的社会环境的能力，促进他们健康成长。

三、当代大学生理想信念教育的问题及分析

（一）当代大学生理想信念教育的现状

大学生理想信念的状况是研究开展当代大学生理想信念教育的依据，对大学生理想信念状况的了解与把握有助于科学地实施大学生理想信念教育。

1. 当代大学生理想信念的主流特征

不断发展变化的社会形势和不断涌入的新兴思潮，使当代大学生形成了特点显著的心理和行为特征，这些特征在主流上是积极健康、向上的，具体表现为以下四方面。

（1）道德行为水平不断提高

现代科技文明在给当代大学校园带来学习革命的同时也促使当代大学生良好的道德行为不断养成。目前大学生的道德水平普遍较高，各种良好的道德行为正在养成，并经由大学生们身体力行而在社会中得以广泛传播。

（2）民主意识不断增强

随着我国民主政治的不断发展，当代大学生的民主意识也越来越强烈。在学校生活中，他们不满足于被教育者的角色，要求更多地参与到班级和学校的组织与管理中去；在社会政治生活中，他们对民主选举、民主管理、民主作风也表现出极大的兴趣和关注，具有强烈的改革和参与意识。

（3）主人翁意识不断增强

由于社会的转型思想的解放、改革大潮的冲击和高校改革的深入开展，九十年代出生的这一代大学生们的主体意识也不断觉醒。他们有自主、自理、自强的愿望，希望以独立的人格得到社会的认同和理解。同时他们的主人翁意识也在不断增强，对祖国的前途命运十分关心，认识到个人的命运与国家

的发展是紧密相连的，在国家有困难的时候，他们最先表现出忧国忧民的深刻思想认识。

（4）务实理性价值观念逐渐普及

计划经济向市场经济转型过程中引起大学生价值观的变化，大学生比以往更期望有一种多样性和包容性的环境。市场经济的发展培养了他们注重现实的品格，在整个社会务实风气和校园环境的影响下，大学生中夸夸其谈、好高骛远的少了，注重实干、积极进取、追求实效的多了。一些社会活动的理想、激情已被理智、客观的社会行为所取代。

2. 当代大学生理想信念教育存在的问题

当代大学生理想信念教育虽然取得了一定的成效，为引导和帮助大学生确立理想信念做出了重要的贡献，大学生的理想信念主流是积极向上的，但是，理想信念教育在一些方面还存在不足之处，应该引起高校的重视。

（1）当代大学生理想信念教育实效性不强

当代大学生理想信念教育长期与社会发展相脱节，与现实生活相脱节，缺少了针对性和实效性，具体表现在：首先，教育目标定位不准，缺乏层次性。我国大学生理想信念教育长期以来目标定位不准确，缺乏层次性，形成了两个极端。一方面，高校过分强调对共产主义崇高理想的追求和灌输，忽视了个体认知水平和学习能力，违背了认识规律。把对先进分子的教育目标扩大到全体学生的范围，增加了学生的负担，导致教育效果不理想。另一方面，高校在注重实际的情况下又过分强调个人的生活理想、职业理想，反而减少了社会主义理想信念的教育，没有形成理想信念的整体合力，导致缺乏方向性。其次，教育内容僵化滞后，缺乏针对性。高校理想信念教育的内容长期滞后于社会发展状况，因此，大学生接触和学习的内容与他们所处的现实社会相去甚远，无法与大学生的实际生活相联系，从课堂上学习的知识无法解决实际生活问题，他们对此产生疑惑，从而失去了学习的热情和兴趣。社会发展对大学生理想信念提出了新的要求和新的标准，所以，理想信念教育的内容必须结合实际、不断更新，提高针对性。最后，教育方法单一落后，缺乏实效性。当前，科学技术突飞猛进地发展，新媒体为创新理想信念教育方法提供了技术支持。新媒体集文本、图片、影音于一体，寓教于娱乐，最大限度地增强了教育的立体感，突破了传统课堂注重理论灌输，大讲特讲道理的教育模式，使学生身临其境地理解和吸收文化知识，在愉快的氛围中自觉地接受教育。

（2）当代大学生理想信念教育工作者素质有待提高

高校教师担当着教书育人的重任，是传播马克思主义理论和中国特色社会主义理论的基础力量，在教育教学中占据主导地位。因此，思想政治教育工作者的理想信念直接影响着受教育者对课程的理解和接受程度，关系到他们理想信念的最终确立。高校思想政治教育工作者的素质普遍良好，具有较高的科学文化素养、坚定的政治素养和高尚的道德品质，树立了主流价值观念和理想信念，责任意识强，拥有崇高的职业道德。然而，仍然有个别教育者放任自己，不思进取，不能根据时代的变化转变自己的观点，教育手段和技术单一落后，无法满足大学生求新求变的学习需求。同时，教育队伍老龄化，年轻教师相对较少，相比年轻教师，老教师虽然经验丰富，但是接受新事物的能力不强，教育观念在一定程度上落后，无法充分调动学生的积极主动性，使理想信念教育缺乏实效。

（3）当代大学生理想信念教育的合力尚未形成

大学生在确立理想信念的过程中，必须将社会理想内化为个人理想，这就要借助社会、学校和家庭的力量来共同完成，大学生理想信念教育不能脱离社会和家庭而单凭学校来完成。社会形成良好的风气、家庭环境和谐健康，有助于大学生理想信念的形成，是大学生理想信念形成的重要保证。因此，当代大学生理想信念教育尚有不尽如人意之处在一定程度上也与社会、学校和家庭不能协调合作、发挥合力有关。全社会必须形成大学生理想信念教育的合力，重视社会环境学校环境和家庭环境对理想信念教育的影响。要想形成当代大学生理想信念教育的合力，就要营造有利于理想信念确立的和谐氛围。应大力加强和推进社会主义民主政治、社会主义法制社会、社会主义生态文明，推进党风廉政建设，使学生沐浴在全社会公正、和谐、稳定的氛围中。同时，营造良好、和谐的家庭环境。家庭成员应该相互关心，互帮互助，为了整个家庭的安定和谐而努力奋斗。家庭成员必须起到榜样示范作用，以自身正确的思想观点、政治观念、道德品质对学生施加影响，使理想信念教育获得可以良性发展的条件。

总而言之，当代大学生理想信念教育必须合社会、学校、家庭三方之力，才能提高理想信念教育的实效。

（二）大学生理想信念教育存在问题的原因分析

1. 市场经济的负面影响

社会主义市场经济特有的工作方式、运行机制，给青年一代的生活和工作带来了翻天覆地的变化，影响着他们的思想和行为。一方面，社会主义市场经济对大学生产生了积极的影响，其竞争性和自主性增强了他们独立思考和解决问题的能力。社会主义市场经济的公平竞争原则引导他们树立积极拼搏的竞争意识，通过自我学习、自我完善增强自身的竞争力，使自己在复杂多变的社会环境中始终立于不败之地。另一方面，市场经济的争权逐利性也给大学生理想信念的形成带来了负面的影响。一些大学生个人主义、拜金主义思想加剧膨胀，把追求金钱、名利、权势作为自我实现的终极目标，造成他们漠视理想信念、伦理道德，甚至走上违法犯罪的道路。一些大学生自私自利，为人冷漠，对事关整个国家和全体人民利益的事情漠不关心，忽视了国家、集体和个人的关系，把个人的利益凌驾于祖国和人民之上。还有一些大学生对竞争产生了歧义，为达到增强自己竞争实力的目的可以罔顾法律和道德的束缚，恶意竞争、不良竞争相继出现，严重扰乱了社会主义市场经济和社会秩序。

2. 西方价值观的冲击

西方资产阶级的腐朽思想随着经济全球化的浪潮席卷而来。资本主义国家采取围堵政策，大肆宣传他们所谓的民主、优越的经济制度、政治制度、文化制度，不断向我国大学生输出他们的思想文化、生活方式。西方敌对势力还试图通过“和平演变”的方式加紧其政治、经济和文化的渗透，不断抨击我国的社会主义制度和路线、方针、政策，利用“黑客”攻击我国的互联网络，传播不实言论，严重影响了社会的稳定、和谐及人民的安定团结。大学生正处在世界观、人生观、价值观最终确立的关键时期，主流价值观念尚未形成，但他们生性喜欢追求新鲜事物，思想灵活多变，求知欲旺盛，极易受到不良思想的侵蚀。因此，部分大学生受到资产阶级拜金主义、享乐主义及个人主义的影响，追名逐利、唯利是图，把法律和道德抛之脑后；部分大学生形成了错误的消费观念，贪图新潮、追逐时尚、标新立异，为了贪图享乐而铺张浪费、大肆挥霍。

3. 高校理想信念教育的不足

大学生理想信念教育历来受到党和国家的重视，高校对大学生理想信念的教育和培养成效显著，总体来说，大学生理想信念教育效果良好、成绩喜人。但我们也应该看到，高校理想信念教育还存在一些问题。一是理想信念教育的内容陈旧，缺少时代特征，不能与当今时代和现实社会相结合，理论脱离实际，教育内容更新速度慢。二是理想信念教育的方法单一，形式大于实效，没有突出学生的主体地位，无法调动学生的参与性和积极性，教育方法创新能力差。三是理想信念教育工作者的素质参差不齐、认识欠缺，必须加强和提高教育者的文化素质、思想素质道德素质，增强他们的科研能力和创新能力，保障理想信念教育的有序进行。

4. 大学生自我教育的缺失

大学生理想信念产生问题也有他们自身的原因。当代大学生受到多元文化和社会转型的影响，其理想信念就会产生偏差，出现政治立场动摇、政治信仰缺失、价值观念偏颇等问题。这些问题需要集社会、学校和家庭的力量来解决，也需要大学生自己的努力。大学生应该加强自我学习、自我教育，自觉学习和掌握马克思主义相关的理论知识，并将这些科学理论付诸实践，在实践中进一步提高认识完善自我，坚决抵制不良思想文化的腐蚀和侵害，逐步树立正确的理想信念，成为合格的建设者和接班人。

第二节 “中国梦”与大学生理想信念教育

习近平总书记提出的“中国梦”，以其宏阔和深远的意义衔接了历史与未来、理论与实践、理想与行动，必然成为当代大学生的人生指南，也为我们今天的大学生理想信念教育工作提供了明确的指导和生动的内容。

一、“中国梦”的由来

“振兴中华”这句话，最早是孙中山先生提出来的。他在 1894 年兴中会成立章程中写道：“是会之设，专为振兴中华。”我们党成立以后，承担起领导人民振兴中华的神圣使命。毛泽东邓小平、江泽民、胡锦涛同志都对民族复兴做了大量论述。改革开放初期，“团结起来，振兴中华”这个口号，是最响亮的一句话。周恩来同志的“为中华崛起而读书”，为人们所熟知，一直是青年学子奋发向上的励志警句。

2012 年 11 月 29 日，新一届中央领导集体走进国家博物馆，参观《复兴之路》展览。这是在十八届一中全会上和中外记者见面之后，新班子的又一次集体亮相。再次亮相，重温历史；回首百年，感慨良多。参观过程中，中共中央总书记中央军委主席习近平发表了重要讲话，阐述了引发广泛共鸣的“中国梦”话题。原文如下：

“每个人都有理想和追求，都有自己的梦想。现在，大家都在讨论中国梦，我以为，实现中华民族伟大复兴，就是中华民族近代以来最伟大的梦想。这个梦想，凝聚了几代中国人的夙愿，体现了中华民族和中国人民的整体利益，是每一个中华儿女的共同期盼。”

历史告诉我们，每个人的前途命运都与国家和民族的前途命运紧密相连，国家好，民族好，大家才会好。实现中华民族伟大复兴是一项光荣而艰巨的事业，需要一代又一代中国人共同为之努力。

“我坚信，到中国共产党成立100年时，全面建成小康社会的目标一定能实现；到新中国成立100年时，建成富强民主文明和谐的社会主义现代化国家的目标一定能实现，中华民族伟大复兴的梦想一定能实现。”

二、“中国梦”的内涵及意义

（一）“中国梦”的内涵

习近平同志指出：“中国梦，核心内涵是中华民族伟大复兴”；“基本内涵是实现国家富强、民族振兴、人民幸福”；“在新的历史时期，中国梦的本质是国家富强、民族振兴、人民幸福”。他强调：“中国梦归根到底是人民的梦”；“中国共产党在中国执政，就是要带领人民把国家建设得更好，让人民生活得更好”；“人民对美好生活的向往，就是我们的奋斗目标”。习近平总书记的阐述深刻揭示了“中国梦”的丰富内涵、内在逻辑和价值追求。具体来说，“中国梦”的科学内涵包含以下两方面。

1.“中国梦”是中华民族伟大复兴与社会主义现代化的统一

新中国社会主义制度的确立，不仅为民族复兴的“中国梦”开辟了一条崭新的道路，而且赋予“中国梦”崭新的内涵，即中华民族的伟大复兴与社会主义现代化统一，这两个奋斗目标结合在一起，中华民族伟大复兴与社会主义现代化汇合成为同一个梦想。

2.“中国梦”是民族梦与个人梦的统一

民族梦的实现，最终必须要落实到个体幸福美好的生活之中，否则，谈不上民族梦的真正实现。民族梦与个人梦不是彼此孤立的，而是一个相互联系、有机统一的梦想，统一于中国特色社会主义伟大实践之中。

（二）“中国梦”的意义

“中国梦”，每一个人都可能有不同的理解，但无论对于国家还是个人，它都有着深远的意义。

1.“中国梦”是新形势下的话语创新，有着符合时代精神的双重内涵

首先，它切合了时代主题，把准了时代发展脉搏，有着全球视野和世界话语意义。与美国梦、德国梦和欧洲梦等一样，“中国梦”是中国人民对国家富强、人民幸福生活的追求与向往，它理应得到有着同样追求与梦想的世界各国人民的理解与支持。另外，以“和为贵”和“亲仁善邻”为传统的“中国梦”不是一种简单的民族主义梦想，和平的实现方式使它既造福于自己，也造福于人类。

2.“中国梦”具有强烈的中国现实意义

今日之“中国梦”是在物质条件比较富裕的情况下提出的，距离实现如此接近。它既跟国家、民族发展前途攸关，又跟个人生活与工作息息相关。况且，无论对个人还是社会来说，“中国梦”的实现都是物质与精神生活的双赢。所以，“中国梦”深得民心。

3.“中国梦”可以凝聚共识

随着改革开放不断深入，以公有制为主体、多种所有制经济共同发展的经济制度渐渐形成，利益多样带来的价值多元的局面也慢慢形成。在文化软实力作用日益凸显的情况下，如何凝聚共识、引领发展就成为摆在当前党和政府面前的迫切课题。“中国梦”在凝聚共识中的作用概括为两点：其一，它把人们的视野引向了能被众多国人接受的共同目标一中华民族的伟大复兴，这样就可以统一思想，引领行动；其二，它用理想形式使人们把目光从现实投向未来，这就可能使人们在发展中看到更多希望，取得更大共识，有利于人们从国家利益与个人利益眼前利益与长远利益的统一中重新定位自己的生活与目标。

4.“中国梦”可以增强力量

“中国梦”虽然是自上而下提出的，但它反映的是党、国家与人民的共同心愿，深得人民的喜爱与追捧。因此，它已经被人们广为接受并自觉化为行动指南，进而汇成一股强大的物质洪流，有力推动我国朝着富强、民主、文明、和谐的社会主义现代化强国迈进。

三、“中国梦”与大学生理想信念教育的关联性

大学生对于一个民族和国家来说是最关键的一代，是建设社会主义的接班人，是中华民族实现伟大复兴的践行者和实践者，加强大学生理想信念教育，具有重大的现实意义。高校是对大学生进行理想信念教育的重要基地，因此对于高校教育来说，要紧跟时代的步伐，紧扣时代的脉搏，开展和运用结合“中国梦”思想的理想信念教育，让大学生树立正确的、健康的、和谐的、科学的、崇高的理想信念尤为重要。而充分地认识“中国梦”与大学生理想信念教育之间的关联性是我们开展大学生理想信念教育的前提和基础。

（一）内涵上的关联性

1.“中国梦”是一种崇高的理想信念

“中国梦”是中华民族伟大复兴的共同理想，是科学的理想和坚定的信念的有机统一。在复杂的形势面前，大学生在思想上面临着诸多的矛盾和困惑，

亟须用科学的理想信念教育引导其建立正确的思想体系。“中国梦”的实质蕴含了中国特色社会主义的共同理想，它的具体实现形式就是建设有中国特色社会主义事业，贯穿其中的政治信念就是中国特色社会主义的政治信念。对于当代青年大学生而言，它是精神能量，即坚定马克思主义的信仰、坚定社会主义的信念增强对改革开放和现代化建设的信心、增强对党和国家的信任。“中国梦”的提出感召了大学生对自身建设社会主义的历史使命以及社会责任，极大地增强了大学生对外来思潮的“抵抗力”，引领了当代青年大学生的政治信仰，激发了中华儿女实现祖国伟大复兴的历史使命感和责任感。

2.“中国梦”是社会理想和个人理想的有机统一

正如习近平总书记所说：“中国梦是国家的梦、民族的梦，也是包括广大青年在内的每个中国人的梦。”得其大者可以兼其小。只有把人生理想融入国家和民族的事业中，才能最终成就一番事业。”“中国梦”是全体中国人共同的梦想，这就决定了它具有很强的激励功能，“中国梦”的实现依赖于每一个中国人用自己的勇气和智慧创造的实现自己个体价值的拼搏精神。“中国梦”作为国家、民族及人民的共同愿望的精神力量在于，通过引导大学生树立正确的理想信念，使远大的理想信念为大学生提供精神动力和内在驱动力，激励大学生相信在社会发展的过程中每个人都有发挥才能的机会，只要通过自己的努力，都有可能实现自己的梦想，从而改变自己的命运获得成功，使自己的人生更有价值。与此同时，“中国梦”催生了当代青年大学生的新思想观念，激发思想活力，推动将思想转化为外在行为的主动性、创造性，增强当代青年大学生的主人翁意识。

（二）目标上的关联性

1.最终目的是实现共产主义

对大学生进行政治信念教育的目的在于使其坚定共产主义的崇高理想信念，树立马克思主义的世界观、人生观、价值观。“中国梦”是在中国特色社会主义的宏伟事业实践中总结经验得出的，它系统地更新和创新了中国特色社会主义理论，从而推进了科学社会主义的理论发展。它彰显了中国特色社会主义的四个“自信”，即道路自信、理论自信、制度自信和文化自信。这四个“自信”明确了实现“中国梦”的正确征程，指引了实现“中国梦”的前进方向，推动了实现“中国梦”的根本保障，确保了实现“中国梦”的根基所在，凝聚了实现“中国梦”的动力源泉。一方面，“中国梦”运用马克思主义科学的世界观、人生观、价值观凝聚统一青年大学生的正能量，用共同理想来武装大学生的政治信仰，用中国道路引领大学生前进方向，用中国精神激励大学生成长成才，用中国力量鞭策大学生不断进取创新。另一方面，“中国梦”运用马克思主义的基本立场、观点、方法抵制和批判非主流政治文化和反主流意识形态对大学生思想领域的渗透，化解和消除青年大学生在政治信仰中所存在的各种问题，通过旗帜鲜明地去辨别真伪、区分善恶、甄选美丑，深刻领会中国特色社会主义理论在追求真理、实现价值、发展个人等方面的丰富内涵。青年大学生要不断增强我国改革开放和社会主义现代化建设的信心、增强对党和国家的信任，始终保持清醒的思维头脑，坚定共产主义一定能实现的理想信念。

2. 为实现共产主义做准备

理想信念可以划分为长期的和短期的理想信念，短期的理想信念是为实现长期的理想信念做准备。短期的理想信念便于人们立足于现实情况去更好的接受和理解长期的理想信念。“中国梦”是一个短期的理想信念，党的十八大指出，到2020年实现全面的小康社会，到2050年实现民主、富强、和谐的社会主义现代化国家，这是为最终实现共产主义这一长期目标做准备。长期目标并不是一蹴而就的，是需要我们脚踏实地的一步步地完成一个个阶段性的目标才能最终实现。

共产主义理想信念这一长期理想信念在中国共产党领导的革命和建设的历史过程中具体表现为最低纲领和最高纲领的统一：在革命时期也就是自中国共产党成立以来到社会主义“三大改造”完成这一时期，党的短期理想信念是为了夺取革命的胜利，建立社会主义制度。社会主义制度在中国的初步建立到改革开放前的建设时期，党的短期理想信念是建立和巩固社会主义制度。改革开放至今时期，党的短期理想信念是建设和完善社会主义。这一步步的短期目标都是为实现共产主义这一大的理想信念做准备。时至今日，习近平总书记提出的“中国梦”是对这一发展历程的总的概括，进一步明确了我们下一步的发展目标和未来的发展方向，这始终是体现了每个阶段的最低纲领和最高纲领的辩证统一。一方面，最低纲领为实现最高纲领做准备；另一方面最高纲领对最低纲领起到统领的作用，为最低纲领指明了前进方向。因此，实现“中国梦”这一阶段性目标仍然是为实现共产主义这一最终目标做准备。

（三）实现途径的关联性

1. 教育途径的一致性

对大学生进行理想信念教育和“中国梦”思想教育的教育途径都是主要以科学的马克思主义理论对大学生的头脑进行武装。开展对党的革命历史教育基本国情教育，可以使学生明白中国共产党选择社会主义道路的历史必然性以及明确自身的历史使命。开展实践教学活动，可以使大学生在实践过程中坚定自己的理想信念，从而转化为认识世界、改造世界的强大精神动力，提升个人的思想道德境界。充分发挥学校管理育人和学生自主管理的作用，可以充分调动学生的积极性，培育合格的社会主义接班人。正确地把个人价值和社会价值有机地结合统一，可以在实现自己人生价值的同时，实现“中国梦”这一伟大的集体价值。

2. 实现途径的一致性

大学生是“中国梦”的实践者和实现者，大学生个人梦想能否得以实现事关中华民族复兴之梦的实现。“中国梦”是一种价值思想观念，观念的东西得到大学生认同并掌握后，就会激发出无穷的实践力量，激励大学生去追求真理、探索科学、实现梦想。大学生只有树立坚定正确的理想信念，并让它来指导自己的实践活动，才会在实践过程中产生巨大的作用，才能推进社会主义的发展。只有通过科学而有力的理想信念教育、“三观”教育和中国特色社会主义的共同理想信念教育，才能融合汇聚大学生奋发向上实现民族复兴的正能量，才能产生建设有中国特色社会主义，实现中华民族伟大复兴的强大精神动力，才能确保大学生沿着我国现代化建设正确的方向前进。

在中国特色社会主义建设的历程中，由于青年大学生的特殊角色地位和肩负的历史使命，决定了他们是实现“中国梦”的有生力量。只有加强对大学生的理想信念教育，使“中国梦”彻底地被大学生所接受并掌握，才能保障大学生成为国家的栋梁之材，才能为实现中华民族伟大复兴凝聚大学生建设社会主义的力量。

四、“中国梦”引领当代大学生理想信念教育

“中国梦”是我们党与当前时代发展要求相适应、与我国的经济社会发展总体要求相统一而提出的科学理论。“中国梦”的提出极大地激发了人民群众强烈的民族意识和高涨热情，在全国范围内掀起了“中国梦”主题教育活动的热潮。“中国梦”的德育价值，以及“中国梦”与大学生理想信念教育在价值层面上的高度契合，充分体现出“中国梦”对当代大学生理想信念教育的引领作用。

（一）用“中国梦”引领大学生理想信念教育的重要意义

1. 对未来大学生自身的发展具有重要意义

“中国梦”的奋斗目标是到 21 世纪中叶建成富强、民主、文明、和谐的

社会主义现代化国家，实现中华民族的伟大复兴。按照“中国梦”的伟大设计，还有30多年可以变成现实。当代大学生的年龄大概处于18到28岁之间，那么到21世纪中叶当代青年的年龄是50到64岁之间。从现在到实现“中国梦”的这个过程，恰恰是当代大学生施展才能的阶段。青年大学生是最朝气蓬勃的一代，是实现“中国梦”的坚实力量，当代大学生的理想信念与国家富强、民族振兴紧密相连，实现“中国梦”需要当代大学生，也成就大学生。因此，作为当代青年大学生要把自己的激情与活力投入到建设中国特色社会主义的伟大实践中，青春之花才会更加绚丽；只有积极勇敢地担负起历史使命，未来的成长道路才会越走越宽广。

2. 对大学生担负起建设中国特色社会主义伟大事业的神圣使命具有重要意义

“中国梦”的奋斗目标与中国特色社会主义事业的总体布局具有内在的统一性，实现“中国梦”的伟大构想就走出了建设中国特色社会主义最坚实的一步。

用“中国梦”引领当代大学生理想信念教育，使大学生的个人理想融入社会理想之中，是实现社会主义伟大事业的关键所在。只有这样，“中国梦”的宏伟蓝图才能根植于每个大学生心中，将来才能在实现中国特色社会主义的伟大过程中自觉贡献力量。

3. 对未来大学生担负起实现中华民族伟大复兴的历史使命具有重要意义

新中国成立至今六十多年的不懈探索，改革开放三十多年的不断发展，都离不开共同理想一“中国梦”的引导。生生不息的“中国梦”已经在我们每个国人的心中生根发芽，更需要我们大学生继续在“中国梦”的指引下朝着梦想不断竭力奔跑。积极践行“中国梦”、努力实现“中国梦”，是我们当代大学生应有的历史责任，是其人生价值得以体现的关键所在。

（二）“中国梦”引领大学生理想信念教育的内容

作为当代大学生，要把“中国梦”作为理想信念教育的载体，真正读懂“中国梦”，就要从“中国梦”教育的内容入手，让当代学生构筑起心中的个人梦，进而汇聚成逐梦路上的青春能量。

1. 读懂“中国梦”，贯彻爱国主义教育

要用“中国梦”引导当代大学生理想信念教育，首先要读懂“中国梦”，这是将“中国梦”融入理想信念教育的最基本前提。爱国主义教育不是一纸空谈，它是历史画卷的重现，是一种凝心聚力的精神力量。

实现“中国梦”的远大理想必须弘扬爱国主义精神。爱国主义精神不仅体现在对过去历史的敬仰，还是当下凝聚全民族共同力量的精神纽带。通过爱国主义教育树立青年大学生实现“中国梦”的理想信念，使大学生把对祖国的真挚情感转化为建设社会主义事业的强大动力，引领各民族青年学生心往一处想、劲往一处使，为社会主义的发展和现代化建设添砖加瓦。

2. 构筑“中国梦”，贯彻理想信念教育

个人梦是“中国梦”的来源，“中国梦”又是个人梦的升华，个人梦的实现离不开“中国梦”的依托，“中国梦”的实现又为个人梦保驾护航、指引方向，正所谓“得其大者兼其小”。

用“中国梦”对大学生进行理想信念教育，使当代大学生充分认识到“青年，则国家兴，少年强则国家强”的深刻道理，不断反思自己的行为、思想，及时纠正理想信念及个人价值观的偏差，把以爱国主义为核心的民族精神和以改革创新为核心的时代精神作为实现“中国梦”的精神动力，构筑积极向上的理想信念，团结一心推动“中国梦”的实现，与他人、祖国、时代共享人生出彩的机会。

3. 追逐“中国梦”，贯彻实践能力教育

引导当代大学生自觉做“中国梦”的逐梦人，就要深化实践能力教育，要让大学生认识到个人自身的实践对“中国梦”实现的主导作用，积极培育创新能力，培植坚忍的意志品质，在圆梦的道路上不断发展自我，提高自我。

（1）大学生自身实践对“中国梦”的主导作用

当代大学生是践行“中国梦”的主力军，用“中国梦”引领大学生理想信念教育，引导大学生自觉做圆梦路上的逐梦人是实现“中国梦”的题中之意。大学生是自己理想的践行者，同样也是“中国梦”的实践者。把“中国梦”与大学生的个人梦结合起来，找到大学生实现“中国梦”的着力点，将个人梦贯穿于“中国梦”之中，升华青年学生的主体地位，为实现自身理想信念提供更广阔的前景。

（2）培养大学生的创新能力

古往今来，文明的进步和社会的发展离不开各族人民超凡的创造能力。培养青年学生的创新能力是“中国梦”的内在要求。创新是一个民族、社会发展的源泉和动力，“中国梦”的顺利实现也必然不能脱离大学生创新能力的培养。因此，要先从基础知识入手，打牢基础，为创新能力的培养孕育肥沃的土壤，进而激发学生的创造力，积极播种创新的种子，最后收获创新的果实，为创新提供源源不断的动力。

（3）培植大学生坚忍的意志品质

大学生坚忍的意志品质是当代大学生“中国梦”教育不可缺少的内容。

培植大学生的坚强意志，要让大学生明白实现梦想的道路从来不是一帆风顺的，困难和挫折是我们实现“中国梦”的绊脚石，但也是我们的试金石，要学会秉持坚忍的意志去攻克一个个困难，最终实现个人的理想和国家的梦想。坚忍的意志品质的培植将焕发青年大学生的精神风貌，提高大学生的思想境界，牢固树立大学生的理想信念，进一步增强实现理想的信念和力量。

第三节 社会主义核心价值观对大学生理想信念的作用

一、社会主义核心价值体系对大学生理想信念教育的引领作用

如何在经济全球化和改革开放深入发展、价值多元化的今天，对当代大学生的理想信念进行正确的引导，从而培养合格的社会主义建设者和接班人，是摆在我们面前的一项重要而严峻的任务。社会主义核心价值体系以其丰富的内涵和重要功能，为理想信念教育奠定理论基础，指引正确方向，提供精神动力。

（一）社会主义核心价值体系为大学生的理想信念教育奠定理论基础

社会主义核心价值体系为大学生理想信念教育提供理论基础，两者是一般和个别、理论和行动的关系，社会主义核心价值体系解决了在价值多元化的今天大学生应具有怎样的精神风貌、坚持怎样的道德准则，应该树立怎样的理想信念、为什么要树立这样的理想信念的问题。

马克思主义指导思想作为社会主义核心价值体系的核心和灵魂，是我国社会主义核心价值体系的理论基石，居于核心地位，是决定我们社会行为的总方向和总目标，其他三个方面都要坚持马克思主义的指导思想，这个核心和灵魂不能丢，否则我们就会迷失方向。中国特色社会主义共同理想作为社会主义核心价值体系的目标追求，给我们指明了前进的道路和发展的前景，是我们今后努力的具体方向。坚持马克思主义指导思想、弘扬培育民族精神和时代精神、树立社会主义荣辱观，都是为了引导和激励全体人民努力实现中国特色社会主义共同理想。

建设社会主义核心价值体系，正面引导大学生的理想信念教育，让马克思主义真正进课堂、进教材、进学生的头脑，有利于把大学生培养成为马克思主义的信仰者和传播者。以马克思主义作为指导思想，就是坚持了大学生理想信念教育的政治方向；以马克思主义作为指导思想，就是规定了大学生理想信念教育的基本原则和主要任务一为社会主义事业培养建设者和接班人。

（二）社会主义核心价值体系为大学生理想信念教育指引方向

社会主义核心价值体系是我国的社会意识形态的灵魂和核心，决定着社会意识的性质和方向。当前，意识形态越是多元复杂，就越需要主流意识形态的引领，就越需要用主流意识形态去引导非主流的意识形态；社会思想越是多样化和差异化，就越需要用一元来引领多元，用社会主义共同理想来形成一种向心力和凝聚力，重视和巩固社会主义理想信念，确立和弘扬民族精神。

在迅速发展变化的新形势下和复杂多变的环境中，充分发挥社会主义核心价值体系的导向作用，用社会主义核心价值体系来为当代大学生武装头脑，切实提高他们的理论素质和政治素质，增强他们明辨是非的能力，有利于他们认清社会主义的发展方向，坚定社会主义理想和共产主义信念，增强为实现中华民族的伟大复兴而奋斗的自觉性。

（三）社会主义核心价值体系为大学生理想信念教育提供精神动力

以爱国主义为核心的民族精神和以改革创新为核心的时代精神是社会主义核心价值体系的精髓，是我们党和全国各族人民团结奋斗的精神瑰宝，是建设中国特色社会主义，推进中华民族伟大复兴，实现中国特色社会主义共同理想的精神支撑。用社会主义核心价值体系引领大学生理想信念教育，就要把握这个精髓，紧紧抓住大学生理想信念教育的主导权，坚定大学生的理想信念。

在当代中国，以改革创新为核心的与时俱进开拓进取、求真务实、奋勇争先的时代精神，是推动我们的时代发展进步的强大精神动力，是中国人民在伟大奋斗中不断创造新辉煌的力量源泉，也是大学生理想信念教育的力量源泉和精神动力。在21世纪新的历史条件下，搞好大学生的理想信念教育，就要在大学生中间树立改革创新意识，激发大学生的革新意识和创造精神，引导他们为建设中国特色社会主义贡献力量。

二、社会主义核心价值体系与大学生理想信念教育的联系

构建社会主义核心价值体系作为执政党的执政目标之一，既是党和政府的各级组织贯彻执行的行动原则和工作目标，同时也是大学生理想信念教育的工作目标。但是，宏观的理想目标和特定领域的工作目标还是有距离的，如果两者缺乏内在的联系，理想目标便成为没有实践内容的口号。因此，必须探究大学生理想信念教育与构建社会主义核心价值体系的内在联系，使大学生的理想信念教育对和谐社会建设具有实质性的意义。

理想信念教育是我们党重要的政治优势，在革命和建设以及改革开放中发挥了重大作用。构建社会主义核心价值体系，是一场伟大的实践，是一个系统工程。作为先进文化内容之一的理想信念教育，是这一伟大工程的基础。它在构建社会主义核心价值体系中处于基础性、先导性、全程性地位。这里的“基础性”“先导性”“全程性”地位，主要有以下含义。

（一）通过和谐社会目标模式的宣传，为社会主义核心价值体系提供思想保证

社会主义和谐社会的构想，是对社会主义从初级阶段过渡到高级阶段的目标模式的进一步明确化、具体化。我们要构建的和谐社会，就是中国特色的社会主义社会，是把中国特色社会主义事业的总体布局由社会主义市场经济、民主政治和先进文化的“三位一体”，提升为包括社会主义和谐社会生态文明建设在内的“五位一体”。这种目标模式的确立和宣传，为进一步确立我们的奋斗目标、统一全国人民的思想和行动打下了坚实的基础。

（二）通过社会主义教育，为构建社会主义核心价值体系引导方向

我们所要构建的社会主义核心价值体系，是以马列主义、毛泽东思想、中国特色社会主义理论为指导的社会主义价值体系，通过思想政治教育，以科学的理论武装人，以正确的舆论引导人，以高尚的精神塑造人，在全社会倡导和树立科学的世界观，坚定社会主义信念，增强改革开放、现代化建设和构建社会主义核心价值体系的信心，才能保证和谐社会沿着社会主义的正确轨道前进。

（三）通过道德教育，为构建社会主义核心价值体系提供道德支撑

习近平同志指出：“一个社会是否和谐，一个国家能否实现长治久安，很大程度上取决于全体社会成员的思想道德素质。”道德是人们心中的价值评判标准，扬善弃恶是人类普遍认同的价值准则，道德具有调整人与人、人与社会关系的功能，道德教育是思想政治教育的基本内容。通过思想政治教育建立以和为贵的道德规范，给社会营造良好社会氛围与人际关系，从而为社会主义核心价值体系的构建提供道德的支撑。

（四）理想信念教育为社会主义核心价值体系提供强大的精神动力

人是要有一点精神的。一个国家、一个民族、一个社会也是要有一点精神的。共同理想既是一种共同目标，也是一种精神驱动力。思想政治教育使全社会形成共同的理想和精神支柱，激发人们的主体意识和工作积极性，使

全国人民团结一致，为构建社会主义核心价值体系贡献力量。

三、理想信念教育在构建社会主义核心价值体系中的功能

构建社会主义核心价值体系，是一个系统工程，也是一项长期的艰巨任务。它包括了人与人的和谐人与社会的和谐、人与自然的和谐，涵盖了政治、经济、文化等各方面。理想信念教育在此当中担负着诸多重要的任务。

（一）育人功能

1. 提高思想素质，塑造思想和谐

改革开放以后，我国由计划经济体制向市场经济体制的重大转型，给我国的社会结构以及人们的思想观念、思维方式、行为方式、生活方式等带来深刻变化。又囿于发展不平衡，我国还存在较大的城乡差距、地区差距、行业差距和收入分配差距，加之还有腐败行为和不正之风等，由此产生了许多非系统、非全面甚至谬误的思想观念。利益多元化，使人们价值追求趋向多元化，先进与腐朽、正确与错误的思想斗争一刻也不会停止。

理想信念教育是一种针对人的思想和观念变化而进行的教育实践活动。因此，在构建社会主义核心价值体系过程中，理想信念教育要帮助人们形成正确的世界观、人生观、价值观和社会历史观，形成建立在科学理论上的理想信念。通过有针对性的思想疏导工作，帮助人们解开思想疙瘩，理顺情绪，促进人的思想和谐。

2. 培养健全的人格

人格是一个人在成长发育过程中所形成的，区别于他人的、一贯的行为倾向和反应模式，也就是一个人各种心理特征的总和。每一个人都有自己的人格特点，这就是人与人之间的个性差异。健全的人格是人自身和谐发展的重要因素，没有健全的人格，和谐无从谈起。

理想信念教育通过对人的思想引导、教育启发等工作，在促进人们的思想观念完成现代化的转变、培育健全的心智、丰富精神世界的同时，也帮助人们逐步摆脱传统人格品质中的那些依附保守、被动、狭隘的成分，从而时刻保持着对生活的积极参与意识和主动创造的精神。

正是在这个意义上，我们说理想信念教育是“一种尊重人、理解人、肯定人的价值、挖掘人的潜能、发挥人的主观能动性、给人以更多选择和创造机会的人生哲学”。构建社会主义核心价值体系，理想信念教育应承担起培养健康人格的使命，特别是要注重对青少年健全人格的培养，促使其形成以自尊、自强、自信为主要特征的健全人格。

（二）引导功能

精神具有凝聚、整合、支撑和动力作用。精神在一定条件下可以转化为强大物质力量，正是这种强大的精神力量，推动和谐社会乃至民族的发展。因此，理想信念教育要塑造好人的精神。

1. 维护主流文化的主导地位

社会主义和谐社会是一个多元文化并存的社会，既有占主导地位的社会主义文化，还有资本主义甚至封建主义等非主流文化。文化领域的斗争主要是社会中占主导地位的思想观念同与之相对立的思想观念之间的斗争。而使进步思想观念战胜落后思想观念，从而维护社会主流文化的主导地位的任务，往往是通过开展理想信念教育来完成的。一方面，引导人们选择、吸收不同文化中的积极有益的因素，从而抵制排斥其消极、有害的因素。我国文化选择的根本方向是社会主义方向和集体主义价值取向，通过理想信念教育坚持马克思主义性质和方向。另一方面，通过培养人们良好的思想政治道德素质，推动主流文化的发展。

2. 共同的理想信念为构建和谐社会提供明确的方向和奋斗的目标

构建社会主义核心价值体系，是党领导亿万人民群众的伟大实践，也是改革发展进入关键时期的现实选择。要使人们在利益关系的得失比较中分清主次大小，最终谋求和谐相处，必须有共同的奋斗目标和发展方向。邓小平说：“过去我们党无论怎样弱小，无论遇到什么困难，一直都有强大的战斗力，因为我们有马克思主义和共产主义信念，有了共同的理想，也就有了铁的纪律。无论过去、现在和将来，这些都是我们的真正优势。”坚定共产主义理想信念，身体力行共产主义道德，是共产党人抗拒腐败的强大精神力量。一个十几亿人口的大国，如果没有共同的理想信念这样一个大目标，人人围绕个人或小团体的利益，各有想法，互不相让，甚至形成矛盾与冲突，构建社会主义核心价值体系就成了一句空话。因此，必须通过理想信念教育，使全体人民树立共同理想，树立起构建社会主义和谐社会的精神支柱。

第十章 高校党团工作对大学生思想政治教育的作用

第一节 高校学生党建工作对思想政治教育的作用

一、高校学生党建工作的基本内涵

按照内容的不同高校学生党建工作可以分为：思想、组织、作风和制度建设；按照工作着力点的不同可以分为：对高校学生的思想政治教育、马克思主义理想信念教育、先进性教育、组织发展工作、党员的继续教育工作；按照工作的手段方式可以分为：培养、教育、发展、管理等方面；按照工作对象的不同可划分为：高校学生党员，入党积极分子，学生党组织，包括学生党小组党支部、党总支，其中党支部是主体。从以上分析可以看出，高校学生党建工作的内容很丰富，涉及面也比较广泛。

二、高校学生党建与思想政治教育的关系

党建工作与思想政治工作互为前提，互相促进。高校学生党建工作是高校党建工作的重要组成部分，大学生党建工作与思想政治工作的密切关系主要体现在以下几个方面。

（一）在内容上有共通性

高校学生党建工作和大学生思想政治教育工作虽然属于不同的范畴，前者属于党的建设，后者属于思想政治教育，但是党的建设包括思想、政治、作风、组织和制度建设等内容，其中思想建设居于首位。就是说，“高校学生党建工作涵盖了大学生思想政治教育的内容”。长期以来，中国共产党在革命和建设的实践中，积累了大量的思想政治教育的经验，形成了正确的指导原则和方针，这是思想政治工作的宝贵财富，是我党独有的优势，也

反映了我党的思想政治工作的本质和生命力，这在很大程度上丰富了大学生思想政治教育的内容，也是大学生思想政治工作在新形势下必须继承和发扬的优良传统。

（二）在目标上有一致性

大学生思想政治工作的目标是指，高校的思想政治工作者通过在一定时期内一定条件下所进行的有目的的活动，预期在大学生的思想和行动上要达到的状态。《高等教育法》和《高校党的建设的文件》中规定：高校党建的主要任务就是坚持社会主义的办学方向，把坚定正确的政治方向放在第一位，培养德智体美全面发展的社会主义建设者和接班人。这里所说的“社会主义的办学方向”和“把坚定正确的政治方向放在第一位”主要都是指思想政治工作在培养社会主义建设者和接班人中的地位和作用，培养出一批具有共产主义觉悟的先进分子是高校德育工作的内在要求和培养目标。可见，高校学生党建工作与思想政治工作的目标是一致的，都是要培养具有中国特色社会主义事业的合格建设者和可靠接班人。

（三）在方式上有互动性

1. 党建是大学生思想政治教育最为有效的途径

发展大学生党员的过程对于每位发展对象而言都是一次深刻的思想政治教育过程。入党前的系统教育培训是集中的思想政治教育。思想汇报是大学生党员发展对象自我剖析、自我提升的有效手段。发展大学生党员的过程对于每位发展（介绍）人而言，也是一个不断自我再教育的过程。发展大学生党员的过程能够形成示范效应，形成“发展一个，带动一片”的育人效果。比如，发展大学生党员本身就是思想政治教育的一种形式；深入细致地开展思想政治工作、谈心活动、社会实践，不仅是学生党员发展过程中常用的方式，也是加强和改进大学生思想政治教育的有效途径。

2. 党建是大学生思想政治教育的基础工程

大学生思想政治教育的重点始终与党在各个时期的工作重心保持一致，与此同时，思想政治教育的内容也根据时代的要求不断地丰富和发展。新世纪，我们党提出了全面建成小康社会的奋斗目标，提出了构建社会主义和谐社会的纲领，大学生的思想政治教育要把以人为本、全面提高人的素质和大力倡导社会主义荣辱观、社会主义核心价值体系以及伟大的抗震救灾精神作为教育重点，这些变化都反映了我国一定时期政治经济发展的要求，体现了大学生思想政治教育的重点始终与党的中心任务保持一致。

（四）在功能上有互补性

1. 加强高校党的基层组织建设能够增强思想政治工作的时代感

高校党的基层组织建设是党的全部工作和战斗力的基础，对于新形势下党的理论研究最容易体现先进性、时代性。高校党组织工作可以通过给德育工作者提供理论支持和党史知识培训，提高德育工作者的理论水平，通过他们的常规教学工作将党的创新理论成果及时传播给学生，使德育教学更具思想性、理论性、学术性。

2. 高校学生党建工作为加强德育教学提供可靠的组织保证

学生党支部是党的基层组织，它肩负着向青年学生宣传党的知识的重任，学生党员是联系党组织和周围非党员学生的桥梁和纽带，在思想、学习、社会活动中的先锋模范作用极具影响力和感召力。因此，充分发挥学生党支部和学生党员在提高学生的思想政治素质方面的作用，在实践中具有相当的可行性。

3. 德育教学的各种优势可以扩大学生党建工作的辐射面和辐射力度

在时间上德育教学往往是先于党建工作的理论传播和思想教育与高校学生接触的；在教育对象上更不止于占学生少数的学生党员和先进积极分子，而是全部的高校学生；德育教学师资配备更具有教育人才的专业性、教学资源与学生更具有契合性教学手段更具有多样性和灵活性的优势，可以把更多的非党员学生吸引到党组织周围来，以先进的理论武装他们的头脑、以先进的文化熏陶他们的身心；另外，德育教学对党员学生和党员积极分子的教育更具有长效性。

以上论述揭示了高校大学生党建工作与思想政治工作的内在联系。它们在目标、内容、任务、途径等方面存在较强的互动性、互补性，两者在培养目标和促进学生全面发展以及维护社会稳定等方面相互促进；它们同属上层建筑范畴，都涉及世界观、人生观、价值观、政治观、道德观等各个重要领域，都坚持用马列主义、毛泽东思想、邓小平理论和“三个代表”重要思想以及科学发展观、习近平系列讲话精神等一系列党的理论创新成果武装大学生头脑，努力提高大学生的政治素质；它们同是传播共产主义信念、社会主义理想的重要途径，是培养和塑造社会主义事业接班人的重要手段，为未来社会经济发展提供智力支持和人才保证。

三、大学生党建工作与高校思想政治教育工作的现状

从当前高校学生的思想情况来看，思想政治教育的主流是积极向上的，在现代思潮的影响下保持了其正向的发展方向。但是，随着经济和社会的全

球化进程加快，高校学生正接受着来自西方文化冲击的影响，他们的人生观和价值观都出现了不同程度的新问题和新情况，其中一些情况值得高校党建工作者注意。例如，当前有一部分高校学生在道德价值观念和集体主义方面存在着弱化的问题，以小团体和个人主义思想为主体的思想正在迅速蔓延。同时，高校学生中出现了诸如个人利益高于集体利益为代表的负面个人价值观。这些问题都需要高校的党建工作从思想政治教育的方式出发，对高校学生，尤其是高校的党员队伍进行合理的引导。

随着高校学生党员的数量呈现不断上升的趋势，高校党建工作应该注意在数量得到发展的同时注重质量的管理和提高。当前部分高校在党建工作中，对高校党员的教育和培养工作处于一种放任状态，忽视了将党建工作与大学生思想政治教育相互结合的问题，没有完全将高校学生党建工作作为大学生思想政治教育的核心来进行，没有充分地发挥出高校大学生党建工作的优势。这些现实问题都要求高校学生党建工作应该顺应时代的发展，以加强高校学生党建工作在大学生思想政治教育工作中的主导作用，充分发挥大学生党建工作的优势，提高思想政治工作的实效性。

四、加强大学生党建工作的重要意义

学生党建工作是高校党建工作的重要组成部分，是大学生思想政治教育的重要方式与有效途径。大学生作为具有现代科学文化知识的青年，代表着最先进生产力的发展方向。因此，在全面进行社会主义市场经济改革，国家对外开放的新时期，做好学生党建工作是搞好大学生思想政治教育工作的需要，是大学生健康成长成材的需要，也是实施人才强国战略、科教兴国战略，培养为中华民族伟大复兴而奋斗的一代新人的迫切需要。努力培养、造就一批具有共产主义理想信念、优良的专业知识和高尚道德情操的党员大学生是当前党建工作的一项重要任务。

（一）推进大学生思想政治教育的客观要求

对大学生进行思想政治教育是社会主义国家高等教育教育目的的要求，是必须解决的方向性问题。按照一定的计划、目的对大学生开展信仰教育和世界观、人生观、价值观教育，帮助大学生认识到树立什么样的信仰和坚持什么样的主义的重要性。学生党建工作对于整个高校学生思想政治教育工作有重大的引导作用，是高校思想政治工作的基础。当前，建立一支以学生党员和入党积极分子为主体的学生政治骨干队伍，并充分发挥他们在高校学生思想政治教育中的作用，是高校各级基层党组织面临的重要任务。由于学生政治骨干有着学生的身份，便于和广大同学接触、谈心，能够了解许多教师了解不到的情况，比较准确地掌握广大学生的思想脉络，通过他们在学生中做工作，可以及时把党的声音传到青年学生中去。同时，通过加强学生党建工作，有利于促使大学生党员树立优良的生活学习作风，在日常的学习、工作和生活中处处发挥模范带头作用，在广大普通学生心中建立党的光辉形象。管理好、教育好、使用好大学生党员，充分发挥他们在高校学生思想政治教育中的作用，是大学生思想政治教育工作进一步加强和改进的需要，也是培养传递中国特色社会主义事业“火炬”的接班人的需要。大学生党建工作与大学生思想政治教育工作两者之间有着紧密联系，相辅相成，相互促进，也可以形成一股合力，全面推进高校学生工作迈向新的台阶。

（二）促进大学生全面发展的客观要求

学生党建工作要坚持以人为本，全面、协调、可持续发展的科学发展观，实现学生在马克思主义思想下的个性自由。因此，学生党建工作要坚持党要管党、从严治党，强化学生党员的教育管理和监督。一方面给学生党员提要求、尽义务、压担子，强化对学生党员的约束；另一方面贯彻“以人为本”的管理思想，尊重学生党员的民主政治权利，满足学生党员合理正当的需求，帮助学生党员实现自我价值，关心学生党员和关注学生党员利益，激发学生党员的内在动力。高校学生党员作为中国共产党的一分子，代表中国先进生产力的发展要求和先进文化前进方向，必须加强对他们的思想、组织、作风建设，通过学习，不断提高思想意识、组织意识和政治意识，自觉加强自身管理，才能努力促进其全面发展，才能推动其他大学生实现全面发展这个目标的实现，为全社会的共同目标做出表率。

（三）推动高校自身发展的要求

新世纪中国特色社会主义现代化建设事业必然要求发展高等教育，推动高校自身发展。高校自身的发展是以培养高素质人才为目标的。思想政治素质是高素质人才的素质核心，它决定着人才发展的方向，关系到人才质量的优劣。因此，在高等教育竞争日益激烈的今天，推动高校自身发展，培养高素质的人才，需要进行一定程度的思想政治教育作为良好的软环境来支撑高等学校发展。加强高等学校党的建设，发展优秀积极青年学生入党，是建设一流校园文化软环境的重要内容。每发展一名合格的党员，就会对包括发展对象本人，参与发展工作的党员和积极分子，以及发展对象周围的同学进行一次深刻的马克思主义理想信念、党的基本理论、基本路线的教育。加强校园党建有助于在大学校园营造和形成崇尚先进，学习先进，争当先进，政治上追求进步的氛围，有助于形成积极健康向上的大学人文环境。

（四）提高党的执政能力，巩固党的执政地位的客观要求

高校学生党员是大学生中的优秀分子，走向工作岗位将是党和国家高层次人才和党政干部。现在切实把他们教育好、管理好，就能够在将来的党政干部队伍中出现更多的优秀分子，从而巩固党在人民群众中的地位，进一步巩固党的执政地位；同时，把高校学生培养成才也是人民群众的殷切期望。把大学生培养成对祖国、对人民、对社会的有用之材，这也是高校提高党的执政能力，实现好、维产好、发展好广大人民根本利益的重要体现。牢牢把握高校学生党员这个优秀群体，符合党对党员先进性要求的初衷，更是巩固执政地位，保持党的先进性的必然要求。

大学生党员已成为巩固党的执政地位的基础力量。执政党的先进性是巩固党的执政地位的重要基础。大学生党员能否具有并保持先进性关系到我们党能否保持先进性的问题。实践经验还告诉我们，青年学生特别是高校学生在政权更替过程中所发挥的作用越来越凸显。

（五）建设中国特色社会主义事业的客观要求

我国的社会主义发展需要经历漫长而曲折的过程，需要一代一代中华儿女的不懈努力，这就必须要求有一代代的中华儿女为之努力。高等教育作为我国教育体制中的重要组成部分，在培养社会主义事业的建设者和接班人方面，担负着重要的责任。要把几千万青年大学生的思想和力量统一和凝聚起来，共同建设中国特色社会主义事业，必须统一认识，加强青年学生党员的培养工作，把他们培养成为具有坚定的马克思主义理想信仰，较高的科学文化素质并始终坚持党的工人阶级先锋性质、全心全意为人民服务，适应社会主义建设需要的高素质人才，才能促使学生党员影响和团结广大学生共同成长为社会主义事业的建设者和接班人，完成中国共产党的历史使命。

大学生党员已成为我国社会经济发展的重要依靠力量。无论是发展先进生产力还是发展先进文化都必须造就一批批保持先进性的大学生党员。各高新技术产业开发区的高科技企业，其发起人和领军人几乎全来自高校；民营企业中，受过高等教育的企业家的比重也日益提高。大学生党员作为社会中高素质人员，在社会文化发展中也是引领文化潮流的群体。

总之，加强学生党建工作，有利于进一步提高党对高等学校执政能力，提高高校人才培养的质量，切实维护和促进高校的稳定、团结、和谐与发展，有利于高校教育教学任务的顺利进行。这项工作是新形势下进一步增强党的阶级基础，扩大党的群众基础的战略需要，是建设高素质党员队伍和干部队

伍的战略措施，也是培养大批高素质创新人才的组织保证。

五、新时期加强高校学生党建的对策

根据新形势、新情况、新要求，高校党建工作必须坚持正确的指导方针，从实际出发，探索新的工作思路和方法。

（一）明确高校学生党建工作的指导思想和工作理念

高校学生党建虽有其特殊性，但仍是高校整个党建工作的一个重中之重，它的建设离不开马列主义、毛泽东思想、邓小平理论和“三个代表”重要思想的指导。高校应当正确处理继承与创新的关系，在继承中不断创新，把马克思主义党建理论的基本立场、观点、方法和要求贯穿到党建工作中，在创新中更好地加以坚持。要全面贯彻“尊重劳动、尊重知识、尊重人才、尊重创造”的方针，不断激发高校学生党建工作的活力。

高校党组织要明确自己的责任和使命，紧紧围绕高校培养社会主义合格建设者和接班人这一根本任务，通过加强党的建设，保证党的路线方针政策在高校得以贯彻落实，从而保证学校的社会主义办学方向，保证人才培养的质量，促进高校又好又快发展，而不能失去方向和目标，仅为加强而加强。

以科学发展观指导学生党建工作是高校学生党建在新形势下实践“三个代表”重要思想的内在需要，也是适应高校扩招、市场经济新形势下的新情况、新问题的必然要求。就高校学生工作而言，落实以人为本的科学发展观，就是要坚持大学生的主体地位，全面分析研究当代大学生的成长特点和学生工作规律，有针对性地加以指导和管理，启发和引导学生勤奋学习，自觉成才，成长为合格的社会主义建设者。

树立科学发展的工作理念，就是要在学生党建工作中，把科学发展观放在重要的指导地位，以此来引领、推动、鼓励学生党建工作的创新。一是坚持用全面、发展、科学的观念来审视和处理学生党建工作中各种不协调、不和谐的问题，做到正确、全面地分析、处理好党员发展与教育、入党动机与入党热情、党员权利与义务、制度与落实等之间的关系。二是坚持以学生为本。坚持以人为本，就是坚持以实现人的全面发展为目标，从人的全面发展出发谋发展促发展。三是坚持按科学规律办事，尤其要遵循教育规律和青年人身心发展规律。学生党建工作要有针对性，结合学生的特点和实际开展工作，发挥学生的主观能动性。因为任何教育只有转化为自我教育才能真正达到教育的效果，所以我们要善于将党和国家的要求转化为学生的自我要求，任何与科学规律相悖的行为都是不明智的。实践已经证明，党的建设和所有事物一样，既不可能是一劳永逸的，也不可能是一成不变的，而是在实践中波浪式前进的，不断由低水平的科学化向较高水平的科学化逐步提升、逐步转化的过程。学生党建作为一种目的明确、指向清晰的学生教育管理活动，要有新观念的指导，不能再沿用过去保守的、呆板的工作体制和教育方式，必须以科学发展观为指导，紧密结合现代社会的实际，创造性地开展学生党建工作。因此，树立“改革与创新观念”对于社会建设的各个领域都具有重要的指导意义，尤其对于加强和改进高校学生党建工作，以及推进新时期党在高校的建设具有特殊意义。

（二）强化学生党建工作责任意识

党务工作者责任意识强不强，直接关系到党建工作的成败，因此，加强党建工作责任意识至关重要。根据当前高校党建工作实际情况，强化党建责任应重点做好以下几点。

1. 必须在理想信念方面更加坚定

共产党人要自觉投身于中国特色社会主义现代化建设的伟大实践中，为中国特色社会主义事业和中华民族的伟大复兴做出不懈奋斗，最终必然能够实现美好的理想。党务工作者作为发展党员、教育党员的组织力量，首先要有坚定的共产主义理想信念；要牢固树立为共产主义奋斗终生的理想信念，坚定起对中国特色社会主义的信心；要在内心深处认识到只有中国特色社会主义才能发展中国，中国特色社会主义是符合中国实际的必然选择。

2. 大力强化宗旨意识，努力践行为人民服务的精神

宗旨意识强，责任意识才会强。我们党的宗旨决定了入党绝不是为了个人利益，入党也不能捞到个人好处。既然入了党，就意味着要把自己的一切献给党的事业，永远把党的事业放在第一位，时刻为人民的利益着想，把人民的利益放在第一位，不谋取任何私利和特权。

3. 必须坚持集体主义原则，强化奉献精神

中国古代儒家知识分子的典范范仲淹提出的“先天下之忧而忧，后天下之乐而乐”成为许多封建士大夫们的座右铭，而我们共产党人，更应该具有博大胸怀和集体主义精神，更应具有先人后己、先公后私的品格。党的历史告诉我们这是我们党能够得到群众拥护、爱戴，始终立于不败之地的重要原因。今天，社会主义市场经济体制已经初步建立，改革不断深化，社会利益格局开始发生重大变化，在这种情况下，甘于奉献、先人后己的集体主义品德更加重要。高校党务工作者在与师生群众接触中，要做到个人利益服从集体利益，想群众之所想，急群众之所急，吃苦在前、享受在后。

4. 必须拥有一身正气，重品行、讲原则，不畏权势，敢于同不良风气做斗争

党建部门面临着较复杂的矛盾，党务人员要牢固树立责任意识。面对可能遇到的不正之风甚至腐败现象，一定要有坚定的抵御力量。党务工作者敢于面对各种不正之风，那些不良风气在党建工作中就会越来越没有市场。当然，党务人员的勇气来自于自身的清正廉洁，来自于自身的浩然正气，无私则能无畏。

（三）改革高校学生党建的教育方式

教育方式是教学的要素之一，是提高教学效果的重要外在因素。科学的教学内容，符合社会发展趋势的理论，必须以科学的教学方式来实施。目前高校学生党建因大学生在生理心理方面的不断变化和高校招生规模的进一步扩大，传统的教学方式已难以胜任繁重的教学任务需要。在这种情况下，必须改革教学方式，改革的方向是将现代教学与传统教学方式相结合，尤其要利用各种现代化的科技手段进行教学。比如，多媒体教学已渗透到各个学科。多媒体教学是在教学过程中，使用现代教育媒体可以直观形象地表达教学主题的动态过程，使学生容易对教学内容具有深刻印象，对知识产生兴趣，多媒体的应用给教学尤其是课堂教学注入了新的活力，有力地促进了教学改革。

高校学生党建应不断适应时代发展需要，将各种现代教学设备和手段引入教学之中，使之与传统教学方式相互融合，以达到更好的教学效果。对学生党员教育必须具有明确的基本思路和现代教学手段的运用，也不是说就要抛弃传统的教学手段，毕竟党的基本理论和思想教育，是抽象和繁重的，形象地展示虽然使人容易理解和接受，但缺少交流和互动，因此要在继续发挥课堂讲授、相互讨论、社会调研等行之有效的传统的教学方式的基础上，运用多媒体作为辅助的教学手段。

此外，大学生又是一群热情很高，对国家、社会有着纯真情感，也有着非常执着的责任感和使命感的群体，因此可以利用这一特点，在学生党员中广泛开展各种生动活泼、体现时代精神的主题活动和社会实践，通过活动使同学们既锻炼了党性，又学会从小事做起、从点滴做起，时刻以党员的标准严格要求自己，做一个道德高尚的人、一个有社会价值的人、一个有益于人民的人，使党组织的凝聚力得到充分体现和进一步加强，使学生主动参与到教学中来，成为教学的主体，而不是被动的接受者。

（四）加强对高校学生党建工作的组织和领导

1. 创建良好的工作环境

创建良好的工作环境是高校党组织加强对学生党建工作领导的具体体现。

为此必须做到以下两点。

其一，对学生党建工作高度重视。高校领导应当从实践“三个代表”重要思想、落实科学发展观的高度，充分认识到高校学生党建工作是学校学生管理工作的重要阵地，是高校党建工作不可分割的有机组成部分，是学生思想政治教育的重要抓手。高校应当切实负起责任，在学校党委的统一领导和协调下，成立学生党建工作领导小组，并通过这一平台，加强对学生党建工作宏观指导。其二，对学生党建工作给予足够的支持。高校应针对新时期大学生的特点和需求，在人员配备、活动经费、活动场所、人员培训等方面予以足够的支持。其中，人力支持方面首先要重视学生党建工作队伍建设，按照有关规定配齐配强党建队伍，并加强分类指导，通过“请进来、送出去”的方式，加强队伍业务培训。

要注意充分发挥教师特别是思想政治理论课教师在学生党建工作中的教育引导作用。待遇支持方面要给予从事学生党建工作的人员应有的待遇，优先考虑他们的职称、职务晋升，解决他们的实际困难，使他们能安心党务工作。物力支持方面要为学生基层党组织提供活动场所和必要的物质条件，如建立学生党支部活动室、谈心室等，配备必要的设备、书刊资料等，使学生党建工作“居有定所”。

2. 建立健全各项规章制度

“没有规矩，不成方圆”，任何组织都离不开制度。离开了组成和运作的原则体制、规则和程序，组织的功能就难以发挥，组织正常运转和有序活动就难以维持，组织成员的权利义务就难以履行，组织纪律就难以遵循，组织也就难以存在下去。

目前，各高校多多少少都有一套自己的学生党建工作制度，但各校不平衡，还需要进一步加强和完善。高校学生党建工作的规章制度应当包括：团组织“推优”制度、党员发展制度、党员管理制度、党员学习教育制度、党内生活制度、党内民主参与制度、党内评优表彰制度、学生党建工作责任追究制度以及党员联系、服务群众及发挥作用制度等。通过这些制度的制定和执行，严格要求、管理、监督学生党员，构建具有时代性、系统性、层次性和创新性的大学生党建制度体系，为大学生党建工作健康运行提供制度保障。

（五）优化高校学生党建外部环境

加强学生党建工作，除了需要加强内涵建设之外，还需要创造良好的外部环境。良好的校园文化能够为党建工作提供很好的平台，同时，随着信息化时代的来临，网络文化的兴起也为学生党建工作提供了良好的机遇。新时期加强高校学生党建工作需要营造良好的校园文化氛围，同时也要学会利用好网络传播工具。

1. 校园文化建设是创新学生党建工作的支撑点

充分利用校园文化活动搭建平台，可以在高校学生党建工作载体方面获得更大空间。高校往往有着丰富的校园文化活动和浓厚的校同文化氛围，把高校学生党建工作与高校的学术、文艺体育、社会实践等形式多样的校园文化活动紧密结合起来，可以使学生党建活动不再单调、机械和形式化，使其形式更加生动活泼、内容更加丰富多彩，这样可以提高对高校广大师生的吸引力，更容易被接受，从而使高校师生的政治信仰在潜移默化中得到强化，师生错误观念得到有效纠正，思想政治素质得到提高，实现润物无声的良好效果。

校园文化客观上能够创造出良好的教书育人环境，为高校学生党建工作提供出良好的文化因素。良好的校园文化氛围是大学特有的，是大学具备吸引力的重要原因。大学校园环境蕴含着丰富的教育内涵，可以通过在校园里为优秀共产党员立雕像，利用周末时间安排播；放爱国影片等形式，获得一种潜移默化的教育效果，使高校广大师生的世界观、人生观、价值观得到提升，党员师生的党性得到增强，非党员师生增强对党的感情，主动向党组织靠拢。把高校学生党建工作与校园文化环境融为一体，学生党建工作将具备更强有力的力量，高校广大师生会更自觉的坚定跟党走的信念，学生党建工作效果无形中得到极大加强。

2. 积极构筑校园网络平台，开辟高校学生党建工作新阵地

随着信息时代的来临，互联网技术得到越来越广泛地应用，通过网络进行信息的交流与获取已日益成为人们的首选。网络技术是一把“双刃剑”，恰当运用可以有效发挥网络技术的各种优势，促进人的发展；而运用不当则会妨碍人的健康发展，甚至会毒害人的心灵。与此同时，高校作为网络普及率较高的地点，网络也给学生党建工作带来新的发展机遇。

网络党建可以作为高校学生党建的新方式。在整个世界科技革命信息革命的新形势下，学生党建工作也应该与时俱进适应新的形势。网络党建是有效利用计算机技术、网络技术、信息技术、远程教学技术等新的信息化手段对传统的党建在信息传播、信息沟通等领域进行的一种创新、拓展和延伸。网络党建为高校学生党建拓展了新阵地。当前，高校师生网络利用率非常高，几乎可以说大学里没有人不会上网，没有人不上网。网上可以实现不受时空限制的信息传播。因而开展高校学生党建工作要抢占这个思想宣传的主阵地，

在网络上大力宣传马克思主义，宣传马克思主义中国化的最新理论成果，宣传社会主义道德规范，宣传中国特色社会主义现代化建设的成就及美好未来，以此来巩固主流意识形态地位，让高校广大师生受到正面教育，从而使高校学生党建有新阵地。

网络党建为高校学生党建开辟了新渠道。高校的广大师生员工，是我国网民的重要组成部分，他们又是知识分子的重要组成部分，其基本特点是知识面宽、有思想，对社会发展非常关注，对社会问题比较敏感，有些人还比较喜欢表达自己的思想观点。这就更需要我们通过互联网加强同他们的交流，了解他们的思想状况，了解他们对问题的看法及推进发展的意见建议，进而有针对性地开展党建工作，从而为高校学生党建开辟新渠道。

网络党建为高校学生党建搭建了新平台。传统学生党建受时空限制，往往以单向的理论灌输教育方式为主，缺乏较大的吸引力和实效性。网络党建工作不仅教育内容更加丰富，而且突破了传统党建教育时空的限制，提高了党员的主体参与性和能动性，增强了党内教育活动的吸引力，深受广大师生欢迎。网络给高校党建工作提供了新的管理平台。当前，随着信息技术的发展和形势的变化，学生党建工作引入网络已是势在必行。运用网络这一党建新平台，除了增加了学生党建的新途径外，还有利于高校师生通过网络互动平台沟通思想、抒发情感、解决问题，也可以使各党支部通过网络交流经验、相互学习、相互促进。高校学生党建工作应抓住机遇，顺应时代潮流，与时俱进地做好关系到我国高等教育未来工作的高校党的建设。

总之，高校学生党建工作关系到我国高等教育的健康发展，关系到党对高校的领导和高校的社会主义的办学方向。随着社会的发展和高等教育改革的深入，高校学生党建工作出现了许多新情况、新问题，面临着许多新的挑战。因此，在新形势下搞好高校学生党建工作尤其具有重大现实意义。

第二节 高校团建工作对思想政治教育的作用

一、高校共青团工作定位

高校共青团既含有共青团的普遍性，又存在基于高校开展工作所带来的特殊性。高校作为高等教育的场所，聚集了大量优秀的共青团员，高校共青团是直接面向大学生青年的基层组织，因此，合理设定其工作定位是极其重要的。高校共青团应以育人为基本理念，以思想引导为核心，以服务学生成长成才为宗旨，结合国家政治意图和高校实际，找准共青团工作定位。

（一）思想政治教育职能

近年来，我国面临着日趋复杂化的国内外环境，各种社会思潮鱼龙混杂，当代青年大学生又存在一定的特殊性，很多大学生缺乏信仰，没有坚定的理想信念，甚至出现思想滑坡、道德败坏的现象。高校共青团承担着引导青年大学生树立正确的世界观、人生观、价值观，激励青年爱国热情，加强其思想道德建设和责任感，引导大学生全面提高自身素质，加强成人成才的思想政治教育重要责任。

（二）组织管理职能

在高等学校中，与大学生关系最为密切的是各类学生社团和组织。共青团作为思想性和政治性都很强的组织，要积极配合学校育人的基本目标。各类学生组织和社团应该在团组织的指导下开展日常工作，学校团委选拔优秀的学生干部到学生组织中，把握好政治方向，吸收优秀的学生组织干部参加团校学习。一般情况下，各高校团委下设院分团委，各班级设有团支部，形成“校团委—分团委—团支部”体系，校团委要坚持眼睛向下，重心下移，力争使团的基层组织网络覆盖全体青年，使团的各项工作和活动影响全体青年。

（三）服务创新职能

服务职能是高校共青团的最终职能，共青团的性质决定了高校共青团要服务青年，维护青少年的合法权益。青年成长须以内在动力为支撑。大一新生容易出现目标真空期，这时亟须高校共青团采取相应措施，帮助新生消除迷惘，引导其树立正确的目标。随着大学生就业形势日益严峻，促进大学生就业也上升为新时期高校共青团工作的特殊任务。高校共青团在大学四年间应组织学生对自身进行职业生涯规划，鼓励大学生自主创业。此外，共青团应根据各高校的实际需要和教学目标，打造平台，组织青年大学生进行专业技能的学习和竞赛；组织学生课外科研，提高大学生科研能力。总之，高校共青团要不断创新，开展具有影响力的团日活动，不断丰富青年大学生的第二课堂。

二、高校共青团思想政治教育的基本内容

（一）不断对学生进行思想教育

共青团的性质和任务就决定了共青团在做好大学生的思想教育中发挥着特别重要的作用，共青团的思想政治教育是高校德育的有机组成部分，共青团工作要贯彻高校教育的总体要求，紧紧围绕高校德育，注重在实践中运用

社会主义理论和党的方针政策，提高大学生的思想觉悟，增强大学生的政治意识和大局意识，以加强对学生的思想教育。

（二）引导大学生积极参与各种社会实践活动

在高校共青团思想政治教育中，共青团要沿着党指引的方向，与实践相结合，与人民群众相结合，走一条促进青年健康成长的正确道路，这样才会拓宽高校共青团思想政治教育的实效性。要坚持以“受教育、长才干、做贡献”为基本原则，立足于加强社会实践，积极开展大学生志愿者社区援助活动，不断充实活动内容和创新活动方式，使之真正成为对青年学生进行素质教育的有效载体。多年的实践表明，由团组织发出倡议所进行的社会实践活动，已成为大学生服务社会、提高实践能力的主要途径。通过积极参加社会实践活动，可以更好地丰富大学生的专业知识，有利于完善他们的知识结构，提升他们对知识的架构能力。促使大学生在政治上变得更加成熟，从而可以更好地提高他们的政治素质。这种立足于实践，不断加强思想政治教育的好方法，有利于提高高校共青团思想政治教育的实效性。

（三）帮助学生实现自我教育、自我管理、自我服务

高校的学生群众组织主要是学生会和学生社团，它们是高校党政领导下和团组织指导下学生自我教育、自我管理、自我服务的群众组织，在学生中具有广泛的基础和较大的影响。特别是近年来，随着科学技术的发展，人类迈进知识经济时代，学生中的科技学术、文化、体育社团迅速发展，吸引越来越多的学生广泛参与。这些群众组织在学校教育工作中发挥着重要作用。高校团组织作为团员青年的核心群体，在学生群众组织中的主导作用日益明显。在抓好高校共青团思想政治教育时，我们要注意发挥学生群众组织的主导作用，从而有效拓宽对学生进行思想政治教育的途径。

三、高校共青团思想政治教育的问题分析

（一）高校共青团思想政治教育存在的问题

随着国际、国内形势的不断发展和变化，伴随着市场经济体制改革的不断深入，高校思想政治教育工作面临许多新的问题和新的挑战。具体来说，高校共青团思想政治教育主要有以下几个方面的问题。

1. 团员意识淡薄，思想政治工作存在难度

高校扩招以来，高校就读的学生人数逐渐增多，大学生人数的增多不但给高校管理和教学工作增加了负担，也给高校思想政治教育工作带来了新的

问题。

首先，高校大学生中团员比例高，尽管这也表明高校大学生在中学时期整体素质较高，但实际工作中我们也发现，不少新生团员没有认真接受过团的基本知识教育，思想政治素质不高。由于思想教育工作没有得到很好的加强，为随后的团组织工作带来了许多弊端。其次，由于高校团员较多，使得广大团员青年缺乏应有的荣誉感和责任感，先进性难以体现。团员意识淡薄，不少团员降低了对自己的要求，不能认真履行团员的义务，起不到模范带头作用。最后，随着时代的发展，高校团员价值观日趋多元化，特别是“90后”新生进入大学校园，一方面为高校带来了新鲜血液，另一方面也带来了新的价值观和世界观。部分团员只注重自我，对集体漠不关心，在政治上进取心不强，组织观念淡薄，影响团组织的先进性。这样在加强思想政治教育时，就存在一定的难度。

2. 部分高校共青团思想政治教育措施系统性、针对性不强

高校下属的团支部作为先进青年的群众组织，是教育、指导青年学生的思想阵地。但是，当前团支部组织的思想教育、指导活动在内容上片面强调组织需要和社会需求，很少考虑广大团员青年的需要，组织、社会需求和学生的需要没有很好地统一。思想教育手段较为单一，缺乏吸引力。活动组织上片面强调团干部的主导作用，忽视团员青年的主动性和积极性，影响了思想政治教育的效果。另外，在团组织生活以及团日活动的开展中我们还发现，高校团组织工作缺乏创新性和整体性，缺乏计划性和长久性，造成高校共青团思想政治教育针对性不强，特别是基层团组织在思想政治教育的过程中往往主要针对当时的组织任务，而没有长期的规划和安排，思想政治教育缺乏连续性。

尽管现在很多高校都尝试建立了社团支部、寝室支部和网络支部，但许多支部形同虚设，并没有开展思想政治工作。如何调动这些新型支部的积极性，增强工作的针对性是一个需要深入思考和广泛讨论的问题。

3. 基层团组织机制不健全，思想政治教育缺乏组织基础

团员人数的增多更加需要健全和完善的基层团组织来管理和组织。但实际工作中我们发现，现在高校基层团组织机制并不健全，这样就会造成加强思想政治教育时缺乏有效载体。首先，基层组织机构不健全，由于团员意识淡薄、先进性有待提高，许多基层团支部机构和职能形同虚设，如在班级支部中，支部书记往往承担了大量工作，支部内部分工不平衡。同时，由于团支部和班委工作的交叉，造成支部和班委间分工不明确，部分支部被架空。其次，虽然现在各高校都在探索建立寝室支部、社团支部，甚至网络支部，

但是往往有名无实，没有开展具体的工作，没有起到团组织的作用，思想教育工作也就不好做了。最后，支部工作制度、考评制度、监督机制不健全，有些支部没有规范的团组织生活、例会等，很难调动学生团员的积极性。这样，在对学生进行思想政治教育时，基层团组织就没有积极性，做好学生思想工作也就无从谈起了。

4. 部分高校的团干部水平有待提高

高校团干部是带领和管理广大团员青年的主要力量。但是在团干部队伍中也存在许多问题。首先，高校一些团干部团务知识欠缺，服务意识较差，缺乏换位思考。其次，团干部过分注重活动，只做表面功夫，不能深入到团员青年中，想团员青年之所想，忽视团组织工作在思想教育、服务团员方面的职能。再次，团干部工作规范性差，工作效率低，工作能力有待进一步提高。最后，由于基层组织资源不足，工作难度较大，不少团干部有畏难情绪，工作缺乏主动性。同时，由于高校基层团组织工作本身的困难，也需要我们为团干部提供机制上的保障和支持，加强团干部培训工作，完善奖惩制度，从而从高校团干部素质提高人手提高思想政治工作的有效性。

（二）高校共青团思想政治教育存在的问题分析

1. 大学生群体观念的变化

高校共青团思想政治教育工作的对象主要是大学生群体。随着国际政治多极化、经济全球化的发展，各种思想文化、价值取向的碰撞对大学生群体观念造成了不小的冲击，也为高校共青团思想政治教育带来了一定难度。大学生群体对社会的敏感度表现最为强烈，但都缺少足够的鉴别能力。各种不利于大学生成长成才的因素很容易将其吸引，进而促使其观念不断变化；各种社会环境下的现实因素与校园生活混杂起来，使得大学生群体极易迷失方向，难以接受思想政治教育内容，造成对大学生的思想政治教育成效不大。

2. 大学生群体生活的改变

随着物质条件的不断改善，大学生群体的生活方式和态度亦在不断变化。近年来，随着信息技术的不断发展，学生喜欢聚集在网络上，蜗居在寝室中，而缺少更多的社会实践及参与组织生活的热情。与此同时，网络上的不良信息极易导致大学生群体价值观念的模糊。

随着可选择性的不断增大，大学生群体对未来的选择趋向多元化。不过，这变化亦存在不利一面，即不少大学生缺乏对自己未来的规划，对未来没有足够的思考和积极的准备，这样就使思想政治工作难做，造成大学生对高校共青团思想政治教育不感兴趣。

3. 团组织活力不够，团干部素质不高

目前，团组织生活的活力呈现下降趋势。不少活动形式老化，缺乏针对性，吸引力不足，也难以解决大学生群体日益增多的实际问题。除此之外，基层团干部在丰富组织生活上缺乏足够的思考也是原因之一。

基层团干部的素质直接决定着团的思想政治教育在基层开展的实际质量，基层团干部也是联系团员青年与上级团组织最重要的纽带。因而，基层团干部能力的培养显得十分重要。然而，基层学生团干部工作适应能力差、做细致的思想政治教育能力弱、相互竞争意识不强等问题都严重制约着其作用的有效发挥，导致做起思想政治教育工作不得力。

4. 高校管理评价体系不完善

有研究者发现，高校教育体制改革中产生的一些问题也制约着当前的团组织建设。包括学分制的逐步推行和按大类招生制度的实行等，打破了长期依托班级建团的模式。从总体情况来看，由于近年大学扩招以及新校区建设的加快，学生团员规模不断扩大，而且分散在各校区，导致团组织所组织的思想政治教育的开展在各校区并不均衡与规范，给评价造成一定的困难。特别是对高校共青团思想政治教育的评价上，长期因循守旧，仍然沿袭过去的方法，在评价方法上没有改革，没有创新，评价体系也不够系统，造成评价体系单一不完整。这种单一的不系统的评价方式，跟不上思想政治教育的发展，难以发挥评价在高校共青团思想政治教育中的应有作用，必须予以改革。

第三节 积极探索共青团思想政治教育的工作机制

一、构筑青年学生的精神支柱

新形势下，从思想上把青年大学生进一步武装起来，需要高校共青团组织积极发挥青年大学生思想政治教育作用，不断增强团组织的思想政治教育的针对性、吸引力、感染力，用党的先进理论占领青年大学生的思想，帮助他们认清国情、明辨是非，端正认识、增强信念，明确使命、承担责任。共青团在高校思想政治教育中发挥积极的引导作用，提高认识就要从以下三个方面来进行。

（一）坚持科学发展观指导新时期高校团建工作

科学发展观第一要义是发展，高校思想政治教育也需要与时俱进、不断发展。时代在发展，国际、国内形势在不断变化，新的时期带来了新的挑战和机遇，高校思想政治教育需要顺应时代变化，不断探索和完善工作方法和思路，才能够更好地服务团员青年成长成才，引导广大团员青年肩负起党交给的任务，为夺取全面建成小康社会新胜利而奋斗。

科学发展观核心是以人为本，高校思想政治教育也要以人为本。广大团员青年是高校思想政治教育的基础和重点。在高校思想政治教育中，需要贴近广大团员青年，靠先进的思想吸引和凝聚团员青年，尊重团员青年合理利益的诉求，满足团员青年的特有兴趣。在各项工作的不断推进和完善中，将广大团员青年团结和凝聚在党中央和团中央周围，完成好新时期赋予青年一代的使命和任务。

科学发展观的基本要求是全面协调可持续，根本方法是统筹兼顾。高校思想政治教育工作中，十分需要注意协调发展和统筹兼顾。大学生团员青年是一个特殊的群体，有一定的群体特征和特殊性。在高校思想政治教育中，需要统筹协调大学生团员青年与高校教师的关系，大学生团员青年与党团组织的关系，大学生团员青年与社会公众的关系，大学生团员青年与大学生党员、大学生群众的关系，以及大学生团员青年内部间的关系等。

综上可知，高校思想政治教育工作中，要处理好为党培养生力军和预备队与学生成长成才两大任务问题的统筹协调，要从党建带团建、团建服务党建、团建服务社会三个方面不断拓展工作思路，不断探索第二二课堂、文体艺术生活、大学生创业就业、社会实践、团建宣传工作、团干部和大学生骨干培养工作的新模式，推动高校思想政治教育全方位、立体化发展，更好地提高高校共青团思想政治教育的实效性。

（二）在理论学习活动中发挥组织优势和阵地优势

在理论学习中，要以各级团校为组织单元，开展理论灌输、政治教育和思想引导；要加强团内思想政治教育教材的建设，完整、准确地把握理论体系的内涵，紧紧抓住解放思想这一精髓，始终围绕改革开放这一主线，密切联系社会主义现代化建设面临的新形势、新任务，及时把握青年大学生思想的新动态、新变化；要重视教材内容的针对性和现实性，减少繁杂的理论阐述，增强教材以字论事、以事说理的说服力；要促进团内思想政治教育活动的交流与互动。

针对青年大学生普遍关注的问题，从实际出发，结合理论和实践，在高校共青团思想政治教育中，着力引导青年大学生展开思考、调查和研究；充分发挥青年大学生的主体作用，鼓励青年大学生参与讨论、实践、交流，激发其内在学习动力；借助多媒体、网络等现代教育技术生动、形象、便捷、信息大的优势，帮助青年大学生准确、快速、大容量地掌握理论体系的结构和内涵。甄选校内外思想政治教育教学专家、骨干参与到团内思想政治教育、教学活动中，让思想政治素质、教学水平、学术底蕴真正过硬的名师、学者走进青年大学生中，以其敏锐的政治鉴别力和高度的政治责任感，积极向青年大学生宣讲正确的政治信念、坚定的政治立场、正确的政治观点，使大学生把握理论体系学习的政治性、方向性，发挥其思想导航作用。

（三）加强组织领导，推动“理论进头脑”工作

要充分认识理论体系教育工作的重大意义，制订规划，做好部署，深入实际，从大学生的特点和思想政治教育的规律出发，分层次、有针对性地加强分类指导，积极发挥各级团组织的优势，积极争取社会各界青年大学生学习理论体系的关注和支持，形成合力，进一步推动学习活动向深度和广度发展。

要加强队伍建设，高度重视团内思想政治教育“讲师团”队伍建设，动员广大专家、学者以良好的思想政治素质和道德风范影响教育青年大学生，做青年大学生的良师益友。要加强理论研究，从坚持和发展马克思主义的战略高度，借助高校哲学等社会学科和人才优势，不断推进共青团的理论学习、理论研究，主动发展理论体系宣传活动，及时有效地解答青年大学生在理论学习和实际生活中的思想困惑、思想疑虑，引导他们澄清客观事实走出认识误区，推动理论进头脑工作。

（四）学校教育要把思想政治教育摆在重要位置

学校教育要坚持育人为本，把人才培养作为根本任务，把思想政治教育摆在首要位置。思想政治教育工作在所有高校的各项工作中都占据着重要的地位，起着重要作用。那么，在目前高校学生团员青年占主体地位的条件下，如何发挥好共青团思想政治教育工作，是我们需要认真考虑的问题。高校共青团思想政治教育方式方法和实施不是随意的，它必须适应社会发展的需要，服从和服务于党的路线与中心工作，必须符合教育对象思想活动的发展规律和特点。要在继承党的思想政治工作优良传统的基础上，积极探索新形势下大学生思想政治教育的新途径、新办法。共青团作为党的助手和后备军，是党领导的先进青年的群众组织，应当将这一教育形式予以充分继承和发扬。

二、拓宽高校共青团思想政治教育途径

加强和改进大学生思想政治教育，必须把握好切入点，找准突破点，拓宽高校共青团思想政治教育途径，努力探索共青团思想政治教育新模式，从而更好地加强高校共青团思想政治教育。

（一）在主题活动中巩固青年学生的精神支柱

总结回顾改革开放以来高校共青团思想政治教育所进行的大量改革与创新工作，经验和实践告诉我们，开展主题教育活动是一项结合大学生思想、实际的切实有效的思想工作方法。

1. 主题教育活动在高校共青团思想政治教育工作中的地位和作用

所谓团员主题教育活动是指在相对时期内对团员青年思想教育的目标、内容、计划的一种总体构思，把具有一定特征的某种基本思想作为核心内容，并在活动中使其得到充分体现的一系列思想政治教育活动。

大学生思想教育主题教育活动的基本含义决定了它具有战略性的重要地位。从内容上讲，高校共青团思想政治教育活动要以理想信念教育为核心，以爱国主义教育为重点，以思想道德建设为基础，以大学生全面发展为目标；从组织形式上讲，有学术、科技、文体等内容不同的活动。如此丰富的内容和组织形式，要求必须突出团员主题教育活动的有效性。

团员主题教育活动的开展还具有重要作用。第一，高校共青团思想政治教育是围绕和紧扣高校党政工作中心来开展，所组织的主题教育活动必须是以高校的发展战略为目标，服务于高校的提升和发展，并对高校的总体工作起到思想政治的保护作用；其次，团员主题教育活动作为一所高校新时期内共青团思想政治教育 _ 工作的核心内容，对高校总体的思想政治教育工作起到主导和标杆作用。

2. 主题教育活动模式

要始终坚持以扎实的思想政治教育凝聚人，以理想信念教育、爱国主义教育道德教育为切入点，形成抓活动、抓实践、抓社团、抓骨干、抓网络，通过一系列团员主题教育活动的开展，用一个个特色鲜明的教育主题把学校各种教育力量凝聚起来，对广大团员青年进行系统的、多层次的、全方位的、全过程的思想政治教育。通过多年的实践总结，逐步形成新的主题教育模式，以更好地提升高校共青团思想政治教育的实效性。

（二）强化共青团组织服务团员成长成才的能力

拓宽高校共青团思想政治教育的基本思路，强化共青团组织服务团员成长成才的能力必须坚持“以党建带团建”基本原则毫不动摇，从大学生团员思想与生活变化入手，从服务人手加强高校共青团组织服务大学生团员成长成才的能力，以提高高校思想政治教育的实效性。

1. 坚持“党建带团建”

高校共青团作为培养社会主流精英的重要载体，必须坚持党的领导，牢牢把握正确的政治方向。只有坚持“党建带团建”的根本原则，才能实现思想政治教育的创新。“党建带团建”是一项系统工程，因此，它需要相应的政策和制度保障；要将基层“党建带团建”的工作落到实处，应该从制度或政策的层面上解决“党建带团建”的工作机制问题，将基层团的建设合理地纳入高校思想政治教育的总体规划之中。

2. 从变化入手拓宽高校思想政治教育的途径

高校共青团组织要牢固把握大学生团员青年的思想动态，就应该充分认识大学生团员青年群体特征的变化。当前学生群体的活动范围主要是寝室与网络，可以充分利用各项资源，合理地在宿舍与网络设立团组织，开展形式更为丰富的思想政治教育活动。近年来，学生组织与学生社团的发展十分迅速，应该充分重视学生组织的重要作用，将团的组织建在社团，将团的活动与思想政治教育结合起来。

高校团组织应该加强青年团员思想动态的调研工作，团干部要积极转变工作思路，眼光向下，深入普通大学生团员青年中了解最为基层的信息。通过搜集类似就业创业、思想信仰等信息，把握大学生团员青年关注的热点和变化趋势，为共青团的思想政治教育工作寻找到有针对性的突破口，从而有效提高高校共青团思想政治教育实效性。

3. 从服务入手拓宽高校思想政治教育的途径

高校团组织要搞好思想政治教育工作，必须树立“把握时代脉搏，服务青年成长”的工作理念，重建设，抓服务，在做好传统工作的基础上，着眼创新运行机制，构建创新工作格局，积极探索思想政治教育工作的新模式，增强基层团组织的生机与活力，不断开创思想政治教育的工作新局面。

高校团组织要强化思想政治教育工作，必须依托团的各项活动，为大学生团员青年提高素质、增长才干提供舞台和空间。同时，必须加强高校团组织服务大学生、兼职团干部的能力。通过解决好兼职学生团干部的发展问题，有效引导广大团员青年的发展规划，有效促进思想政治教育工作的开展。

（三）积极探索共青团思想政治教育新模式

1. 努力推进党的工作，教育影响团员青年

近年来，大学生喜欢聚集在网络上、集中在宿舍里，同时大学生社团以及学生组织发展迅速，我们应该继续积极探索宿舍建立团组织、网络建立团组织、学生社团以及学生组织中建立团组织等新的团建模式，进一步加强思想政治教育工作，力求基层团组织思想教育网络覆盖全体青年。

通过整合宿舍资源，有效地将大学生课余时间和空间纳入思想政治教育

工作中。通过充分依托团委主页、校园网以及其他网络系统，加强网络团建工作，拓宽思想政治教育的阵地。通过建立网上团校、网络团支部、网络互助平台，实现对团员青年的联系、服务、影响、动员和引导，有效实现共青团工作虚拟和现实的互动与统一。通过在学生组织、学生社团中设立团支部，划拨专项经费支持组织建设，进而加强对学生工作的引导，提升学生组织凝聚力，强化学生干部工作积极性，稳步扎实地推进各项思想政治教育工作。

2. 完善团支部委员会机构

根据新时期共青团工作的特点，扩编基层团支部委员会的组成人数，完善其思想政治教育职能。有的大学团委鼓励各团支部充分考虑实际条件，在支部书记、组织委员、宣传委员以外，通过设立文艺委员、生活委员、职业导航联络员、信息报送员等相应职能的委员，有针对性地解决思想政治教育中的实际问题，充分发挥基层团组织的服务职能，巩固基层团组织对广大团员青年的凝聚力。

3. 进一步强化调研工作，充分把握团员青年思想动态

高校可根据自身学校院系设置情况，建立健全青年利益协调机制、诉求表达机制、矛盾排查调处机制和权益保障机制，大学团委要积极建立校团委书记信箱和“书记接待日”等机制。作为团委书记来说，要深入大学生食堂，与团员青年代表共进午餐，使广大团员青年能和书记面对面地进行思想交流。建立校团委联系基层团组织工作机制，校团委专职团干部每人可以联系若干学院，并与各学院党委副书记、团委书记、团员青年代表开展形式多样的思想交流活动；各校级学生组织主要学生干部每人联系若干团支部，直接了解团员青年动态，听取团员青年意见，解决团员青年思想政治教育中存在的问题。

4. 以建设学习型组织为契机，深化基层工作理论研究

通过加强青年工作发展的理论研究工作，推进高校基层学习型组织建设，加强高校共青团基层组织和基层工作。大学团委可以依托各级团组织、各类学生社团、全校团干部以及各类网站，定期搜集信息，以构建加强大学生思想政治教育的平台；建立科学分析评价系统，定期召开专题研讨会，探索构建青年思想动态分析平台。同时，通过开展感动大学生新闻人物评选等大学文化艺术节、课外学术科技活动节、支部风采大赛、团务知识竞赛、“阳光书屋”学生社团文化节等精品活动，搭建团员青年思想沟通、交流、聚集的平台，使各级基层组织以及全校团员青年得到充分的展示、发展和提高，从而提高思想政治教育的实效性。

第四节 高校学生社团对大学生思想政治教育的作用

一、高校学生社团思想政治教育的主要功能

高校学生社团的教育功能主要包括思想政治教育功能、育人功能、心理健康教育功能、公益服务功能等等，而思想政治教育功能是高校学生社团众多功能中最重要的一项功能。思想政治教育主要由政治素质教育、思想素质教育和社会品德教育这三个部分构成，主要解决学生政治立场、观点和信念问题，培养大学生树立正确的世界观、人生观、道德观、价值观和法制观，对大学生思想品德综合素质、知识积累产生直接的或者潜移默化的影响。高校学生社团思想政治教育的功能主要表现如下。

（一）教育导向功能

导向功能是思想政治教育目的性、意识形态性的体现，是思想政治教育的基本功能，是其他任何教育都无法代替的功能。

高校学生社团思想政治教育功能中教育导向功能的发挥主要是通过社团自身所形成的环境氛围、社团丰富多彩的活动以及社团成员之间的相互作用形成的。如今，高校教育体制改革不断深入，社会对大学生的整体素质要求不断提高，这就要求高校要充分利用学生社团这一载体来开展思想政治教育工作。一方面要加强对学生社团的引导，发挥大学生的主体性，提高大学生的主动性，还要坚持用马克思主义理论占领学生社团舆论阵地，坚持以理想信念为核心内容，以科学的理论武装人，以正确的舆论引导人；另一方面还要通过有计划地组织开展思想健康有益学术内容充实、具有说服力和吸引力的各种报告和讲座来增强大学生的政治敏锐性和政治辨别力，充分发挥高校社团活动的作用，以便实现高校学生社团的思想政治教育功能中的教育导向功能。

（二）自我教育功能

高校学生社团是大学生开展“自我教育、自我管理、自我服务”的重要阵地，也是高校政治教育的有效载体，它为大学生综合素质的全面提高提供了自我教育的平台。

高校大学生通过丰富多彩的社团活动看到了自身的价值，建立起自信心和荣誉感。在社团活动中，社团成员处于主人翁地位，社团活动的策划、组织及成果等都是以大学生为主体完成的。大学生在开展社团活动的过程中不断地比较和分析各种价值观，帮助自己形成正确的价值观，实现自我教育和相互教育，提高综合素质，尤其是提升了社会责任感和使命感。社团内部民主平等、畅所欲言的自由氛围使大学生在参与社团的各项活动中不断地完善自我，从他律转化到自律，实现综合素质全面提高。大学生进行自我教育不仅使自己的思想政治教育理论得到发展，还使自己的综合素质得到全面的提升，也使高校学生社团的思想政治教育功能得到充分的发挥，对高校开展思想政治教育工作提供了有利条件。

（三）凝聚激励功能

意识形态具有凝聚力，它在社会发展过程中把社会大众意识吸引到意识形态周围，使社会群体按照统一的理想目标和统一的方向向前迈进。同一个社团里的成员都是为了一个相同的社团宗旨和目标去开展活动的，这样渐渐地形成了思想上统一，而高校学生社团的活动具有的多样性、时代性特点使大学生更容易形成思想凝聚力，较容易互相激励。社团活动每一次的开展不仅离不开社团里每个成员的努力和奋斗，还培养了大学生的团队精神和合作精神；而成功的社团活动更会给社团成员带来荣誉感和自豪感，能更好地把社团成员凝聚在一起，发生思想上的碰撞，形成思想凝聚力。高校学生社团自身在高校里都有很高的号召力和影响力，再通过开展丰富多彩的活动，大学生的积极性、创造性就被充分地调动起来，内在的驱动力和激励力也被充分地激发出来。因此，充分发挥高校学生社团思想政治教育功能中的凝聚激励功能，是开展思想政治教育的一个有效的途径和渠道。

（四）调节转化功能

调节转化功能主要是指教育对象生活在社团文化氛围之中，通过感染熏陶和互动等作用，在无形中自我接受教育，促使其向好的方面转化。随着社会竞争越来越激烈，知识更新的速度也越来越快，对高校大学生来说，学习和就业的压力也越来越大。当今社会带给大学生的不利影响，需要一种轻松活泼的教育方式来消除，这时就可以通过高校学生社团丰富多彩的活动来对大学生进行思想政治教育工作，因势利导地推进大学生思想境界的提高。高校学生社团思想政治教育的调节转化功能在两个方面得到充分的体现：首先，调节大学生的心理。大学生在面对学习和就业的压力时产生了普遍性的困惑和忧虑，这就需要高校学生社团的活动给大学生创造一个自由、宽松的氛围来减轻大学生的困惑感和忧虑感。其次，调节大学生的思想。有的大学生在多姿多彩的社会中接触到一些不好的现象，影响了他们的思想认识，偏离正确的轨道，这就需要高校思想政治教育者充分利用高校学生社团这个载体和渠道来积极改造大学生错误的思想认识，引导他们转化到正确的方向和轨道上来。

（五）素质拓展功能

高校学生社团的多样性和广泛性对提高大学生的综合素质具有重要的作用，学生社团丰富多彩、积极向上形式多样的校园文化活动对培养大学生的实践能力、自我管理和自我发展以及创新能力都起到了积极的第一课堂取代不了的作用。

高校的学生社团是一个良好的平台，让学生们可以在这里锻炼、成长，提高自身的全面素质，为今后走人社会创造良好的自身条件。当代社会不管是经济竞争、科技竞争还是综合国力的竞争，归根到底是人才的竞争。从本质上来看，人才的竞争实际上是人才素质的竞争。素质教育已成为高校人才培养的发展方向。高校学生社团是校园文化的一个重要载体，为大学生素质教育提供了阵地，为大学生素质教育的开展提供了有利条件。大学生通过参加社团举办的丰富多彩健康向上的活动不仅有利于促进大学生专业知识的学习、开拓大学生视野，还有利于提高大学生的综合能力、完善大学生的健康个性，更有利于促进大学生的身心素质发展，提高大学生的综合素质。因此，高校思想政治教育者应充分发挥高校学生社团思想政治教育的素质拓展功能来促进高校教育目标的迅速实现。

二、发挥高校学生社团思想政治教育的主要功能

有鉴于社团在高校思想政治教育中的主要功能，可从以下三方面着手，充分发挥其优势，力求达到“加强和改进大学生思想政治教育、服务学生全面健康成才”的目的。

（一）建立制度完善、管理有效的社团组织

1. 加强社团的制度建设

社团建设应纳入共青团的组织体系和工作体系，努力构建以共青团组织为主体，以学生会和学生社团组织为两翼的“一体两翼”的共青团组织体系；进一步建立健全社团成立、注册审批制度，社团活动审批、考核制度以及相应的激励约束机制等一系列有利社团健康发展的制度。社团主管部门也应加强对社团日常工作的监督指导，注重社团之间的协调与合作，促进社团活动

规范化，做到有章可循、有规可依，避免因管理不力而导致社团“出轨”现象发生。

2. 加强社团团支部建设

共青团组织要积极参与到社团组织和活动中，要不断加强团组织在社团中的主导作用，强化对学生社团的思想上和政治上的领导，这是事关学生社团性质和发展方向的重大问题。同时，还要不断加强社团团支部的思想政治教育功能，积极引导和鼓励社团团支部定期开展主题团日活动，积极寻找社团自身建设与团支部建设的有效结合点，以团建带动和引领社团健康发展。

3. 加大对社团的支持力度

学生社团的“民间性”特点，使他们难以像学生会等正式组织易获取资金支持，一些处于初创期社团组织更是如此。社团一些很好的活动，往往由于经费不足而难以开展。学校应重视、支持学生社团建设，加强对学生社团的扶持力度，多渠道筹措经费，划出专项经费支持学生社团活动，在社团活动场地和设施等方面给予必要的保障。另外，在学校举行“校园文化艺术节”“校园科技活动月”等大型学生活动中，可以让不同的社团分别承办子活动，一方面丰富了社团活动内容，提升了社团品位，另一方面也增加了社团经费来源，确保了后续发展。

（二）培养能力强、业务精的社团骨干队伍

1. 建立科学合理的社团干部选拔任用制度

学生社团是否有战斗力和生命力，关键在于是否有骨干、有脊梁，是否有一群优秀的学生社团干部。社团干部是学生社团的核心，是社团群体的领袖社团干部的良好思想政治素质可以影响教育更多的社团成员。要形成关心支持社团建设与发展的良好氛围，把学生社团骨干作为学生干部的重要组成部分纳入学校对学生干部的选拔、培养、考核和管理之中，造就一批政治素养高、业务能力强的社团干部，通过社团干部的“言传身教”潜移默化地影响社团成员，以达到思想政治教育的目的。

2. 深化社团指导教师制度

加强对学生社团建设与管理的指导，让社团指导教师进驻社团，使社团在指导老师的具体指导下，在主要社团干部的带领下，能够持续、健康地发展。选配一批政治、业务素质高且责任心强的指导教师，既提高了社团活动层次，使社团活动得到正确的引导和规范，又是做好社团思想教育工作的有效途径之一，保证了社团的健康发展和学生的健康成长。为此，需要做好学生社团指导教师的选配工作，争取实现每个社团都有一名指导教师。学校要

承认指导教师付出的劳动，建立健全相应的社团指导教师奖励考核机制，提高指导教师的工作积极性。

（三）增强社团活动的针对性与实效性

增强社团活动的思想政治教育针对性与实效性，是发挥学生社团思想政治教育功能的先决条件。社团的生存与发展依靠丰富多样的社团活动，更需要在丰富多样的基础上坚持开展吸引力强、教育意义深刻的社团活动，打造品牌活动和精品活动。增强学生社团活动的思想政治教育针对性，就是要拓展活动内容，做到马克思主义理论教育与思想政治教育相结合，增加社团活动的思想政治教育因素；增强学生社团活动的思想政治教育实效性，就是要将活动内容与时代特征相结合，形式上坚持理论教育与社会实践相结合。

1. 围绕“中国梦”主题举办系列精品活动

中华民族的伟大复兴是近代以来中华人民的理想夙愿。现阶段，中华民族的伟大复兴基于全面建成小康社会和建设社会主义现代化国家两个阶段性目标，两个阶段性目标也是“中国梦”的核心。“中国梦”系列重要讲话精神是马克思主义理论中国化的最新成果，同时，“中国梦”主题教育是新时期大学生思想政治教育的主要内容，围绕“中国梦”主体举办社团活动，有利于实现马克思主义理论教育与思想政治教育相结合，促进大学生树立正确的理想信念，提升思想文化素养，改善精神面貌，增强社会责任意识。

首先，学生社团应深入开展“中国梦”主题系列活动，以“中国梦·我的梦”主题为活动主线，契合各种教育情境，丰富活动形式，坚持打造精品活动，使活动形成常规化、专业化、品牌化，增加学生社团成员的社会实践和精神体验，在实践活动中丰富爱国主义情感，不断开拓进取，知行合一，实现梦想。其次，在活动中树立与“中国梦我的梦”主题相关的学生典型，挖掘大学生身边的优秀学生及其励志故事，发挥典型榜样的隐性教育作用。最后，加大发挥专业指导教师作用，在创新社团活动形式的同时加强社团活动内容的理论深度，做到理论和现实相融合，将理论说透，努力提升活动质量。

2. 紧扣全球化发展新问题开展活动

随着全球化浪潮的推进，国与国之间、人与人之间的距离空前拉近，许多国际性问题演变为全球性问题，“全球性问题的解决需要人类共同面对挑战、共同寻找出路，也需要全球文化价值观念的转变，从对立思维转向联系思维和合作思维，从殖民主义思维转向平等主义思维。”全球化发展带来的既是机遇也是挑战，当代大学生处在全球化浪潮之中，应当关心全球化发展，关注全球性问题，通过理论学习和实践活动开阔视野、锻炼积累，增强战略思维，树立世界眼光，努力成为新时代发展需要的人才。高校学生社团的思想政治教育，应紧扣全球化发展的新问题开展理论学习活动，充分服务于我国的经济政治、文化、社会和生态文明建设。

首先，学生社团要把握时代特征，主动适应时代要求，引导大学生关注国际国内重大经济社会发展问题，通过深化理论学习强化学生对全球化问题的理性思考和价值判断，指导学生客观看待中国社会改革和社会转型期的思想观念冲突和利益格局调整，不断提升他们对各种社会现象的分析判断能力。其次，学生社团应注重培养大学生的问题意识和世界意识，经常开展针对全球性问题的理论学习、探讨及实践活动，坚持学习活动新常态，引导大学生积极面对新问题，发掘理论创新能力。

3. 坚持理论与实践相结合，树立活动品牌

马克思主义是活灵活现的方法论，随着实践的发展而发展的理论特质使其饱含时代价值。今天，我们以马克思主义指导社会实践，应当是创造性的“运用”而非教条式的“引用”，将马克思主义“看作行动的指南”。邓小平曾强调：“不以新的思想、观点去继承、发展马克思主义，不是真正的马克思主义者”。对待马克思主义理论学习，应当结合新的实际进行独立思考，创造性地将理论用于实践的指导，才能够在保持马克思主义真理性的前提下有针对性地解决实际问题。

首先，高校学生社团活动重在发挥大学生“三自”教育在理论学习中的促进作用，并结合大学生的思想实际，开展理论性与实践性兼具的社团活动，活跃理论学习氛围，增强社团活动的思想政治教育针对性和实效性。其次，学生社团积极开展社会实践活动，走理论联系实践、理论联系群众的道路，推动大学生向实践学习、向广大人民群众学习。鼓励大学生深入基层，开展校外实践活动，一方面促进大学生在服务社会的过程中宣传马克思主义理论和中国特色社会主义理论，另一方面促使大学生接受社会的锻炼，独立思考、承受挫折，加速个体社会化进程。充分发挥实践活动的思想政治教育作用，必须不断提升活动质量，树立有影响力的品牌活动。

（四）坚持与时俱进，打造社团思想政治教育新媒介化

信息科学技术的高速发展推动了传媒大众化，无论是社会组织还是广大群众，从信息交流到文化沟通，都离不开对媒介尤其是电子媒介的运用。当代社会生活高度依赖于大众媒介，新媒介化社会正悄然形成。大学生是新媒介化时代具有鲜明特质的群体，他们熟悉各式各样的媒介，是互联网及其他新媒体运用的一大主体。大学生的思想政治教育工作必须坚持与时俱进，结

合新媒体时代特色与大学生的特点开展活动。高校学生社团的思想政治教育功能实现，也应当朝着新媒介化的方向努力，充分利用媒介的便捷、快速、即时、互动的优势开展社团思想政治教育。

1. 充分利用各项新媒体技术手段

充分实现高校学生社团的思想政治教育功能，必须不断加强学生社团思想政治教育媒介化建设，扩大学生社团的影响范围。简而言之，新媒体技术是媒介化的一个新成分，思想政治教育媒介化是对思想政治教育信息的重构与整合。“新媒体的优势在于它改变了传统大众传媒的一点对多点的传播方式，具有良好的交互性有效的即时性、高度集成性与泛在的网络性等特点。其在教育方面的优越性在于：资源丰富、方便快捷、开放共享、尊重个性、互动性强、虚拟仿真、更具人性化。”通过互联网、手机、微信、微博、微课QQ等新媒体开展思想政治教育是信息时代的要求，同时，新媒体为思想政治教育提供了崭新的平台，为理论信息提供了方便快捷、覆盖面广的宣传渠道。

首先，针对学生社团在大学生群体中影响力较弱的情况，应不断提高社团对网络技术的运用能力，加强技术投入，挖掘各种受大学生喜爱的新媒体宣传渠道，结合各渠道的优势扩散学生社团的影响力。一方面，向学校党团部门申请更多的技术支持和设备支持，另一方面，在社团纳新时注重招聘精通新媒体技术的大学生，并在社团内部设立新媒体管理机构，使社团的新媒体技术运用制度化、规范化。其次，理论宣传也是学生社团思想政治教育的一种方式，通过在新媒体客户端上传或分享理论信息，便于社员及社员以外的大学生接受和查看理论信息，大学生们可以自由选择想要了解的理论信息，了解之后还可以在客户端上发表评论或开展讨论，增强教育效果。

2. 促进社团新媒介化资源整合

高校学生社团思想政治教育媒介化建设必须整合各种媒介资源，融合传统媒介及现代媒介的优势，加大社团的宣传和影响。

首先，应重视报刊、文集、宣传栏等高校传统媒介的宣传作用，将社员的理论学习心得、理论研究成果以及经过甄选的思想政治教育相关信息，通过定期制作社团理论刊物和理论宣传展板、报刊、文集，形成制度化、常态化的社团日常工作，加强对内对外的理论宣传，保护好学生社团的理论创设园地。其次，开辟互联网理论学习新阵地，打造开放式和互动式的学习方式。要求学生社团要加大网络阵地建设，创建形式多样、外表美观、内容新颖的理论性网站，并设置思想政治教育信息专栏或主页，充分满足大学生的思想需求和理论需求。再次，加强社团新媒体终端建设，在新媒体平台上设置互动版块，邀请专业理论教师作为互动的嘉宾，在线解答同学们在理论问题上的疑惑，打造理论学习双方在线上的实时互动。建成一支专门的网络和新媒体平台管理团队，选拔既精通于新媒体技术又具备较高理论素养的社团成员，对学生社团的网络和新媒体进行管理维护，确保互动平台的畅通。最后，在媒介整合的过程当中，学生社团应重视发挥各种媒介资源的人性价值，充分关注大学生的反应和需求，争取大学生信任，使学生在互动平台上有话想说、有话敢说。

3. 重视新媒介化建设的意识形态性

意识形态工作历来是党的一项极其重要的工作，习近平指出："坚持团结稳定鼓劲、正面宣传为主，是宣传思想工作必须遵循的重要方针。"新媒体的运用扩大了学生社团的影响范围，越来越多的大学生通过新媒体接受学生社团的理论宣传，在这个过程中，应当坚持不懈增强理论宣传的意识形态性，发挥好学生社团的网络意识形态教育功能。

首先，学生社团应不断增强网络阵地的意识形态观念，突出社会主义意识形态在网络阵地的主导地位。学生社团的理论宣传，不仅仅是为了提升社团的知名度，更是为了以理论宣传加强主导意识形态渗透，由"点"到"面"拓宽高校意识形态教育路径，营造有利于主导意识形态建设的良好的高校网络环境。其次，以"弘扬主旋律，传播正能量"为基本方向，做好学生社团的意识形态宣传。学生社团的信息传播，应当注重甄选那些与主导意识形态建设相关的信息，结合大学生的思想行为特点，把握好理论宣传的时、效、度，更要使社团意识形态宣传"接地气"，向大学生传递意识形态宣传的真情实感。

第十一章 利用校园网络探索思想政治教育工作

第一节 网络思想政治教育概述

一、网络思想政治教育概念的界定

近几年来，由于网络对社会各个方面的影响，学术界对于网络思想政治教育内涵上的界定有两种主要的观点：一是基于网络的思想政治教育，二是网络环境下的思想政治教育。

（一）基于网络的思想政治教育

持此种观点的学者是对网络思想政治教育的广义理解，把网络作为一种信息技术和信息交往平台，从网络的技术特征角度对网络思想教育进行界定。提出的问题是在网络化的社会环境下，传统的思想政治教育从理念到内容、手段、机制与组织方式如何发展、如何创新，是一种思想政治教育全面体系的构建问题。

刘梅在《思想政治教育的现代方式一论网络思想政治教育建设》中最早提出“网络思想政治教育”的概念并对其进行了界定。她认为，“网络思想政治教育，是根据传播学和思想宣传的理论，利用计算机网络所进行的思想政治教育”。

作为与传统思想政治教育相对应的一种现代方式，网络思想政治教育是“在了解计算机网络和多媒体知识，掌握现代传播技术的基础上，通过制作、传播和控制网络信息，引导网民（或受众）在全面客观地接触信息的基础上，选择吸收正确的信息，从而达到思想政治教育的目的”。这种界定得到了学术界的广泛认同。

曾令辉等编著的《网络思想政治教育概论》中曾指出：“所谓网络思想政

治教育，是指一定阶级、政党、社会团体用一定的思想观念政治观点、道德规范，通过现代传媒一计算机网络对其受众施加有目的、有计划、有组织的影响，使他们形成符合一定社会、一定阶级所需要的思想品德的社会实践。”杨立英在《网络思想政治教育论》中也认为，“网络思想政治教育是运用思想宣传的理论和传播学的原理，以互联网为载体开展教育的一种现代思想政治教育方式”。

（二）网络环境下的思想政治教育

这是对网络思想政治教育的狭义理解，是把网络作为思想政治教育的新阵地、新工具、新方法，用以加强和改进思想政治教育，是思想政治教育局部体系的构建问题。

韦吉锋在《关于网络思想政治教育界定的科学审视》中对网络思想教育的概念进行了深入的考察和剖析。他力图超越网络的工具价值，揭示网络思想政治教育的本质特征，认为“网络思想政治教育是指抓住网络本质，针对网络影响，利用网络有目的、有计划、有组织地对网民施加思想观念、政治观点、道德规范和信息素养教育方面的影响，使他们形成符合一定社会发展所需要的思想政治品德和信息素养的网上双向互动的虚拟实践活动。”

以上两种界定，从不同的视角对网络思想教育的含义进行了阐述，从网络思想政治教育的具体实践看，以上两种理解涉及的问题相互交织在一起，是对于网络思想教育不同层面、不同教育的阐述和理解，但二者在实现网络思想教育的功能性问题上是相互影响、缺一不可的。从网络思想政治教育的理论研究看，网络思想政治教育的广义理解是狭义理解的基础和前提，而狭义的理解研究的水平和高度引领着广义理解的高度。

二、网络思想政治教育的特征

（一）教育目标的政治方向性

思想政治工作历来是我们党一切工作的生命线。高校思想政治教育的根本任务是用马克思列宁主义、毛泽东思想、邓小平理论和“三个代表”重要思想武装大学生的头脑，培养有理想、有道德有文化、有纪律的社会主义建设者和接班人。网络思想政治教育作为思想政治教育工作在网络的特殊形式，也具有鲜明政治特性，“在任何国家，不论以怎样的称谓来表示思想政治教育这种客观存在的教育活动，都无法抹杀他的政治色彩，他总是围绕着特定的政治目标而展开、为特定的政治利益而服务的”。网络的开放性、信息获取的自由性，使得西方凭借强大的技术优势、语言优势和文化强势，以比较隐蔽的方式对我国人民，尤其是青年学生，进行意识形态的渗透。因此，高校网络思想政治教育要积极引导广大学生牢固树立科学的世界观、人生观和价值观，自觉抵制西方思想意识的侵蚀，保证思想政治教育目标的实现，这也是思想政治教育的本质要求。

（二）教育形式的多样性与丰富性

据心理学研究表明，人们接受外来信息的83%是通过视觉感官实现的。网络语言具有声色俱全、图文并茂、容量巨大的特点，其海量的网络信息内容涉及政治、经济、文化、科技等各个方面，极大地丰富并拓展了高校思想政治教育资源和视野。在思想政治教育的传统模式中，思想政治教育的主体要花费大量的精力准备资料，学生则形式单一的被动接受教育。而网络信息传播的形式不仅仅是文字还包括声音、图片、三维动画甚至是影视。多媒体技术的运用特别是虚拟现实技术采用多种多样的信息呈现方式，充分调动学生的多种感觉器官，使之认识、体验、感知思想变化的过程和情景，做到晓之以理，动之以情，导之以行，大大提高了思想政治教育的效果。

（三）教育主客体的平等性与互动性

与思想政治教育的传统模式相比，网络环境改变了教育者与受教育者的地位，强化了教育主体与客体的平等性，从而更加尊重受教育者的主体地位，使之更好地进行互动性的交流。传统思想政治教育“你教我学、你说我听、你打我通”的方法形式呆板，索然无味，学生极其被动。网络使大学生思想政治教育方式方法由传统的单向灌输型工作方式向双向交流型工作方式转变。这种双向交流型工作方式又称主客体互动型思想政治教育方法，它很好地适应了大学生心理活动的特点。

第一，与传统的课堂教育相比，网上教育不受时空的限制，一人授课，所有的学生都可以同时接受教育，这就打破了师生必须在同一个教室里面对面才能进行教学的状况。第二，网上教育不仅具有实时性、交互性的特点，而且教学水平高，学生收获大。学生可以自由选择自己喜欢的老师，随时向老师提问，远在千里的老师也可以立刻做出解答。师生还可以通过网络交流思想，畅谈人生，教育者和受教育者双方的平等关系由此得到发展。第三，不仅教育对象可以从多种渠道方便快捷地获取思想政治教育信息，根据自己的爱好阅读、分析、思考、评估、鉴定、交流、提出自己的见解，而且教育者也可以针对不同教育对象的具体情况选择不同的教育内容进行个别教育。因此，网络的这种双向交流是其他载体所无法比拟的。

（四）教育受众面的广泛性

传统的思想政治教育经常以“一对一”的形式展开，通过谈心，面对面的交流解决思想上的问题。显然这种方式只能解决单个学生的问题，无法对有同样问题的学生产生影响。而通过讲座、班会等形式虽然可以解决一些问题，但无法有针对性地解决他们的问题，并且受众面是非常有限的。而在网络环境下，思想政治教育者可以通过 QQ、微信、微博、MSN 等与学生进行真诚而广泛的交流，帮助他们解决遇到的问题。还可以在微博上参与讨论，有针对性的解决不同学生的思想问题，突破了时间和空间的限制，大大扩展了教育的范围。

（五）教育过程的时效性

校园网络是反映学生思想动态的一个重要场所，教育者可以通过网络上反映出来的学生针对国家社会、学校管理中他们所关心的问题发表的意见、观点、看法，及时地掌握学生的思想动态，有效地疏导学生思想，化解学生中存在的消极情绪，把问题解决在萌芽状态。与传统思想政治教育信息反应的滞后相比，网络环境下的思想政治教育大大提高了时效性。

三、高校网络思想政治教育的重要意义

（一）高校网络思想政治教育的战略重要性

习近平总书记多次就网络安全和信息化发表重要讲话，做出了重要批示，深刻阐述网络安全和信息化工作的重大意义、战略目标和重要举措，这是我们做好新形势下的网络建设和管理，创新高校网络思想政治教育工作的重要指南。

近年来，随着现代信息技术的迅猛发展，网络对传统的教育模式提出了新的挑战，也为人才培养提供了新的载体、平台和巨大信息资源。如今，网络化生活已成为当代大学生的常态，对大学生思想行为也带来了全方位、深层次的影响。

可以说，当前高校宣传思想工作中的许多新情况新任务，在很大程度上是因“网”而生、因“网”而兴、因“网”而增。因此，高校网络思想政治教育工作具有三大战略意义。

1. 创新网络思想政治教育是贯彻国家战略的主动之举

我们认识到，青年学生历来都是意识形态斗争的重要争夺对象，谁抓住了青年学生，谁就把握了未来的主导权。近年来，敌对势力借助资本渗透、

煽动传播、数据挖掘等手段，千方百计利用网络平台吸引学生，并以或明或暗的方式试图引导青年学生去政治认同甚至反政治认同，妄图在思想观念上误导学生、价值取向上左右学生、理想信念上动摇学生。为此，必须以直面挑战、主动而为的态度创新网络思想政治教育工作，尤其要着力建设好符合学生需求特点、兼具教育性和安全性的网络阵地。

2. 创新网络思想政治教育是落实立德树人的创新之举

立德树人是教育的根本任务，引导学生认同和践行社会主义核心价值观是其中的重中之重。我们深刻认识到，要使社会主义核心价值观人脑入心，关键是要按照习近平总书记关于“在落细、落小、落实上下功夫”的要求，着力在“无时不有、无处不在”的网络世界中建立“时时可得、处处可及”的情境空间，引导学生通过互动体验和共建共享将社会主义核心价值观融入于血脉、彰显于言行。对此，网络思想政治教育大有可为，因为其能够发挥即时性、移动性、互动性等网络特点，可以紧密契合当代青年学生“无人不网”“无处不网”“无时不网”的生活状态。同时，又充分发挥其线上线下班级同构、学习生活资源同步、教师学生交流同行等独特优势，把社会主义核心价值观落细为线上线下活动，落小为数以百计千计的应用功能、讨论议题和网络作品，从而最终落实为满满的网络正能量和昂扬的青春中国梦。

3. 创新网络思想政治教育是服务学生成长的有力之举

成长成才是当代学生的核心关切。要使思想政治教育网络阵地对学生产生持久而深入的吸引力和影响力，只有深层次地服务学生成长成才需求，才能使网络阵地的黏合力透过“眼球”直达“心灵”。为此，创新网络思想政治教育可以通过汇聚优质教育教学资源服务学生学习需求，通过整合精品文艺文化资源服务学生精神需求，通过拓宽丰富就业创业资源服务学生发展需求，通过提供日常便利资源服务学生生活需求。

（二）高校网络思想政治教育创新的必要性分析

网络思想政治教育虽然在我国已经经历了多年的发展，但其各方面的建设和发展速度并未和网络的发展以及人们对网络认识和使用率的提升同步，所以，高校必须深刻认识到创新网络思想政治教育的必要性和紧迫性，才能在网络思想政治教育实践中，提高工作水平，深化认识，做好新形势下大学生的思想政治教育工作。

1. 高校网络思想政治教育创新是加强大学生思想政治教育的必然要求

大学生的思想政治素质直接关系到建设有中国特色的社会主义事业的兴衰成败，他们的共产主义理想、社会主义信念是否坚定，思想道德素质是否高尚，在一定程度上决定着社会主义和谐社会建设的前途和命运。加强高校网络思想政治教育工作，提高高校网络思想政治教育水平，提升大学生思想道德素质，对提高党的执政能力至关重要，对建设和谐社会至关重要，对培养社会主义合格建设者和接班人至关重要。

2. 高校网络思想政治教育创新是保证和促进大学生全面发展的有效途径

思想政治教育的社会价值主要在于培养政治情感、引导政治行为、传播政治意识、和谐政治关系；思想政治教育的个体价值主要在于引导政治方向、塑造个体人格、激发精神动力、调控品德行为等。这两方面价值对大学生成长成才和全面发展都有着重要的意义。青年学生是网络应用的一个巨大群体，他们在网络应用中的主体性高度提升，信息渠道更加广阔，社会文化思潮、价值观念越来越多样和差异化，所以，网络思想政治教育工作面临的情况也越来越复杂。事实上，聊天、游戏、浏览娱乐性网站现在已经成为多数学生上网的主要内容，还有一些网络不道德行为对大学生身心方面特别是价值观念和思想政治状况方面产生很多消极负面影响，而当前的网络思想政治教育工作在引导和调整大学生网络行为方面还不具有主导性的影响力。面对社会不断进步和政治文化经济的不断发展带来的机遇和挑战，只有实现网络思想政治教育的不断创新和发展，才能使思想政治教育的内涵和效果得到相应的发展。大学生全面发展所需要的各种知识能力是随着时代发展在不断变化着的，高校网络思想政治教育的创新以大学生的成长和成才为最高目的，是保证和促进大学生全面发展的有效途径。

3. 高校网络思想政治教育创新是推动校园文化建设的重要组成部分

网络已经成为当代大学生学习、生活中不可或缺的空间，而且这种趋势会随着网络技术应用的进一步普及和发展，形成更大的影响力。在大学生的网络化生活中，由思维方式、生活方式、交往方式的变革始发，它引起了校园生活的精神层面一校园文化的深层变革。随着高等教育的改革，传统的院系、班级的概念大有被逐渐消解之势，以传统院系班级为单位开展校园文化活动变得越来越难以有效开展。学生对传统校园文化活动热情降低、参与减少，而虚拟的网上生活则大量增加，这直接影响到了思想政治教育的接受效果。校园文化建设必须适应时代的发展和大学生生活方式、行为方式的变化。

高校网络思想政治教育的创新发展适应了校园文化的这种需求，可以通过网络参与的方式，拓展思想政治教育的空间，同时为校园文化提供一个新的物质技术环境，便于在网上构建健康的校园文化。高校网络思想政治教育创新就是要在高校网络中营造一种浓郁的校园网络文化氛围，满足大学生成长和成才的知识文化和精神需要，引导大学生道德素养的提高，构建网络时代大学生的精神家园。

第二节 网络思想政治教育的理念探索

一、网络思想政治教育理念的界定

所谓理念，通常指主体根据自己对事物本质和发展趋势的理解和判断，根据自己对社会发展需要和对个体本性的体验和体认，经过长期的过滤、积淀和检验而固定下来的思想观念。这种思想观念既是一种高度理性化的观念，也是一种高度价值性的观念。科学的理念，既应是对事物发展的本质联系和趋势规律性的正确揭示，也应是人类、集体和个体发展需要的正确反映，还应当是合规律性和合目的性的统一。

网络思想政治教育的理念，既应当反映网络这一新生事物存在和发展的本质要求和发展趋势，又应当反映思想政治教育这一特殊社会活动的本质属性和发展要求；既应当反映人类发展和进步的本质需求，又应当反映个体发展和完善的必然趋势。尽管思想政治教育是我党历史悠久行之有效的优良传统，但网络思想政治教育对我们来讲，无论从原则、内容，还是方式、方法方面，都还是一个新的事物、新的实践活动。正因为如此，要想总结、过滤、积淀出科学的网络思想政治教育理念，无论从时间过程，还是从实践经验；无论从人类对网络的感性认识，还是对网络思想政治教育的感性认识；无论从网络对人类、对个体的关系认识上，还是网络思想政治教育对人类和个体关系的认识上，由于都还处于感性认识的积累阶段，所以缺乏全面和深刻的经验基础和科学知识依据。这就为确立、理解网络思想政治教育的理念带来了难度。

（一）理念的科学定位

网络思想政治教育理念的科学定位，即网络思想政治教育的理念对网络思想政治教育来讲，具有什么功能和价值，这个问题没有搞清楚，整个网络思想政治教育理念的研究就会失去意义和方向。

任何理念的确立都必须要有自己的基本依据，而科学理念的确立则需要科学的依据。没有依据的理念就不具有积极的功能和价值，就不能起到积极的促进和推动作用；没有充分而科学的依据的理念，同样难以发挥积极的功能和价值以及积极的促进、推动作用。

（二）理念的功能价值

网络思想政治教育的理念，在网络思想政治教育中具有重要的功能和价值，具体讲，具有以下三个方面的功能和价值。

1. 目的方向

理念具有有利于确定网络思想政治教育目的和方向的功能和价值。任何一项社会活动，都应当具有自己独特的目的和运动方向，否则就成为盲目的活动，而盲目的活动，不是失败的，就是有害的。而一旦具有了正确的目的和运动方向，活动的运动就有了目标和动力，就能积聚社会资源来实现活动的运动、目的和方向。网络思想政治教育的理念就能为网络思想政治教育的目的和方向提供科学的依据。

2. 基本原则

理念具有确立网络思想政治教育基本原则的功能和价值，网络思想政治教育的基本原则则是为了有效实现网络思想政治教育的目的和方向而确立的。只有那些符合网络思想政治教育基本理念的原则才能有利于实现网络思想政治教育的目的。

3. 方式方法

理念具有确定和确立网络思想政治教育方式方法的功能和价值。如果说网络思想政治教育理念的第一个功能和价值是为了网络思想政治教育具有科学的和长远的目的及其方向的话，网络思想政治教育理念的第二个功能和价值就可以说是为了网络思想政治教育的整个过程能够有目的的顺利运行，那么网络思想政治教育理念的第三个功能和价值就是为了网络思想政治教育怎样才能从现在做起，从具体做起，并做得具有针对性和有效性。如果网络思想政治教育理念的这三个功能和价值都能够充分地发挥出来，网络思想政治教育就能够真正成为服务于社会、服务于人类和服务于个体的“社会公益事业”。

二、网络思想政治教育理念的基本特性

“基本特性”是继“确立依据”之后关注、研究理念所面临的第二个需要回答的问题。如果仅仅了解“确立依据”，那么对理念的认识只能是抽象的，并不能对理念有一个全面的具体的认识。“基本特性”正是具体认识中的一个主要表现。对它的研究，有着重要价值。要想真正把握网络思想政治教育理念的特性，既要搞清它的“一般特性”，又要搞清它的“特殊属性”。只有在这两个特性都搞清楚的情况下，才能对网络思想政治教育的理念有较为客观、较为全面的认识。

（一）理念的一般特性

“一般”是相对“特殊”而言的：所谓“理念的一般特性”，意指思想政治教育的理念不管是作用于网络社会，还是作用于非网络社会，都具有其指导价值，不会因领域或空间的不同而有所差异。这种“一般性”主要表现为如下三个方面。

1. 表现形式上的观念性

理念是一种观念，是人们对物质世界的主观反映，观念的内容虽然渗透着反映主体的理想追求，但首先是对外部世界的事物特征、本质属性、发展趋势及规律的反映和把握。观念的基本特点就是主观性，但真正的观念决不能凭主观产生，必须要有客观的内容和依据。完全主观产生的东西，只能是一种幻觉。理念在形式的主观性上与观念是相同的，都是人们对外部世界的主观反映，这种主观反映的正确与否，关键看它是否与被反映的外部世界相一致。

2. 功能作用上的方向性

理念是观念，但又不同于一般的观念。理念区别于一般观念的地方主要表现在：理念主要是对事物本质属性、发展趋势及其规律反映，而一般观念则是对事物的现象、表面特点等的反映；理念主要是人们理性认识的表现形式，经过了人们的理性加工，而一般的观念则没有经过人们的理性加工，只是低级的认识形式；理念在人们反映事物本质属性、发展趋势及其规律的同时，更多地体现和渗透着主体的价值取向和理想追求。理念的本质就在于“理”字上，即理性、理想等，而一般的观念只是在反映事物的一般属性的同时，体现和渗透着主体的一些感受及经验罢了。理念的功能及作用在于保证主体行为的方向性、目的性和连续性，而一般的观念则做不到这一点。

3. 产生方式上的提炼性

理念既然是一种能够保证主体行为的方向性、目的性和连续性的观念，就决不会自然形成，也不会任意产生。理念的形成或产生是经过主体高度提炼的结果或结晶。这种主体的提炼性主要表现在两个方面：其一，主体对事物认识的提炼。主体对事物的认识是一个从感性到理性，再从理性到实践的反复循环的过程。在这个认识过程中，主体不断通过提炼，使认识能够真正反映事物的本质及规律。其二，主体对价值取向和理想追求的提炼。主体关于价值取向和理想追求的理解同样是一个不断深化的认识过程，在这个过程中主体不断提炼自己认为最有价值、最值得追求的目标。当主体把两种提炼的结果有机结合起来的时候，理念就产生了。可见，不管主体对事物认识的提炼，还是对价值取向和理想追求的提炼，反映的是理念实际形成的过程，这一过程不管处于那一种状况，“提炼”作为理念产生的方式是确定无疑的。

（二）网络思想政治教育理念的特殊属性

网络思想政治教育的理念，在具备一般理念共有的特性之外，还有着自己独特的特性。这个特性也表现在如下三个方面。

1. 网络发展的主观反映

网络思想政治教育的理念是人们对社会发展和网络发展，特别是网络发展的主观反映是网络社会健康发展要求的观念表现形式。网络思想政治教育的理念必须来源于网络世界的现实需要，既不能主观臆造，也不能任意移植。

2. 网络世界发展的愿景

网络思想政治教育的理念，不仅要体现网络社会发展本质规定和规律性要求，还要体现和渗透社会对网络世界发展方向、目的、功能、价值的正确判断和深刻体认。网络思想政治教育的理念应当体现出人们对网络世界价值的独特而正确的理解及追求，应当是人们关于网络世界发展的愿景。

3. 理性的选择和情感的体认

网络思想政治教育的理念应当是在网络实践过程中经过人们不断积累经验和深化认识，不断加深人们对网络属性、特征和发展趋势、发展规律的认识，不断深化对网络与人、网络与现实等关系网络价值、功能等重大问题认识的基础上，经过科学提炼和慎重选择而确立的，既应当是理性的选择，又应当是情感的体认。

第三节 网络思想政治教育的原则和方法

一、网络思想政治教育的基本原则

原则是过程运行的方法论指导，是运行目的实现的前提保证，是具体方法确立和实施的根本制约因素。网络思想政治教育由于是新的思想政治教育领域和形式，在网络思想政治教育的原则上还需要不断探索不断创新。根据规律性依据和目的性依据及已有的实践经验，信息开放和网络把关相结合、平等互动与疏通引导相结合、突出重点和兼顾整体相结合等应当是网络思想政治教育基本的和重要的原则。

（一）信息开放与信息把关相结合的原则

根据网络思想政治教育的要求和目的，根据网络社会的基本特征和本质属性，信息开放和信息把关相结合就成为网络思想政治教育的首要原则。

1. 信息开放原则

信息开放是网络世界基本特征和属性的本质要求，也就成为网络思想政治教育原则的基本要求。现代社会，对各种事情的知情权已成为公民基本的重要的权利，尊重并满足公民的知情权是社会的基本责任。而尊重并满足人们的知情权，最好的方式就是实行信息开放原则。在网络世界，信息开放，就是要做到以下三点。

（1）信息的地域要开放

网络把世界变成了地球村，生活在地球村的每一位“村民”有权利知道“村子里”发生的任何事情。由于现实世界中人们有着明确的行政区划和地理界限，人们往往把现实社会中的信息地理区划概念不自觉地运用于网络世界中。这种意图和做法与网络社会的基本特征和属性格格不入。在网络世界中，信息没有地理及行政区划之分，在技术允许的情况下，必须充分实现网络的现有信息上的互联互通。

网络思想政治教育，一定要尊重网络受众对“地球村”的知情权，实行充分的信息地域开放原则。从实事求是思想路线的角度，任何正确的判断都来源于对实际情况的准确了解。要使网络受众对社会对世界有正确的判断，决不能让网络受众只接受教育者的判断，而要让网络受众根据自己对世界的了解做出自己的判断。从心理学角度讲，自己做出的判断对自己才有明显而持久的影响。一味接受别人的判断，久而久之，就会失去判断力，而这绝不是网络思想政治教育所希望看到的。

（2）信息的内容要开放

信息，一般是反映事物特征和变化的消息，但要真正通过信息了解事物的特征、属性和变化，就必须使信息的内容充分开放；信息的内容开放，就是要求将信息的来源、发生地、发布者和一个整体信息中的分信息、小信息、次信息等都要开放，即反映事物各个方面的信息都要开放。因为只有这样才能为网络受众提供完整的信息，才能为网络受众对事物做出正确判断提供基本的信息条件。网络思想政治教育，从某种角度讲，就是要让网络受众慢慢形成正确的思维习惯，不断提高网络受众的信息辨别能力和判断能力，而做到这一点，就必须为网络受众尽可能地提供全面、完整的事物信息。

（3）信息时间效率的开放

真正的信息开放，不仅是信息地域和内容的开放，而且还包括信息时间效率上的开放。信息的本质就是消除某种不确定心理状态，满足受众的第一时间知悉的心理需求。如果一种信息已经通过其他途径知悉，再通过其他媒体传播出来，对受众而言，就没有任何意义，而且会造成信息麻木和信息反抗。网络思想政治教育必须满足网络受众的信息时间效率需求，为受众提供最新最快的信息。只有消息及时有效，网络思想政治教育的教育目的才能达到。

2. 信息把关原则

信息把关是网络思想政治教育和社会健康运行的本质要求。信息把关与信息开放表面上矛盾，但本质上并不矛盾。表面上矛盾，是因为信息把关总是意味着对有些信息的过滤和屏蔽，而这似乎和信息开放的要求不近一致。我们讲本质上是一致的，主要是从两者的目的和功能去考虑的。信息开放是为了网络受众的知情权和提高网络受众的正确判断能力；而信息把关则是为了网络受众获得更有用更有助于判断的信息，为了网络受众在有限的时间里获得对自己成长更有益对社会发展更有利的网络信息，总之，都是以网络受众合理权益为本的。在这样一个信息爆炸与人生时间有限的矛盾关系中，人们对生命时间的有限性总体上是无可奈何的，人们能做的就是在有限的生命时间中尽可能获得对生命有用有益的信息。正是基于这样一种“以人为本”的思想，网络思想政治教育对网络信息应当采取一定把关的原则。

（二）平等互动与疏通引导相结合的原则

网络社会是一个主体平等互动的特殊世界，而网络思想政治教育则要求传者在互动的方向上、目的上要有主动权和控制力，这两个方面结合在一起，就必然引申出平等互动和疏通引导相结合的基本原则。

1. 平等互动原则

平等互动是网络世界人际关系的本质要求，也是网络思想政治教育的基本要求。在网络世界中，所有的主体都是一个身份即受众或者叫网民，而这种主体又都是虚拟的，它可以没有真实的姓名、地址、单位，也不必了解其他受众的“来龙去脉”。这种身份的平等性为主体的互动创造了独特的条件。互动，即思想的交流、情感的沟通和心灵的碰撞共鸣，而这只有在平等的主体间才能真正地实现。

在网络世界中进行思想政治教育，没有确定的受众，可以说所有的网络受众都是网络思想政治教育的对象。网络思想政治教育的传者在网络中也是不完全确定的。网络思想政治教育的平等互动原则内容是非常丰富的，具体体现为以下三方面。

（1）网络思想政治教育的传者要充分尊重网络世界虚拟性的本质属性，对待网络受众要允许并尊重其虚拟的身份。

虚拟性是网络平等互动的技术条件和心理基础，自然也能成为网络思想政治教育平等互动的技术条件和心理基础。尊重受众身份的虚拟性，是网络思想政治教育的传者必须具有的心理态度和主观条件，否则，就不具备合格网络思想政治教育传者的基本资格。

（2）网络思想政治教育的传者对待虚拟的受众必须要有真正平等的态度。网络思想政治教育的传者应当真正发自内心承认网络受众的平等地位，真正用平等的态度、平等的语气等处理与网络受众的关系，为网络受众敞开心扉、心灵互动奠定良好的心理基础。

（3）网络思想政治教育的传者与受众必须能够形成互动的感应过程。

互动是打动对方并影响对方的关键条件，而要形成互动就必须要和对方进行思想上的充分交流，情感上的充分沟通和心灵上的充分碰撞。网络思想政治教育的传者，在处理和受众的关系中，首先要敞开自己的心扉，以真诚的态度和虚心的语气，循循善诱，层层启发，使受众的心扉慢慢而真实地打开，使受众的思想处于活跃并受到鼓励的状态，使受众的情感处于涌动而又易感的状态，从而使互动有良好的开端并得以良好保持。

2. 疏通引导原则

疏通引导是网络思想政治教育功能和价值的必然要求。网络思想政治教育的平等互动只是态度上的平等和心灵上的互动，它并不要求网络思想政治教育的传者放弃自己教育者的责任和使命。网络思想政治教育的传者也不能为了实现平等互动而在互动中丧失自己的真正角色和工作方向。平等互动是网络思想政治教育有效实现的基础和前提，在互动中进行有效的疏通和引导才是达到网络思想政治教育目的的关键性因素。

（三）突出重点和兼顾整体相结合的原则

这一原则主要是依据网络思想政治教育对象的特点而确立的。网络思想政治教育的对象从广义上讲就是所有的网络受众。但由于网络思想政治教育传者的身份不同，地位不同，职责和任务不同，在确定网络思想政治教育的对象时就会有所区别。无论是从整体讲网络思想政治教育传者，还是从单个上讲网络思想政治教育传者，都必须在对象上既突出重点又兼顾整体，决不失去任何一个网络受众，这是网络思想政治教育在对象上的整体兼顾；必须将特殊人群作为重点对象进行教育，这是网络思想政治教育在对象上的重点突出。只有在兼顾整体的基础上的突出重点，在突出重点的同时考虑整体，才是科学的网络思想政治教育的受众观和对象观，才能为每一位网络受众提高现实的素质等奠定基本的原则性基础。

1. 兼顾整体原则

兼顾整体是网络思想政治教育价值实现的本质要求。由于网络的虚拟性、无边界性和受众的流动性，网络思想政治教育难以确定固定的教育对象。任何一个网络传者，都必须从内心把所有的网络受众作为潜在的教育对象。网络思想政治教育的崇高社会责任和使命，更使网络思想政治教育的传者必须把任何一个网络受众作为网络思想政治教育的对象。一方面，网络社会的特点要求网络思想政治教育的传者将所有的已有网络受众和潜在的网络受众作为自己的教育对象。另一方面，思想政治教育的职责和使命要求网络思想政治教育将所有的网络受众（包括潜在的受众）作为自己的教育对象。

2. 突出重点原则

突出重点是网络思想政治教育有效进行的必然要求。网络思想政治教育的对象虽然是整个网络受众，从信念上也不允许放弃任何一个受众，但这并不影响在对象上要突出重点。在网络思想政治教育的对象上突出重点，是由网络受众的特征和网络思想政治教育的内容决定的。网络受众客观上存在着“人以群分”的特点，不同的网络受众群体由于自身思想道德状况及他们在社会未来发展中承担的角色不同，决定了他们在网络思想政治教育的对象中重要性不太相同。而网络思想政治教育的内容特点及功能追求，决定了对不同的对象应当有不同的要求，对那些不具备或不完全具备网络思想政治教育内容要求和功能追求的网络受众群体自然要作为网络思想政治教育的重点对象。青少年作为社会和国家的未来，是祖国未来建设栋梁，决定祖国前途命运，是网络思想政治教育对象的重中之重。

二、网络思想政治教育的实施方法

网络思想政治教育的实施方法对网络思想政治教育的有效性和生命力具有决定性的作用。网络思想政治教育的实施方法是指根据网络思想政治教育的科学理念和基本原则，将网络思想政治教育的内容有效传递给网络受众，并实现网络思想政治教育目的和功能的程式性做法。从网络思想政治教育的实践方面看，实施方法比理念、原则更为重要，因为理念和原则是从观念及思想上指导网络思想政治教育实践活动的，而实施方法则是从做法、措施上直接促进网络思想政治教育活动开展的。

（一）转换法

网络思想政治教育作为新的思想政治教育领域和阵地，其最大的特点就是它具有全新的传播媒介、传播语言传播方式、传播对象等。传统的思想政治教育要想在网络这块高度现代化信息化的教育领域和阵地有所作为，就必须适应网络媒介的特点和要求。也就是说，传统的思想政治教育的思路语言等必须根据网络世界的“游戏规则”加以转换。转换的程度直接关系到网络思想政治教育的有效性和生命力。

1. 主体转化

在传统思想政治教育中，主体和客体有着明显的界限，主体客体的关系也带有明显的单向灌输和不平等的特点。而网络世界是一个人人平等的世界，是一个通过网络进行平等互动交流的世界。这就要求网络思想政治教育的主体首先要转换身份，把自己转换成网络世界的一个“合格的网民”，并在履行“合格网民”的基本义务基础上，把自己再变成一个“合格的传者”。

2. 内容转化

网络世界虽然是一个虚拟的世界，但却是一个生动变化万千、生活化的世界，这个世界更需要具体性、丰富性变化性、互动性、渗透性，传统思想政治教育的内容如果不能把政治性、理论性、系统性的教育内容转化成具体性、丰富性、变化性、互动性、渗透性的教育内容的话，就不能被网络受众所接受，最后就会被网络世界所拒绝。

3. 语言转化

将传统思想政治教育的语言转换成能为网络受众接受的网络语言可以从以下五方面着手：第一，将现实中人们习惯的口头语言转化成网络文字语言；第二，将现实中单一语言转化成网络世界的“多媒语言”；第三，将现实中的抽象语言转换成网络世界中的“鲜活”语言；第四，将现实中的一般中文语言转化成网络世界的“多民族语言”，不但有少数民族语言，而且也应有其他国家的语言；第五，将现实中面对具体人的针对性语言转换成面对虚拟的人的“网络化语言”。

4. 教育转化

传统的思想政治教育具有鲜明的意图和目的，具有明确的导向性和政治性，但网络世界中进行思想政治教育，就应当考虑网络世界的“游戏规则”和网络受众的接受心理，过分暴露的意图和过分作为的引导都可能适得其反，而在“虚拟”中不露声色地引导和不易察觉的意图反而容易“水到渠成”。

（二）熏陶法

任何教育都是将教育内容被受教育者掌握作为目的，而这一教育过程始终是一个由外到内的过程，即内化过程。那么什么样的内化过程才能真正地达到教育目的呢？实践证明：自觉的理性灌输不是最好的方法，犹如“随风潜入夜”的“熏陶”方法才最为有效。

1.“情景化”处理

内容是抽象的，而情景则必须是具体的生动的，必须是有具体的人、事、物、情节、过程等情景因素组成的网络“生态”。网络思想政治教育的熏陶方法首先要求把抽象的教育内容变为具体生动网络生态情景。如将中国特色社会主义理论教育变为中国特色社会主义建设实践的文字报道、影视画面、对比展示、主体讨论、网民交流等。网络世界具有虚拟性，而网络的内容则应是富有影响力的“育人情景”。

2.“隐性化”处理

所谓的隐性化处理，就是把网络思想政治教育的意图和目的隐藏在客观公正的网络新闻报道中，丰富多彩的网络影视作品中，自由互动的网络讨论中，开诚布公的网络聊天中等等。网络思想政治教育应当学会在客观的叙述中自然而然表达自己的观点，在网络影视作品中于无意间流露自己的思想，在网络游戏节目中渗透自己的志趣，在网络讨论交流聊天中体现自己的情感。

3.“慢镜头”处理

在教育人的问题上，切忌急于求成，否则欲速则不达。在网络思想政治教育中，更应当做到“精诚所至，金石为开”。“精诚所至”是一个情感反复交流互动的过程，只有到了双方共鸣契合的时候，教育的目的才能达到，网络思想政治教育的过程才告一个段落。对网络思想政治教育的过程进行“慢镜头”处理，就是要求在进行网络思想政治教育时，不能设时限，既不能要求网络思想政治教育的传者在一定时间内达到教育目的，也不能要求网络受众在一定时间内提高到什么程度。

第十二章 高校艺术类专业学生管理工作

第一节 高校艺术专业学生管理工作问题研究

随着市场经济的发展，高校大面积扩招，艺术学院的招生分数大幅度下降，从而造成艺术专业学生文化基础薄弱，学习能力和自我管理能力差。结合其艺术生张扬跋扈的个性特点，学生管理工作显得尤为重要。下面，结合宜宾学院音乐与表演艺术学院辅导员在学生管理工作中的实践，探讨高校学生管理工作中存在的问题，并提出可行性解决措施。

一、高校艺术专业存在的较为突出的问题

想要培养学生正确的价值观和良好的学习风气，离不开良好的校园文化风气、专业教师的精心教学、专兼职辅导员的细心引导、学生自我素养的提高。

（一）学校层面

学校易忽视艺术专业学生的个性，将艺术类学生与文理科学生混为一谈。学校所举办的活动常常不能发挥艺术专业学生的专业特点，或者是与艺术类专业相关的活动太少，因而使艺术专业学生失去了本有的创造性思维，不能发挥其特长，久而久之便使他们失去了参与校园活动的兴趣。学校的规章制度对艺术专业学生来说大多为约束功能，缺乏激励机制。另一方面，学校教学资源有限，学生能够利用的教学设备远不及专业艺术院校，学生多元化发展受限。

（二）专业教师方面

目前，在市场经济转变的大环境下，很多专业教师尤其是艺术类专业教师打着高校教师的旗号在校外发展第二职业，从而忽略了本职的工作，没有多余精力去思考如何创新大学课堂，优化教课方法。甚至有的教师敷衍了事，丝毫不关心学生的学科发展。科研贫瘠，自身专业知识水平不能与时俱进，

缺乏园丁精神。另一方面，随着经济的发展，高校大量扩招，虽满足了大众对接受高等教育的需要，却也导致了高校师资力量的严重缺乏。

（三）辅导员层面

学生正确的世界观、人生观、价值观的培养更多的主导引领重任在于专兼职辅导员。一个高素质的专职辅导员，要经常性开展谈心活动，了解学生的学习、思想、心理、生活等情况，增强学生克服困难、经受考验、承受挫折的能力，有针对性的帮助学生处理好学习生活、择业交友等方面的问题，对学生健康人格的形成提供引导思路。然而目前高校专兼职辅导员人数有限，很多学院不能满足辅导员人数与学生人数 1：220 的比例，造成一个辅导员负责班级过多，没有精力全覆盖的管理学生。第二，辅导员通常为高校教师队伍中地位较低人群。普通高校的辅导员大多为研究生学历，然而薪金待遇却不尽人意。学生教育管理工作通常是课余时间开展，占用了辅导员大量的个人时间，但目前所谓的不能发放加班工资的制度，大大降低了辅导员课外辅导学生的积极性。

（四）学生自身问题

艺术专业的学生入学成绩普遍偏低，文化基础薄弱，自我控制能力相对较差，偏科现象严重。据了解，个别舞蹈专业的学生英语基础几乎为零。即使是艺术生，文化成绩依然是不容忽视的。学生进校后学习吃力，一旦出现挂科，将取消一切评优评先资格。如果不能合理有效的安排学生课程，将严重影响学生的学习兴趣。艺术专业的学生大多思想活跃，思考问题时具有一定的浪漫主义色彩，导致他们在处理问题时感情用事，纪律观念淡薄。另外，艺术专业的学生因其专业的独特性和社会的需求率，造成多数学生在校外兼职，无视学校实践舞台，缺乏主动性。

二、解决高校艺术专业存在问题的对策建议

（一）加强校园文化建设，营造良好的学习生活环境

良好的学习生活环境可以直接影响学生对学习的积极性和主观能动性，高校应重视艺术专业学生的个性特点，发挥艺术专业学生的优势。适当增加与艺术专业相关的社会实践活动，提高学生们的社会实践能力，发挥艺术类学生应有的创造性思维，调动其参加校园文化活动的积极性，发挥其特长。高校应建立合理的激励机制，有嘉必奖，有惩必罚，激发学生们参与自我管理的积极主动性。此外，高校应加大对艺术专业教学设施以及师资队伍的投

入，为学生提供更多更好的教学资源，提高学生学习的积极性。

（二）加强教师队伍建设，提升在职教师的责任心

教师应将教书和育人有机结合在一起，艺术类专业任职教师需要明晰教书育人的两大职责，强化思想政治理论课，帮助学生树立正确的世界观、人生观、价值观。高校应建立健全有效的考核机制，将考核与教师待遇和奖励晋升机制挂钩。定期检查教师教案，分组不定期抽查课堂纪律及教师授课状态。党政干部要以身作则，敢于批评与自我批评，严明课堂纪律，加大对创新课堂奖励力度。将奖励落在实处，坚决杜绝无主题嘉奖模式。鼓励教师参加进修培训，提升自身的专业素养，提高学院师资水平。

（三）建立辅导员专线考核，提高辅导员工作积极性

一方面要提升辅导员工作待遇，建立辅导员加班奖励专线，从而使辅导员更尽心尽力地完成课余辅导；另一方面建立辅导员专线岗位职称晋升机制，辅导员身份是模糊的，职称评定始终不能有效落实。另外，通过一定量艺术素质的培训和教育，提高辅导员的艺术水平和艺术素养，让其与学生有一定的共同语言，和学生们成为知心朋友，有利于辅导员了解学生们的心理变化，更有利于学生管理工作的开展。

（四）加强学生管理，建立有效的课程管理机制

艺术专业学生依然要学习文化课，但是因为文化底蕴薄弱，不能与其他专业学生共同学习考试同一门课程。设立音体美专业独立班级，有的放矢。变被动管理为自我管理，发挥调动学生自身参与管理工作的主动性和积极性，让学生参与到管理工作中去，而不是以一名看客的身份去习惯于被管理。学校可推行以学生自治为中心的学生管理方式，让学生进行自我管理，提升学生自我管理的积极性。发挥学生会的积极带头作用，使其在学生中有着良好的、积极的示范作用，提高学生会干部的工作效率和帮助老师进行学生管理工作的能力。

第二节 高校艺术类大学生的个性特征及教育管理

高等院校艺术类大学生作为高等教育体系中的特殊群体，既肩负着为社会主义现代化建设培养优秀艺术人才的重任，又担负着繁荣社会主义文化事业的艰巨任务。艺术类大学生和其他文理科学生相比有很多共性，但又有其鲜明的个性特征，深刻认识这些特殊性，准确把握艺术类大学生的心态和行

为规律，有针对性地教育管理，已成为高校思想政治工作者不容忽视的一个重要问题。

一、当前艺术类大学生的个性特征

艺术人才是社会的特殊人才，艺术类大学生既有一般高校学生的共同特点，又有自身鲜明的个性特征。两者的共性是显而易见的，那就是他们热爱祖国，拥护党的政策；有较强的进取心，思想活跃，易于接受新事物等等。在认识艺术类大学生与普通大学生共性特征的同时，还应当看到艺术类大学生鲜明的个性特征。毋庸讳言，由于艺术类大学生专业学习的特殊性，艺术类大学生在个人性格和心理素质等方面存在着各种各样的问题，这些问题的存在，增加了管理难度，给艺术类大学生的管理工作提出了严峻的挑战。

与其他专业的学生相比较，艺术类大学生主要具有以下几个鲜明的特点。

崇尚远大理想，缺乏理性思考。艺术类大学生普遍存在不关心政治的心理，他们虽然思想活跃，但缺乏深度，很少关心时事，特别是“两课”理论学习，认为“两课”教学可有可无，或直接认为是浪费时间。正因为这样，他们大多缺乏马克思主义理论素养。他们崇尚远大理想，但只是热衷于“自我设计”“自我欣赏”或“为艺术而艺术”，从而导致其理想信念淡薄，世界观、人生观、价值观偏离正常轨道。他们容易受社会不良现象和多种价值观的冲击，民族和社会责任感不强，有的学生表现为信仰危机，更甚则发展成为自残自杀行为和颓废的人生态度。

自我意识强烈，缺乏纪律约束。艺术类大学生独立意识和自我表现意识强烈，容易养成一切从个人才能的发挥、个人利益的获得、个人价值的实现等方面考虑问题的思维习惯和行为方式，进而滋生以自我为中心，以实现个人价值为取向的个人主义思想。他们在崇尚艺术自由的同时也波及个人的行为，强调行为自由甚至落拓不羁，有些表现为行为怪诞，不易为周围环境接受。具体表现为：缺乏全局意识，团队精神差；对集体活动缺乏热情，集体荣誉感不强；喜独往独来，向往所谓绝对自由，随意迟到、早退、旷课；不顾公共卫生，寝室卫生脏乱差等等。他们较普遍地存在着法纪观念淡薄、学习纪律松弛、生活作风懒散等现象，相当一部分同学承认曾触犯过校纪校规，并受到过校内的有关纪律处分，对纪律教育乃至思想政治工作有较强的逆反心理。

注重专业学习，文化基础薄弱。艺术类大学生在入学前就对所学专业有一定兴趣和基础，进入艺术专业后在浓郁的氛围中，这种兴趣进一步得到强化。专业兴趣浓厚应该说是努力学习的原动力，而艺术类专业的特点又决定了学生必须要参加较多的艺术实践活动，因而在对待专业技能课程和其他文化课程的态度上，学生往往更重视专业技能课程而相对轻视文化课程的学习。相应地，绝大部分课余时间也就被专业技能的训练所占用。我们看到大多数学生认为文化课程是无关紧要的，导致艺术类大学生文化课的重修的比率较高。由于有这样的思想存在，致使一部分学生专业基础知识不扎实，影响了他们的专业技能向高水平方向发展。而且对文化课程的忽视使他们的整体素质和艺术修养难以提高，间接地影响了他们对艺术的领悟和表现。

情感丰富细腻，个性张扬偏激。艺术类大学生由于专业的特殊性，他们的心理与其他普通人文学科的大学生相比表现为更加敏感与偏激，个性张扬是人们对艺术类大学生的普遍感受。他们重视个人价值实现和自主独立的生活方式，也有符合社会规范的社会公德意识，然而他们的心理有不成熟性和易变性，个性心理特征不稳定，感性体验强于理性约束。因而他们在追求个性发展的同时，也容易张扬和产生偏激性，对自己的评价有时会脱离客观现实，过分强调自我价值，不被周围环境认可时就会产生偏激心理。同时，艺术类大学生的父母对子女的期望和关爱高于一般学生家长，这些家庭中成长起来的独生子女，大都自我意识过于强烈，常见我行我素的现象，压力承受能力不强，压力反应的敏感程度高，更容易产生偏激情绪。

二、艺术类大学生的教育管理

艺术类大学生所表现出来的个性特征给我们的学生管理工作提出了严峻的挑战，如何引导他们扬长避短，成为管理工作中亟待研究的重大问题。教育管理应坚持教育、管理和服务并重，坚持创新，不断增强艺术类大学生教育管理工作的时代性、针对性、实效性。

（一）提高管理队伍自身的艺术素养，实现管理的人性化和科学化

管理要以学生为本，学生既是管理的客体又是主体，两者应是辩证的统一，防止管理目标的偏差。艺术类大学生有其独特的个性特征，追求独特性、新奇性，思想更为活跃，这些既是管理的难点，也是可利用的优势。

要实现管理科学化，首先要加强管理干部队伍建设，建立一支作风踏实，有较广博的知识和丰富的管理经验的专职教育、管理队伍，建立一套科学、规范、完善的管理制度，统一学生思想，规范学生行为。同时，严格执行各项规章制度，对学生出现的问题严肃处理，充分发挥制度对学生思想和行为的规范、激励、制约和导向作用。同时加强管理队伍的自身建设，调整知识结构，理顺工作思路，改进工作方法，针对艺术类大学生的特点，提高自身

艺术素养，力争走进学生的内心世界，知之才能爱之，才能有针对性地开展工作，才能增强对学生的亲和力。

其次，必须建立一支高素质的学生干部队伍。艺术类大学生干部积聚了学生中的优秀分子，他们往往也是艺术修养和技能方面的优秀者，管理权威性和号召力强，是学生管理的重要力量。要注意发挥学生干部的优势，加强培养和选拔工作，充分调动他们的积极性和创造性，培养学生自我学习、自我发展、自我评价、自我控制的能力。

再次，在教育管理中还必须强调情感管理和个性化管理。所谓情感管理是指在管理的过程中，尊重学生的个性特点和情感因素，真心实意地为学生着想，对学生进行情感投入，及时进行沟通交流，了解学生的实际情感和出现的问题，给以指导和教育。人格化管理要求管理者和学生要有以我为本的觉悟，树立强烈的管理主体意识和主人翁责任感，培养从我做起的优良品德和习惯，做到自尊、自重、自信、自强。管理者和学生之间彼此要尊重各自人格和情感，也就是说，通过管理者的人格魅力影响、教育和管理学生，达到教在不言中，行在不动中，管在不律中，威在不治中，言教变为身教，治服变成自服。

（二）加强艺术类大学生的文化素质教育和“两课”教育

对于大学生来说，良好的文化素质是形成良好的思想道德素质和业务素质的重要基础，它体现一个人的文化涵养，为他们未来的发展提供广博的文化底蕴。根据目前艺术类大学生文化素质普遍较低的状况，我们不仅要认真开好一般常规课程，还应适量增设美学、社会学等课程，有计划地组织开展文化讲座、影视评论、文艺汇演、体育活动、社会实践等丰富多彩的校园文化活动，以不断丰富学生的文化生活，陶冶情操，完善人格，提高文化修养。

“两课”教育必须注重培养学生正确的人生观和价值观，加强爱国主义教育，强化社会责任感。艺术类大学生有明显的实现个人价值、追求自我成就的价值观，对社会、对国家的责任感淡薄。通过教育正面引导学生的个人价值与社会需要相适应，重视对学生自我修养、自我教育的意识和能力的引导和培养，把他律化为自律，把强制内化为自制，把外在的影响内化为自己的品质并外化为自觉的行动。政治理论课和思想品德课本来就是理论性极强的课程，没有了解便谈不上兴趣，对学生的吸引力不大，为此，应注重教育方式的选择，积极改变传统授课方式，开展多层次多角度的教育形式，促进学生对社会问题的关注。如采用专题讲座形式，使“两课”教学既内涵深刻，又形象生动；既有很强的现实针对性，又有很强的说服力和导向性；通过组织学生开展社会实践、爱国主义报告会等不同形式的活动，使大学生直观地感受到国家与个人的关系，引导他们的社会责任感和自我约束意识的形成。

（三）利用艺术类大学生特殊的师生关系，充分发挥教师教书育人作用

艺术类大学生普遍情感丰富，同时艺术类教学主要采用个别教学和小组教学方式，师生之间更容易沟通、交流。学生的思想动态和道德风貌等往往在教学过程中充分体现出来，因此教师更易了解学生，把握学生的思想脉搏，更能有效地进行“育人”活动。教师要言传身教，为人师表，始终不渝地把育人工作贯穿到整个教学活动中去，用自身的知识能力和道德风貌等作为劳动手段直接影响和感染学生，成为学生的楷模，从而达到教育和感化学生的目的。而学生较长时间师从专业教师，一般意义的师生关系往往演变成更亲近、更融洽的师徒关系，加之学生对知识渊博、专业水平高的教师强烈的崇拜感，教师的一言一行都起着很强的潜移默化的作用。作为从事艺术教学的教师，应在教学中积极鼓励和肯定学生的专业兴趣，时刻鞭策学生勤学苦练，严格要求学生的学习。所以，要有效地培养和提高艺术类大学生的整体素质，必须充分调动全体教师尤其是专业教师的积极性，增强他们教书育人的责任感和主动性，把教书和育人紧密结合起来，及时发现、引导和解决学生存在的问题，做到寓思想道德教育于艺术教育之中。只有真正了解学生、爱学生，才能符合一名教师在教学过程中的师德规范。

（四）针对艺术类大学生的情感特征，加强心理健康教育

当前，市场经济条件下日益激烈的竞争环境带来的思想重荷，社会问题积累带来的思想困惑，都使学生的心理压力加大。艺术类大学生的反应更为强烈，思想偏差更为严重，伴随着愿望的落空和心理挫折的出现，就会产生诸如悲观、焦虑、抑郁等消极情绪，从而导致心理失衡，其中有少数学生有厌世和反社会人格等不良心理。学生在心理方面的问题凸现，甚至影响到个人行为的判断和价值观取向。目前，相当一部分学生热衷于上网交友和聊天，一定程度上反映了由于学习、生活、就业的压力和青春期出现的各种困惑心理疾病，无法宣泄和解决产生的问题。从学生教育、管理的工作职能和培养学生健全人格，培养良好的世界观、人生观的角度考虑，学校应当建立健全学生咨询工作体系，这个体系包括专业学习、心理健康和就业指导三个方面。要加大人力和物力方面的投入，做好宣传和研究工作，使学生的咨询工作体系规范化、科学化、经常化、制度化。

总之，艺术类大学生的教育管理是一项长期而艰巨的任务，它需要社会、学校、学生和家庭多方面的积极配合和共同努力，要不断探索和总结艺术类大学生教育工作的新经验，拓宽工作思路，努力塑造具有良好社会道德素质的艺术人才，实现艺术教育服务于社会的目的。只有牢固树立素质教育思想，有针对性地扎实开展工作，才能培养出思想道德素质较高的艺术专门人才。

第三节　高校艺术类大学生思想政治教育工作研究

随着我国高等教育的迅速发展，艺术高等教育逐渐从艺术精英殿堂走向普及化和大众化。艺术类大学生队伍在不断扩大，艺术类大学生已成为高校在校生的一个重要组成部分。目前高校艺术类大学生的思想素质总体是好的，但由于专业学习的特殊性、社会交往的局限性，致使许多学生客观存在着一些不良倾向。摸清艺术类大学生的思想状况，是做好艺术类大学生思想政治教育工作的关键所在。

一、高校艺术类大学生思想状况的特点

（一）思想活跃，乐观向上，但理想信念淡薄

艺术类大学生思想活跃，乐观向上，具有一定的浪漫色彩。他们思想活跃但缺乏深度，在现实生活中考虑问题时容易忽视现实基础。由于受艺术不分国界和西方自由思想的影响，加上社会主义市场经济的负面效应，艺术类大学生对社会的认识及鉴别力不够，对时事政治缺乏深入了解，普遍存在理想信念淡薄、政治参与热情偏低等问题。

（二）崇尚真知，个性鲜明，但集体主义缺乏

艺术类大学生崇尚科学，追求真知，对于新鲜事物容易接受。他们喜欢表现自我，喜欢自我欣赏，勇于肯定自我。艺术专业学生在强调个性化发展的同时，集体主义观念相对淡漠，在行为上往往表现出较强的个性、以自我为中心的散漫和较大的随意性。

（三）情感丰富，好恶分明，但纪律意识不强

艺术类大学生情感丰富，待人真诚，充满理想主义色彩。他们好恶分明，情绪易受环境的干扰和影响。他们自身缺乏自律性，普遍存在着法纪观念淡薄、生活作风懒散、学习纪律松弛等现象，表现在日常生活中时常触犯校纪校规；上课随意迟到、早退、旷课；宿舍卫生脏、乱、差；作息时间凌乱等。

（四）注重专业学习，但文化基础薄弱

艺术类大学生从小或中学开始专业学习，他们在专业上花费很大的精力。在重视专业学习同时，却轻视文化课的学习。艺术类大学生进入大学后，他们对专业技能知识的学习非常积极，上课认真，课后也花大量时间巩固提升。但对文化课却重视不够，特别是对大学英语、“两课”等公共课不感兴趣。这势必导致艺术类大学生人文素养缺乏，知识面狭窄。所以，文化基础薄弱是艺术类大学生普遍存在的问题，他们在文化课的学习上补考或重修的比例较高。

（五）重视社会实践，但团队意识不强

许多艺术类大学生在高中时期就开始独立生活，在外寄宿学习，到全国各地去参加各高校单独命题的专业考试。进入大学以后，他们重视社会实践，通过外出写生、排练管乐、民乐、合唱、舞蹈等艺术实践活动，提高自身的技能。艺术类大学生比其他专业的学生有较强的独立意识，他们善于走出校园，借助社会资源开展活动。但他们又是社会不良现象的“易感”人群，随意性和散漫现象时常在学习生活中发生，如遇事讲条件、讲报酬，团队意识不强。

二、高校艺术类大学生思想状况的成因分析

（一）社会转型期的影响

当前，大学生面临着大量西方文化思潮和价值观念的冲击，某些腐朽没落的生活方式对大学生的影响不可低估。随着对外开放不断扩大，社会主义市场经济的深入发展，我国社会经济成分、组织形式、就业方式、利益关系和分配方式日益多样化，人们思想活动的独立性、选择性、多变性和差异性日益增强，同时也带来一些不容忽视的负面影响。不同文化的碰撞、不同价值观的冲突以及利益格局重新分配，给大学生带来价值取向的紊乱和道德判断力的削弱。艺术类大学生心理素质较低，各种消极的社会现象必然会对他们的理想信念、世界观、人生观、价值观和人格的全面发展带来直接的影响。

（二）家庭和学校教育的缺失

进入21世纪后，党和政府及教育主管部门都在积极推行素质教育，这是适应时代发展需要的一项重大教育改革举措。但是长期形成追求高考升学率的功利因素仍在发挥作用。高中阶段成绩平平的学生，无论是家长还是学校，都把选择报考艺术专业作为提高升学率的一种捷径。在片面追求升学率的同

时，家庭和学校忽视了学生的思想品德教育，致使不少学生情感缺失，造成自信心、进取心不足，学习兴趣不浓。艺术类大学生进入大学后，他们中一些同学出现“专业不专”“特长不长”、文化基础相对薄弱、学习目标不明确等现象。由于他们自身综合素质不高，从而造成了世界观、人生观、价值观等方面的不成熟。

（三）学生个人主观原因

社会、学校和家庭只是外部客观因素，客观因素对于主体的影响只是提供了可能性，这种可能性要成为现实，最终还是通过主体起作用。艺术类大学生和普通大学生一样处在青年初期，他们在生理上、心理上和社会性上向成人接近。他们的智力接近成熟，抽象逻辑思维已从“经验型”向“理论性”转化。他们不仅能比较客观的看待自我，而且能明确表现自我，敏感地防卫自我。但是，他们思考问题缺乏理性和深度、在是非问题面前缺乏辨别力、做事过于理想化、情绪化行为突出、自我约束力较差。

三、树立“三大育人理念”，提高艺术类大学生思想政治教育的针对性和实效性

（一）树立以人为本育人理念，形成“三育人”的强大合力

时代发展到今天，人的价值和人的潜能已经被提到了前所未有的重要地位，尊重个性、关注人性已成为社会进步的原动力。在艺术人才的培养工作中，树立以人为本育人理念，就要进一步完善和改进育人机制，在全校形成全员育人的良好氛围和工作格局。坚持全员育人、全程育人、全方位育人，需要全体教职员工的共同参与。高校广大教职员工，人人都应该是思想政治教育工作者。要让思想政治教育融入艺术专业学习的各个环节，渗透到教学、科研和后勤服务各个方面，共同关心支持学生思想政治教育，形成“教书育人、管理育人、服务育人”的强大合力。

教书育人，自觉承担艺术类大学生思想政治教育的重要任务。要有效地培养和提高艺术类大学生的思想道德素质，必须充分调动广大教师的积极性，增强他们教书育人的责任感和使命感，把教书与育人紧密结合起来，及时发现和解决学生在理想信念、道德、纪律等方面存在的问题，做到将思想教育贯穿于教育的全过程。用正确的世界观、人生观、价值观教育和引导学生，用高尚的师德修养和积极向上的工作热情吸引学生、感召学生，学生们终身受益，成为对社会有贡献的人。管理育人，正确引导艺术类大学生的行为规

范。“学校的管理工作要体现育人导向，把严格日常管理与引导大学生遵纪守法、养成良好行为习惯结合起来”，“坚持教育与管理相结合，把思想政治教育融于学校管理之中。”要把思想政治教育渗透、贯穿于学校管理的全过程，形成统筹规划、上下关心、协调一致、通力合作、齐抓共管的局面。服务育人，切实解决艺术类大学生的实际困难。高校后勤服务人员要把为学生服务作为学校一切工作的出发点和落脚点。把解决大学生的思想问题与解决实际问题有机地结合起来，通过实实在在的服务，使抽象的思想政治教育更加具体化、人性化，更易于为学生所接受，达到润物无声的效果。

（二）树立校园环境育人理念，凸显环境育人新优势

校园环境包括校园物质环境和精神环境两个方面，是教育工作者对学生进行教育的重要条件。校园物质环境指的是师生员工进行学习、工作、生活、娱乐等活动所依赖的物质条件，这是学习的基础环境或基础条件，反映着学校的物质面貌。校园物质环境是学校有形、直观、表象的硬环境，体现学校物质文明和精神文明建设的成果。校园物质环境不仅影响学生的精神状态、心理状态、心境情绪、生活、学习质量和行为取向，还会影响学生的价值观和人生观。良好的物质校园环境是陶冶学生情操，规范学生行为、坚定理想信念、激发学生成才，培养中国特色社会主义事业的建设者和接班人的有效因素。校园精神环境是指在一定时期内学校提出的目标口号、指导思想、思想政治道德要求以及在校内形成的舆论、风气、时尚、潮流等大众心理现象。校园精神环境是学校无形、抽象、内在的软环境。良好的精神环境，有利于大学生世界观、人生观、价值观的培养和形成，有利于大学生良好心理品质的塑造，有利于大学生德智体全面发展。重视校园精神环境建设，寓思想政治教育于精神环境之中，注意发挥教育客体的主体性，启发诱导客体利用校园精神环境进行自我教育，是加强和改进思想政治教育的重要环节。

高校要充分发挥校园环境的育人功能，努力建设适应人才成长的校园环境。要以弘扬学校特有的大学精神、大学文化为主旋律，大力加强校园人文环境和自然环境建设、完善校园文化活动设施，让艺术类大学生在潜移默化中受到先进文化的熏陶和感染。同时高校要加强大学生文化素质教育，开展丰富多彩、积极向上的校园文化活动，把德育与智育、体育、美育有机结合起来，寓教育于文化活动之中，为艺术类大学生提供充分展示才华、发展个性创造的空间和舞台。

（三）树立艺术实践育人理念，构建实践育人新格局

实践的观点，是马克思主义哲学首要的和基本的观点，是马克思主义的

根本特征。实践育人就是基于实践的观点而形成的育人理念。所谓实践育人，是指以学生在课堂上获得的理论知识和间接经验为基础，通过激发学生课外自我教育和相互教育的热情和兴趣，开展与学生的健康成长和成才密切相关的各种应用性、综合性、导向性的实践活动，加强对学生的思想政治教育并促进他们形成高尚品格、祖国观念、人民观念、创新精神、实践能力新型育人方式。

艺术实践是课堂专业课教学的延伸和拓展，是集中培养和锻炼艺术类大学生实践能力、创新能力、组织能力和团结协作能力的重要环节，是提高教学质量，检验教学效果，培养全面发展的艺术人才的重要途径。在艺术实践中，应鼓励学生把对知识的感性认识通过自身行为转化为亲身体验，获取来自现实生活的第一手资料，使学知识和技能在实践中不断得到锤炼，这对提高学生的综合素质和专业技能有着重要的作用。在艺术实践中，要为学生搭建艺术实践平台，如组建实践团队、组织文艺演出、组织学生外出采风写生、组织学生参加各类比赛等。积极探索艺术实践新模式，提高艺术实践的质量和效果，让艺术类大学生在艺术实践中受教育、长才干、做贡献，从而增强他们的社会责任感。

第十三章 高校毕业生就业指导工作

第一节 高校毕业生就业指导工作问题研究

在市场竞争日益激烈的情况之下，人才竞争也越发激烈，各大高校想要全面提升毕业生的就业率，就必须要加强重视就业指导问题。在高校的就业指导中，较为常见的就业指导模式主要有全程化职业指导路径、个性化职业指导机制、以人为本职业指导理念等。高校就业指导教师可以根据学生的实际学习情况和就业需求，选择适合的指导模式有效地开展高校毕业生就业指导工作。但在实际的高校毕业生就业指导过程当中仍然存在着较多的问题，严重地影响着高校毕业生就业指导上作水平的全面提升。高校必须加强对毕业生就业指导工作的深入研究，不断地探索有效提升高校就业指导工作效率和质量的途径。

一、高校毕业生就业指导工作存在的主要问题

（一）指导观念较为落后

在现阶段的高校就业指导当中，就业指导教师受到传统就业指导模式的影响，很难及时地转变指导观念，这就使得大部分的高校就业指导教师仍旧偏向就业安置。在这种观念的影响之下，大部分的高校就业指导主要是为了将学生成功送出校园，在短时间内追求高校毕业生的就业量，却不重视应届毕业生的实际就业情况，这无形之中提高了高校应届毕业生的失业率。大部分的高校毕业生都是选择先成功就业，在累积了一定的工作经验之后，再根据自身的发展倾向和职业期望重新择业。这种方法虽然能够在一定程度上提升高校毕业生的就业成功率，但高校毕业生的工作能力相对较差，难以在企业和单位当中长久工作。这使得部分的高校毕业生频繁失业，也加快了用人企业和单位的人才流失。用人单位和企业在毕业生就业之前，需要花费财力

与人力、物力对毕业生进行岗位培训，因此，人才的快速流失也会给用人单位和企业造成一定的损失。故而，用人单位要求高校必须采取措施解决一味追求就业成功率，而不考虑学生专业与岗位是否对口问题，也就是要解决就业指导当中的就业定位存在偏差的问题。

（二）指导形式单一

传统的高校就业指导主要是由高校组织统一的就业动员会，然后大规模地向应届毕业生灌输部分就业指导知识，或者由教师提出与就业形势相关的问题，并让学生完成就业形势报告，然后再统一地举行报告会。就业指导主要是采取灌输的形式展开，力网让学生对就业有一个大体的认识，但却没有根据学生的专业以及个性特长、就业倾向等方面为学生提供科学、有效的指导。高校没有设立专门的就业指导咨询机构解决高校毕业生的就业困惑，这使得高校毕业生就业指导难以发挥成功指导学生就业的作用。另外，高校毕业生在即将跨出校园步入社会的情况之下，面临众多岗位的选择，往往很难客观地选择适合自身发展的职业。而在择业的过程中，学生往往会出现各种心理不适或者心理矛盾，这个时候就需要高校就业指导教师为学生提供一对一的个别咨询和辅导。

（三）指导内容更新较慢

在当下的高校就业指导课程当中，就业指导教师主要是对应届毕业生进行就业指导，就业指导工作并不面向全校学生。而对应届毕业生所开展的就业指导也仅限于双选期间，并没有从始至终地对应届毕业生进行专业指导。就业指导教师主要引导学生对当下的就业形势进行了解，并对就业形势进行专业的分析和介绍，然后在先后对学生进行求职技能培训、规定的诠释、就业政策等方面的指导和培训。高校并没有统一地对就业指导作进行科学、具体、全面的安排，这使得高校就业指导工作缺乏全局性，就业指导的内容更新远远落后于社会发展情况，从而使得高校就业指导缺乏实用性和实效性，并不能够起到正确指导高校学生就业的目的。高校就业指导的局限性相对较强，在就业指导的过程当中，教师并没有对大学生的职业道德、择业能力、就业观点、价值取向进行正确的引导和指导。这使得高校的就业指导缺乏有效性，没有考虑学生的兴趣、爱好、气质、性格就统一地进行就业指导，使得就业指导严重缺乏全程化和人性化，从而使得高校就业指导陷入可有可无的尴尬境地。

（四）队伍专业水平较低

在实际的高校就业指导过程当中，大部分的高校为了节省教育经费，并没有聘请专业的就业指导教师为学生提供就业辅导，而是由在校的其他教师兼任就业指导工作。这部分教师并不具备专业的就业指导知识体系，就业指导能力相对较差，这就使得高校毕业生的就业指导严重地缺乏职业化、专业性。高校就业指导不能够全面地发挥指导就业的作用，从而使得高校就业指导形同虚设，甚至还会引起一部分高校毕业生的反感。另外，高校兼职就业指导工作的教师，不仅要完成就业指导，同时还要完成高校教学任务，这就使得大部分的高校教师将教学任务放在就业指导之前。高校就业指导教师缺乏系统专业的培训，师资的就业指导能力和就业指导水平参差不齐，这严重地阻碍了高校就业指导的有效展开。高校想要全面地提升就业指导的效率和水平，就必须全面加强对就业指导教师水平的重视，不断引进高素质、专业化的就业指导人才，全面加强高校就业指导队伍的建设。

二、高校毕业生就业指导工作存在的主要问题成因

促进高校毕业生就业的职业指导实践做法存在问题的原因是多方面的，这里主要从高校机构设置、高校师资队伍、高校对职业指导的认识和课程开设及经费投入等方面来探讨：

（一）机构设置不合理

目前多数高校仅设有校级就业指导中心，有的高校还没有独立的机构，还是与招生办公室合署——招生就业办公室，把职业指导定位为学校一项日常管理工作，经常忙于一些事务性工作。少量的工作人员与庞大的学生数量相比，比例严重失调。“就业安置”事务性工作已经让校就业指导工作人员疲于应付，以至于很多职业指导工作都流于形式、不能专业化地深入开展，使得职业指导的广度和深度难以实现，促进毕业生就业的指导效果不佳。

（二）师资队伍专业化水平不高

目前职业指导师资队伍一是人员来源复杂，因为我国还没有设立职业指导专业，该行业的从业者以行政管理人员居多，而且不能及时参加本专业的系统培训，专业化教育程度不够。二是从业人员学历水平参差不齐，在我国高校中从事职业指导人员获得较高学位的很少。三是事务繁多。特别是高校扩招后，人手紧缺导致职业指导人员经常超负荷工作，鲜有时间进行理论探究。从业人员的专业化水平不高是造成高校毕业生就业的职业指导实践效果

不理想的一个重要原因。

（三）职业指导课程开设不规范

一直以来，高校把教学和科研作为关注的重点，而把促进毕业生就业的职业指导工作当作事务性工作来抓。不能正确认识职业指导与教学等工作的关系，很大程度上是靠人治或行政命令，甚至是因人而异的弹性管理。职业指导服务工作出发点仅仅停留于就业政策宣传、就业信息发布、举办校园招聘会、为毕业生办理档案、户口转移、签订毕业生就业协议书、办理派遣等烦琐的事务性工作上。基于职业指导的这些认识，使得高校职业指导课程开设不够规范，这样就阻碍了职业指导促进毕业生就业功能的正常发挥。

此外，高校就业工作专项经费大多没有达到教育部规定的比例，对教育部的“三到位”落实得不够好，对地方经济发展和人才需求变化趋势缺乏了解，高校职业指导工作缺乏有效性和针对性等等都是造成高校毕业生职业指导实践存在不足之处的原因。

三、促进高校毕业生就业指导的对策及建议

高校职业指导应该紧紧围绕大学生就业、就业稳定、职业发展和用人单位合理用人，提供咨询指导及帮助的工作目标，针对高校促进毕业生就业的职业指导实践做法存在的问题，进行必要的改进与完善，真正达到更好地促进高校毕业生就业的目的。为此提出以下措施：

（一）改进职业指导机构的设置

为促进高校毕业生就业，高校在职业指导机构的设置上要建立“校、院（系）两级结合”的专门职业指导组织机构。首先高校要设置“校、院（系）”两级职业指导领导机构，建立由校长负责的“一把手”领导机构，成立“校级职业指导工作委员会”。在院（系）设置“院（系）职业指导工作办公室”，其次，设立“校、院（系）”两级专门的职业指导组作为职能机构，落实专人负责，对学生进行系统的职业指导。在校级层面的具体工作：1. 校级层面的职业指导办公室主要负责制定全校大学生职业指导工作规划；2. 负责学校毕业生就业市场建设；3. 负责全校大学生职业指导教学活动的组织与计划工作；4. 代表学校检查督促各院（系）职业指导工作的贯彻与实施等工作。在院（系）级层面的工作：1. 负责本院（系）大学生职业指导工作的计划制定与具体组织实施工作；2. 负责本院（系）大学生职业指导与咨询工作，提供个性化的职业指导服务；3. 根据各个专业特色为本院（系）大学生提供全程

化、专业化咨询服务等。

（二）加强职业指导师资队伍的建设

高校对毕业生职业指导队伍的建设，要建立以就业指导中心为主体，学校和二级学院（系）专职就业指导人员、辅导员队伍、专职职业指导教师相互配合的职业指导体系；一方面通过不断加大职业指导人员的业务培训工作力度，尽快提高这支队伍的职业道德水平和专业工作能力，以满足学生日益增长的职业指导需求，造就一支高素质的职业化、专业化的职业指导与服务工作队伍；另一方面要把高校教育教学管理中的激励考核机制引入就业指导队伍建设中，吸引具有教育学、心理学、管理学、信息学、社会学等专业知识背景的人才充实到职业指导队伍中，制定就业指导工作的实施办法和考核细则，明确目标责任制度，完善激励机制，促进就业指导队伍建设规范化、科学化。另外，请校外知名的专家学者、职业顾问、人力资源专家、企业负责人组建和扩充学校就业指导的兼职队伍，这是解决职业指导人员数量不足的有效途径之一。只有这样，职业指导工作才能满足大学生的服务需求，取得更大的成效。高校职业指导师资队伍的构成一般为：

1. 就业办专职教师：职业指导师，心理咨询师
2. 院系党总支书记：副教授，高级政工师
3. 学生工作辅导员：教师，技师
4. 企业代表：人力资源专家，公司负责人
5. 社会人士：专家学者，职业顾问。

（三）构建大学生职业指导工作体系

大学生职业指导是一项系统性很强的工作，一切要围绕毕业生这个主体的需要而开展。因此，在构建大学生职业指导体系时，首先要考虑职业指导工作的全程性和系统性，这种指导不是在学生毕业前的临时辅导，而是在学生的整个大学生涯中促进其职业意识、职业心理和职业行为的不断发展逐渐成熟。其次，构建合理的职业指导课程体系。职业指导教育的核心就是破除传统的人才培养模式，重视学生个人兴趣，兼顾社会发展和时代要求，使学生在学会学习，关心社会需求的同时，体会人生的意义和生活的价值，及时规划自己的生涯发展历程，最终达到全面发展的目的。

在具体操作上，以高职院校为例，对不同年级的学生，职业指导课程应各有侧重。大一新生刚入校时就针对职业方向做出许多方面的调整，专业与兴趣不符的调整等。涉及个人对所选专业的学习动力和自我激励，制定适合自己的学习计划，做好职业生涯规划，掌握职业生涯发展的主动权。大二年

级侧重让学生了解国家职业资格证书制度，就业准入制度，指导学生考取各种职业资格证书、技能证书，提高职业能力。对大三年级即将毕业学生的职业指导侧重组织到企业实习实训，树立质量意识，责任意识，学习就业政策和相关的法律法规，教育学生在择业就业过程中遵纪守法诚实守信。在就业准备的培训方面，如简历制作，模拟面试，寻找求职途径，参加各种招聘会实现成功就业。

（四）拓展实习基地

国家鼓励见习单位优先录用见习高校毕业生，见习期间由见习单位和地方政府提供基本生活补助。这样就拓展了一批社会责任感强、管理规范的用人单位作为高校毕业生实习见习基地。人力资源社会保障部门也根据高校毕业生需要，提供专场或其他形式的职业技能鉴定服务，高校要给予积极配合，及时把握政策优势，促进毕业生就业。为提升高校毕业生的就业能力，高校要大力组织以促进就业为目的的实习实践，完善离校未就业高校毕业生见习制度，确保高校毕业生在离校前都能参加实习实践活动。加强高校学生的技能培训，实施毕业证书和职业资格证书“双证书”制度，使相关专业符合条件的应届毕业生通过职业技能鉴定获得相应的职业资格证书。

（五）开展创业培训，支持大学生自主创业

随着高校毕业生就业形势的日趋严峻，创业教育已经成为高校职业指导工作的一个重要组成部分，也是促进高校毕业生就业的职业指导的重要内容。鼓励和引导大学生创业，是缓解我国社会当前整体性就业难的一条重要途径。在创业教育中，注重对学生的创业素质和创业能力的培养，着力于对人的潜能的开发，指导和帮助开办小型的创业实体，实现成功创业。

加强对高校毕业生进行创业指导服务，提供政策咨询、项目开发、创业培训、创业孵化、小额贷款、开业指导、跟踪辅导的“一条龙”服务。建设完善一批投资小、见效快的大学生创业园和创业孵化基地，并给予相关政策扶持。同时对开办创业项目的人员进行全过程服务，具体做法为：创业前期提供创业信息咨询、项目选择的服务；创业中期提供创业进行中遇到的各种问题、创业政策、项目拓展的咨询；创业后期提供如何引导企业做大做强等方面的服务。

（六）加强职业指导的理论研究

国外的职业指导发展已历经百年，形成了诸多理论流派，如以帕森斯、霍兰德为代表的人职匹配理论（特性与素质理论），以萨帕、金兹伯格为代表的职业发展理论，以波丁、西格尔为代表的心理动力理论，以约翰·克鲁布尔兹为代表的行为理论等。而我国由于受诸多因素的影响，职业指导的研究开展较晚，学科发展较为缓慢。针对高校职业指导在理论上存在的不足，高校在职业指导工作要通过加强高校职业指导理论的研究，一方面高校要鼓励职业指导人员开展职业指导理论方面的研究，并给予一定的政策和经费支持，如设立职业指导理论研究专项项目等。在借鉴国外职业指导理论的基础上，结合我国实际，发展出本土化的职业指导理论，以带动我国职业指导理论水平的提高。另一方面，组织从事职业指导工作的教师和管理人员结合各自工作实际开展有关课题的研究，在研究过程中，要注意到院校间的差异，研究适合不同类型高校的职业指导方法。通过职业指导理论的深入研究，把理论变为可操作性的指导技术，从而更好地促进高校毕业生就业的职业指导工作的发展。

总之，高校毕业生就业的职业指导工作是一个系统的工程，需要从多方面进行不断的完善和改进：需要改进完善职业指导机构的设置；需要高校加强职业指导师资队伍的建设；需要高校科学构建大学生职业指导工作体系；需要高校利用政策优势加强实习见习，提高毕业生的就业能力；需要高校加强创业培训鼓励和支持高校毕业生自主创业；需要高校加强对职业指导理论的探索和研究等等。同时要加强对高校毕业生就业工作的组织领导，将高校毕业生就业的职业指导工作作为高校发展总体规划内容，统筹安排确定目标任务，加强工作考核和督查，落实工作责任制。加强对在校大学生的职业指导和就业服务，大力开展高校毕业生职业指导和就业工作的宣传，引导高校毕业生树立正确的就业观和成才观，创造性地开展职业指导工作，千方百计促进高校毕业生就业，实现高校毕业生就业的工作目标，最终确保社会和谐稳定。

第二节　高校毕业生就业指导工作者的基本素质

就业指导人员素质高低，在帮助毕业生顺利就业过程中体现了职业指导的重要职责，体现了职业指导对毕业生就业的积极促进作用，高校职业指导人员应具备如下素质：

一、就业指导工作者的政治素质

首先要在思想，品德，作风，纪律上成为学生的表率，自觉遵守国家各项法律法规，能够严格按照执行党和国家的政策，指导大学生就业。其次是有较高的思想觉悟，作风正派，乐于付出和奉献，服务热情周道，咨询指导全面细致，满足毕业生求职咨询要求，帮助他们职业定位。

二、就业指导工作者的职业道德素质

（一）热爱本职工作，是做好职业指导工作的基本前提

高校职业指导人员要有一种信念：以积极主动的工作态度全身心投入到为学生服务的就业指导工作中去。

（二）以学生为本，尊重服务他们

职业指导人员是一个以帮助他人为己任的职业，尊重服务他们，帮助他们实现职业生涯的发展。

（三）尊重差异，不歧视服务学生

职业指导人员要尊重差异，不得因服务对象的性别，民族，宗教信仰等任何方面的因素，而歧视服务对象。例如：对大学生就业观念的转变，可以从长远发展的角度积极促进改变，但有的学生在就业过程中恨不得一步到位，可现实的岗位没有他们想象的理想，最现实的还是指导帮助他们先就业。这就是尊重差异。

（四）尊重隐私，保守秘密

如实向用人单位介绍宣传本校毕业生的基本情况，不能为了某种不正当的利益而替毕业生隐瞒客观存在问题或虚报成绩。

另外，就业指导人员在毕业生推荐过程中也应该坚持原则，秉公办事，不徇私情，要坚持择优推荐，为学生营造出一个公平竞争的环境。

三、就业指导工作者的文化素质

高校就业指导人员要具备多方面的专业知识。高校毕业生就业指导工作头绪多，涉及面广，对就业指导工作者的知识结构有较系统要求。首先，要引导学生树立正确就业观念，一是了解职业，二是了解自身。其次，是就业政策法规指导，使学生了解国家和有关部门及省市制定的行业性和区域性就业政策，以及学校制定的具体性就业政策，充分掌握就业发展的指导思想和理论。最后，要掌握必要的就业求职技巧，以便指导学生了解包括个人形象设计，职业生涯设计，求职简历的撰写，自荐技巧，求职途径，就业信息的获取，笔试和面试的程序技巧等等。此外还应掌握具备心理咨询、管理学等

学科的综合知识，给大学生供全方位的就业服务指导，创造性地做好毕业生就业工作。为了使更多学生受益，就业指导人员需要终身学习。

四、就业指导工作者的业务素质

（一）咨询与指导能力

职业咨询与指导是就业指导人员最重要的基础工作，很多情况下，职业指导咨询主要有以下两个方面技能点：对毕业生指导：首先进行接待与信息咨询，其次对其进行就业形势政策、面试方法技巧、创业相关程序等就业指导。对用人单位进行用人指导如：能够为用人单位进行招聘方式建议及为用人单位规范用人，建立劳动关系提出建议。

（二）获取信息和处理信息的能力

建立有效的信息收集和发布途径，及时向毕业生提供就业信息。并利用各中招聘网络宣传学校，公布毕业生信息资料，首先建立完善的计算机信息网络，在网上搜寻就业信息，让学生在校内专设的计算机上上网查询求职信息。其次通过报刊、电视等媒体搜集就业信息，并及时通过校网和信息栏向学生发布。最后，直接向用人单位索取信息或与就业市场联系获取信息，并及时向毕业生发布。

（三）组织毕业生招聘活动，为毕业生就业架设桥梁能力

主要采取以下几种方式：一是在校内组织就业招聘会，约请用人单位到学校参加校园招聘。二是学校与用人单位联系，由学校带领毕业生直接到用人单位应聘。三是学校组织毕业生参加社会上举办的毕业生专场招聘会，或将毕业生信息提供给社会上毕业生就业服务组织，由他们分散地向用人单位推荐。四是通过网络招聘，组织毕业生参加各种专场的网络招聘。

五、加强调研和信息反馈

加强就业指导工作的调研，在对毕业生就业的质量跟踪调查的同时，对用人单位也同样进行跟踪调查。及时跟进研究市场动态，把跟踪调查的结果及时反馈到教育教学部门，为教学改革，学校发展提供依据。

第三节 高校毕业生就业工作中就业指导的作用

一、高校毕业生指导工作中重点就业群体的类型

重点就业群体，是指那些有就业愿望和劳动能力，在就业过程中处于弱势地位的人群，他们依靠自身的力量或能力无法实现就业或充分就业，需要国家和社会给予就业支持和帮助的社会群体。本文所探讨的重点群体主要是针对高校毕业生中就业困难的特定群体。

（一）经济条件差、家庭贫困的就业困难群体

难以支付其在校学习期间学习和生活基本费用的学生，且学生本人及其家庭所能筹集到的资金有限。这一部分学生特殊的家庭环境和成长经历，导致他们平时承受的经济压力要比一般学生大，这类学生多来自偏远的农村或城市低收入家庭。尽管国家现在有许多高校家庭经济困难学生资助政策体系，例如学费减免、勤工助学、师范生免费教育、国家助学贷款（包括高校国家助学贷款和生源地信用助学贷款）、国家助学金、国家励志奖学金等多种形式，但是仍然不能有效帮助有需要的学生。家庭贫困的学生在就业竞争上总体处于弱势地位，承受巨大的心理压力，对工作的希冀太高，他们身上背负着家庭的希望和生活的责任，不少学习成绩较差的贫困生拿不到足够的补助。具体到学校而言，这是因为经济困难学生的数量大幅增加，比例日益增加，这些学生只能靠自身奋斗，缺乏可依靠的后盾、人脉资源和社会关系，家庭贫困生经济基础薄弱。

（二）学习成绩并不十分理想的困难群体

有一类学生学习成绩较差，不喜欢所学专业、学习动力不足或主观努力程度低、学习方法不当、学习习惯不良、学习能力不强等因素，导致这类学生不被用人单位青睐，在求职过程中处于劣势这一群体的学生由于学习成绩差，无法正常毕业或成绩不符合要求，就业相对来说比较困难。学习成绩较差，且由此导致拿不到毕业证和学位证的毕业生被排挤到就业边缘，学习成绩优秀、动手实践能力强的毕业生最受欢迎，对用人单位的一项社会调查研究表明，这类学生在专业岗位的竞争中处于劣势的地位，专业技能低下和操

作能力不强。

（三）身体缺陷及心理不健康的困难群体

身体缺陷及心理不健康的学生群体，因其存在着生理上的残疾或缺陷，在求职时举步维艰，他们很容易对前途产生悲观的情绪，极少数会走向极端。在经受挫折后，特别是在严峻的就业压力、残酷的现实社会环境下，会激化心理疾病。心理素质差的毕业生，表现在平时的行动与言语上，容易产生自卑、孤僻、焦虑、依赖等心理问题，内心脆弱。这类学生求职时往往不能充分展示自己的实力，担心遭到用人单位的拒绝或是歧视，觉得自己低人一等，在求职择业时往往缺乏自信。不少招聘单位或企业岗位对求职者的相貌要求比较苛刻，有的成绩优秀且综合素质高的学生会因外貌无法达标而无缘一些职位。

（四）综合素质能力低的困难群体

有些用人单位因为岗位的需要，十分注重求职者的协作能力、创新能力、语言表达能力、人际交往能力、沟通能力等诸多能力，要求求职者具有较强的可迁徙能力，还特别注重考查求职者的综合能力、对专业技能有特定的要求。然而一些毕业生不能满足招聘单位的要求，综合素质能力低，性格内向。有些学生甚至在平时的人际交往中，无法将自己的思想向他人进行表达，缺乏与他人沟通的基本能力，表现出害怕、敏感、对人屈从。有些毕业生求职择业时不被用人单位看重，不懂得主动推销自己，不敢与招聘人员进行交流和沟通，参加应聘时缺乏自信心，这类综合素质能力不高的群体，大多数还存在沟通障碍。

（五）性别歧视的困难群体

高校女大学生是就业困难群体的一部分。女毕业生求职曲折艰难，压力大，求职耗时长，薪酬低，能够选择应聘的机会少，女毕业生在求职过程中经常遭遇性别歧视。对于用人单位来说，女性职工加重了其经济负担，女性在生育期间的奖金、产假工资、生育费用由所在单位支付。受社会、家庭、教育、生理等方面的影响，女大学生在成才、心理与就业等方面一直都处于弱势地位。在大学生就业过程中，社会对女生的需求大大少于男生，部分企业很明确地表示不招女生，特别是理工科专业大学生就业时。

二、职业指导在促进重点群体就业工作中的作用

（一）指引指导的作用

首先，建立就业观。职业指导主要是引导高校就业困难群体理性对待就业，建立正确的就业观和人才观，树立正确的职业理想。职业指导可以改变毕业生的偏见，积累工作经验，扩大就业选择机会，引导和鼓励高校就业困难群体到城乡基层、艰苦边远地区工作，帮助学生建立理性的就业期望，帮助学生了解多种就业途径和职业情况，帮助学生正确把握就业环境与形势。其次，帮助高校就业困难群体提升综合素质与就业竞争力，使高校就业困难群体具有高尚的职业思想境界、进取的创业精神和懂得人生的价值在于创造，培养其开拓精神。引导高校就业困难群体树立正确的职业理想和职业观，展示用人单位在选择人才时对人的品德、素质的综合要求，职业指导应当引导高校就业群体提前认知就业形式。最后，帮助困难就业群体确立学习目标和职业目标。职业指导通过分析职业对从业人员素质的要求，制定职业规划，帮助高校就业困难群体明确职业目标，有针对性地选择学习课程、制订学习计划、学习从业技能等，从而使高校就业困难群体学会主动，增强学习的目的性和自觉性，帮助高校就业困难群体树立明确的学习目标，树立更高水平的专业知识和从业技能，以在求职竞争中拥有良好的职业道德。

（二）桥梁中介作用

首先，使就业困难群体与用人单位形成更紧密的联系，促进职业信息的有效传递。高校职业指导人员将职业信息发布给毕业生就业困难群体与用人单位，采集及处理职业信息，有效促进高校毕业生就业困难群体就业，为毕业生就业困难群体与就业需求之间的信息沟通服务。职业指导信息加强了高校毕业生就业困难群体与用人单位之间的联系与沟通，用人单位可获得毕业生就业困难群体资源的相关信息并对招聘计划进行调整，高校毕业生就业困难群体可根据相关的职业信息，帮助自己做好职业生涯规划与就业选择，提高职业适应能力。通过多渠道提供的各种职业信息可以帮助岗位供需双方搭建沟通的桥梁，减少人力资源和社会成本的浪费，达到个人、用人单位及社会效益的共赢，促进大学生充分就业、良好就业和任职匹配的实现，使“人尽其才，才尽其用，各得其位，各安其所”，实现人才合理、有序地流动，有效地将求职者的能力、兴趣、社会需求有机地结合起来。职业指导在人才资源合理配置的过程中具有很强的“导向”作用，关注的核心问题是人与职的和谐发展。

（三）援助作用

对就业困难群体实施帮扶是其中的一项工作内容，在高校就业工作中，帮助他们分析就业困难的原因及对策，对毕业生开展一对一的职业指导，增强毕业生对挫折的心理承受能力，使他们选择适合自己的职业，能够面对现实，解决毕业生的失业问题，促进就业困难群体就业，帮助学生早日实现就业。职业指导让高校就业群体不断发展自己的个性和潜能，培养择业能力，学会发挥自己的特长，在了解社会、了解自己的基础上，有助于高校就业群体的身心健康，职业指导让高校就业困难群体学会选择、学会面对。

综上所述，通过职业指导更能寻找发挥自我特长的就业市场，全面了解劳动力市场的现状，为就业做好准备，树立正确的就业观念，增强自我认识，可以帮助就业重点群体做好职业生涯规划，是解决重点群体求职问题的一种重要手段。

第四节 基于数据化思维探究高校毕业生就业指导工作

随着计算机技术和互联网的发展，现代社会已经进入了大数据时代，高校工作同样面临着大数据时代的机遇和挑战。毕业生就业指导工作作为高校人才培养中最为重要的环节，如何有效地利用数据化思维，通过分析已有的就业数据信息，做好就业指导工作，将是高校就业指导工作者的一项重要工作。

一、大数据时代

随着互联网和云技术的发展，现代社会将会迎来大数据时代。何为大数据，尚没有一个准确的定义。维基百科对于大数据的定义为：所涉及的数据量规模巨大到无法通过人工在合理时间内达到截取、管理、处理并整理为人类所能解读的消息。大数据的来源多种多样，可以由人直接产生，也可以是数据在存储、处理过程中产生，同时还可以是因物理世界的信息大量数字化而产生。大数据的特征有数据量大、速度快、时效高、类型繁多、真实性高、价值密度低、有效性高、数据永远在线等等。

大数据的应用也是随处可见，将为现代社会带来一场巨大的变革。如在医疗行业，医生可以根据病人平时的生活规律、饮食习惯进行数据分析，对病人的治疗有很大的帮助；在零售行业，通过对消费者消费习惯的分析，优化商场的布局，可以促进销售额的增长；金融行业，更是可以通过对企业年报、财务报表等经济数据的分析，选择合理的投资行为；同时，大数据在政府和公共事业的应用上也具有非常大的作用。最后，大数据对于个人的生活同样有巨大的帮助，人们可以利用大数据改变日常的生活方式，使得生活方式更加便利和优质，例如可以找出性价比更高的商品、出行时更加便利的路线等等。

二、数据化思维在高校毕业生就业指导中的应用背景

大数据影响着人们生活的方方面面，为各个领域带来了巨大的变革，高校的工作也深受大数据思想的影响，大数据正改变着人们的思维方式和行为模式，高校的毕业生就业指导工作也应从数据化思维出发进行变革。现代的高校生思维活跃，对于网络和大数据比较熟悉，且更加热衷于从网络获取就业信息等等。传统的就业指导工作方法陈旧，数据老旧，已无法满足毕业生的需求，他们需要更加细致、深入拥有数据支撑的就业指导，这就需要高校的就业指导工作者具有数据化思维。高校的就业指导工作者需要对往年的就业数据进行采集，针对不同专业、不同地域、不同行业等进行分析处理，得出各项就业规律，分析社会需求情况，同时通过数据分析对未来行业的就业情况进行预测，深度分析就业数据，挖掘其背后的价值，更好地为高校毕业生进行就业指导。同时，对于网络上的信息需要从事就业指导作的教师对其进行分析处理，将不良信息剔除掉，避免毕业生因为缺乏社会经历而被错误信息误导，帮助毕业生更快更好地找到适合自身发展的作。

三、数据化思维在高校毕业生就业指导中的应用

传统的高校就业指导工作多以讲课的方式进行，内容笼统，不能贴近社会现状。而现在的大学生更加热衷于从互联网上获取信息，包括求职需求。在大数据时代，传统的就业指导工作效果已越来越不明显，已经无法满足学生的需求。因此，学校应该建立就业信息的数据库，分门别类地收集毕业生的就业信息数据，深入分析，将其运用于毕业生的就业指导工作中，更好地帮助毕业生找到适合其个人发展的工作。高校通过对往年的毕业生就业相关数据的分析，可以发现毕业生求职和用人单位招聘的相关就业规律，可以有效地解决就业工作中出现的问题，预测就业趋势，为高校就业工作提供参考等。下面主要从用人单位招聘情况、毕业生求职情况和毕业生流向情况三方面对相关数据进行分析，为高校毕业生就业提供指导。

（一）用人单位招聘情况分析

高校就业指导工作对于历年来用人单位召开招聘会的信息进行统计分

析，总结出招聘的淡旺季、岗位类型分布比例、热门需求专业等信息，及时准确地掌握社会对于人才的需求，制订出相应的工作计划，做好就业指导工作。例如，根据招聘淡旺季的规律合理制定出就业指导工作时间安排，如在招聘旺季，高校应该积极与各大优秀企业交流合作，组织各企业在高校进行宣讲会和招聘会，解决学生的就业问题，增加学生的就业岗位。在招聘淡季，高校可以对毕业生进行就业相关知识的指导培训，分析当前市场的就业形势，对不同专业、不同地域及不同性格的毕业生进行针对性的个性化就业指导工作，同时讲解面试时的技巧，训练毕业生的面试能力，提高毕业生面试成功的概率。通过对招聘岗位分布比例和热门需求专业的分析，可以让学生对当前社会热门行业有所了解，同时熟悉自己所学专业的对口行业，让毕业生在就业时能够有针对性地选择自己的对口专业或者是自己喜爱的当前社会比较热门的行业，不至于盲目投递简历。同时，对于高校的教育改革也是一个有力的数据职称，使得高校在培养学生时能够有所侧重，为社会输送更多更加优秀的人才。

（二）毕业生求职情况分析

对毕业生的求职情况进行分析，能够对毕业生的求职动机，求职时的主要考虑因素以及求职满意度和对学校就业指导工作的满意度等信息进行分析总结，这些信息对于高校毕业生的就业指导工作非常重要。高校就业指导工作教师可以根据这些信息及时引导毕业生的就业观念，如在毕业生就业指导中要教育毕业生注重单位的发展前景，而不是首次开出的薪酬。在求职时应该考虑毕业生的个性爱好、专业、特长等等，寻找能够发挥自己所长的工作。高校毕业生由于缺乏社会阅历，考虑问题难免不够深入全面，在择业时，往往不能综合分析自身的情况和单位的发展前景等等，就需要高校教师在就业时对其进行耐心细致的指导。

（三）毕业生流向情况分析

对毕业生的流向情况进行分析，即对毕业生的就业单位类别、就业地域和行业等信息进行分析，可以帮助高校及时了解当前社会对于人才的需求情况，为学校的教育改革提供一定的数据依据。对于吸纳毕业生较多的单位，高校可以积极地与其进行沟通，邀请其来学校开展宣讲会和招聘会，帮助更多的毕业生解决就业问题。对于毕业生从事较多的行业可以进行重点讲解，将该行业的前景及晋升情况和关联行业等都做以详细的说明。毕业生的流向情况分析，为毕业生的就业指导工作提供了一定的指导，高校在为学生进行就业指导时对于毕业生主要的流向单位、地域和行业可以重点讲解，使学生能够更好地就业。

高校毕业生的就业形式逐年严峻，高校毕业生就业指导工作已成为高校工作的重中之重。通过采集高校往年毕业生的就业相关数据，进行分析研究，预测毕业生就业前景，对于就业困难的专业或学生要给予提前的重点就业指导，设计针对性的就业指导方案，对于往年的一些就业案例要进行分析研究，作为以后就业指导的案例分析，详细讲解。

基于数据化思维探究高校毕业生的就业指导工作，可以在用人单位招聘、毕业生求职及其流向的数据总结基础上，及时地发现毕业生就业中的问题和困难，更好地对学生进行就业指导的服务，为教育改革和创新提供数据支撑，提高教学质量和就业质量，更好地为学生就业服务，为社会输入更加优秀的人才。

参考文献

[1] 任静 . 浅论培养高校辅导员心理辅导能力的必要性及途径 [J]. 世纪桥，2009（11）：94.
[2] 陈琳 . 浅谈高校辅导员心理素质的培养途径 [J]. 南京医科大学学报（社会科学版），2006（9）：246.
[3] 周凤生 . 关于优化高校辅导员心理素质的几点思考 [J]. 学术论丛，2009（6）：110.
[4] 王雨 . 高校辅导员心理素质培养 [J]. 黑龙江科技信息，2007（3）：78.
[5] 曾小云 . 谈高校辅导员职业心理素质的培养 [J]. 考试周刊，2008（24）：101.
[6] 刘娇花 . 新时期高校辅导员的心理焦虑与调适 [J] 教书育人，2007（18）：20.
[7] 陈永森 . 高校辅导员的职业倦怠及消除 [J]. 四川理工学院学报，2006（4）：27.
[8] 闫伟 . 高校辅导员职业倦怠现象分析 [J]. 继续教育研究，2008（6）：79.
[9] 朱媛媛 . 高校辅导员心理健康问题成因及疏导途径 [J]. 中国校医，2008（8）：465.
[10] 林洁，景毅，罗忆 . 高职院校辅导员心理健康问题及其对策研究 [J]. 当代教育论坛，2008（11）：95.
[11] 王国良 . 高校政治辅导员心理压力及其调适探析 [J]. 科技与教育理论导刊，2007（3）：86.
[12] 刘蓉 . 高校辅导员职业倦怠成因探析 [J]. 怀化学院学报，2008（5）：126.
[13] 刘学兰 . 高校教师面临改革的心理压力与心理调适 [J]. 华南师范大学学报，2001.（1）.
[14] 丁敢真，廖梅杰 . 新形势下高校辅导员心理压力及其调试 [J]. 浙江师范大学学报，2006（2）：112-113.
[15] 林贵东 . 高校辅导员心理健康问题研究 [J]. 绥化学院学报，2009（8）：

161.
[16] 陈延民 . 关于高校辅导员心理健康问题及心理维护的思考 [J]. 乌鲁木齐职业大学学报，2006（3）：110.
[17] 吴文珊 . 高校青年政治辅导员心理健康现状及应对策略 [J]. 长春工业大学学报（高教研究版），2006（6）：112.
[18] 张瑜玲 . 论高校辅导员心理健康与自我调适 [J]. 长江师范学院学报，2009（3）：146.
[19] 张育 . 高校辅导员专业化发展必须提高管理艺术 [J]. 文教资料，2008（6）：174.
[20] 汪麟 . 高校辅导员队伍专业化探析 [J]. 文教资料，2006（4）：23.
[21] 胡刚 . 略论高校辅导员队伍的职业化 [J]. 国家教育行政学院学报，2008（2）：30.
[22] 张林茂 . 高校辅导员专业发展存在的问题与对策 [J]. 理论月刊，2009（5）：186.
[23] 束霞平 . 浅析高校辅导员发展的路径 [J]. 无锡商业职业技术学院学报，2008（10）：55.
[24] 赖芳 . 高校辅导员的专业化及实现途径 [J]. 中国成人教育，2008（2）：60.
[25] 任兵 . 地方高校辅导员队伍建设问题与对策研究 [J]. 高教论坛，2008（1）：138.
[26] 张林茂 . 高校辅导员专业发展存在的问题与对策 [J]. 理论月刊，2009（5）：187.
[27] 林杰大学教师专业发展的内涵与策略 [J]. 大学教育科学，2006（1）.
[28] 丁德智，叶海波 . 辅导员队伍建设机制探微 [J]. 高校辅导员学刊，2009（6）：55.
[29] 丁德智，叶海波 . 辅导员队伍建设机制探微 [J]. 高校辅导员学刊，2009（6）：56.
[30] 刘捷 . 专业化：挑战 21 世纪的教师 [M]. 北京：教育科学出版社，2007.
[31] 陈会羽 . 新时期高校建设中辅导员角色定位研究 [J]. 时代教育，2009（7）：27.
[32] 黄志坚 . 高校辅导员队伍不稳定的主要原因及对策 [J]. 教育探索，2007（10）：17-27.
[33] 张泽宝 . 论大学辅导员专业化建设的实施路径 [J]. 中国高等教育，2007（11）：35-37.
[34] 韦汉吉 . 略论辅导员角色的定位转换与专业发展路径 [J]. 教书育人，2008

（3）：65.
[35] 曹准 . 论高校辅导员职业化实施的关键关节 [J]. 职业时空，2008（5）：113-115.
[36] 詹丽萍 . 关于新时期吉林省高校辅导员队伍建设问题的思考 [J]. 现代教育科学，2004，（5）.
[37] 吴彩霞，张亚萍 . 大学生心目中辅导员形象的调查研究 [J]. 陕西青年管理干部学院学报，2002，（1）.
[38] 张兴华 . 高校专职辅导员队伍建设任重道远 [N]. 中国教育报，2007-11-05（6）.
[39] 黄静 . 基于微信公众号的高校辅导员工作创新研究 [J]. 思想理论教育，2015，11：75-19.
[40] 王祥 . 移动互联网时代下的高校辅导员工作方法创新研究 [J]. 教育与职业，2012，11：179-180.
[41] 朱冬香，蔡瑞龙等 . 辅导员运用新媒体开展学生工作面临的形势与应对策略 [J]. 思想教育研究，2013，11：93-96.
[42] 陆优优 . 移动互联网时代高校网络舆情的特征、挑战与应对 [J]. 思想理论教育，2015，6：76-80.
[43] 杨凤勇，李娟 . 高效形势政策教育的创新与实践 [J]. 思想政治教育研究，2007（3）：106.
[44] 李为 . 高校形势政策教育的创新与实践 [J]. 牡丹江师范学院学报（哲社版），2009（3）：119.
[45] 吴金玲，王深，薛宇峰 . 浅析沈阳农业大学社会实践 [J]. 中国科技信息，2008（7）：180.
[46] 张立兴 . 高校辅导员制度的沿革进程考察 [J]. 思想理论教育导刊，2009（4）：118.
[47] 文建龙 . 我国高校政治辅导员制度的缘起及演变轨迹 [J].. 上海青年管理干部学院学报，2003（2）：10-11.
[48] 张富勇 . 试析高校政治辅导员的地位和作用 [J]. 河南教育学院学报（哲学社会科学版），1994（3）：28-48.
[49] 王道阳 . 我国高校政治辅导员制度的历史演变 [J]. 思想教育研究，2007（7）：31.
[50] 文建龙 . 我国高校政治辅导员制度的缘起及演变轨迹 [J]. 上海青年管理干部学院学报，2003（2）：12-13.
[51] 杨亚军，胡元林 . 我国高等学校辅导员制度的历史考察与展望 [J]. 教育与

职业，2008（3）：140.
[52] 刘金球 . 新时期高校辅导员角色定位探析 [J]. 管理观察，2009（7）：177.
[53] 张棣，辅导员角色的本质与优秀辅导员的五大标准 [J]. 沈阳工程学院学报（社会科学版），2008（1）：138.
[54] 张棣，辅导员角色的本质与优秀辅导员的五大标准 [J]. 沈阳工程学院学报（社会科学版），2008（1）：137.
[55] 芦倩 . 新形势下高校辅导员角色探究 [J]. 科技情报开发与经济，2009（19）：157.
[56] 林崇德，杨治良，黄希庭 . 心理学大辞典（上）[M]. 上海：上海教育出版社，2003.
[57] 吴荷平 . 高校辅导员角色演进和队伍建设 [J]. 职业时空，2008（4）：75.
[58] 宋峥 . 高校辅导员角色心理失衡成因及自我调适探析 [J]. 教育与职业，2009（4）：57.
[59] 曾艳 . 高校辅导员角色冲突成因探析 [J]. 博士专家论坛，2009（8）：25-26.
[60] 廖海华 . 高校辅导员角色定位的困惑与思考 [J]. 中国成人教育，2007（23）：75-76.